The Rules of Programming

Programming

프로그래밍의 규칙

프로그래밍의 규칙

더 나은 코드를 작성하는 21가지 개발 비법

초판 1쇄 발행 2024년 5월 20일

지은이 크리스 짐머만 / **옮긴이** 박상현 / **펴낸이** 전태호
펴낸곳 한빛미디어(주) / **주소** 서울시 서대문구 연희로2길 62 한빛미디어(주) IT출판2부
전화 02-325-5544 / **팩스** 02-336-7124
등록 1999년 6월 24일 제10-1779호 / **ISBN** 979-11-6921-232-8 93000

총괄 송경석 / **책임편집** 박민아 / **기획** 김종찬 / **편집** 김종찬, 박민정 / **교정** 박민정
디자인 표지 박정우 내지 이아란 / **전산편집** 송여경
영업 김형진, 장경환, 조유미 / **마케팅** 박상용, 한종진, 이행은, 김선아, 고광일, 성화정, 김한솔 / **제작** 박성우, 김정우

이 책에 대한 의견이나 오탈자 및 잘못된 내용은 출판사 홈페이지나 아래 이메일로 알려주십시오. 파본은 구매처에서
교환하실 수 있습니다. 책값은 뒤표지에 표시되어 있습니다.
한빛미디어 홈페이지 www.hanbit.co.kr / **이메일** ask@hanbit.co.kr

지금 하지 않으면 할 수 없는 일이 있습니다.
책으로 펴내고 싶은 아이디어나 원고를 메일(**writer@hanbit.co.kr**)로 보내주세요.
한빛미디어(주)는 여러분의 소중한 경험과 지식을 기다리고 있습니다.

The Rules of Programming

프로그래밍의 규칙

크리스 짐머만 지음
박상현 옮김

O'REILLY® 한빛미디어
Hanbit Media, Inc.

드라마 〈미생〉에서는 '일은 되게 해야 한다'고 강조합니다. C++의 고전인 『이펙티브 C++』에서는 실수를 방지할 수 있는 기능을 적극적으로 활용하라고 조언합니다. 이 책은 이러한 포괄적인 개념을 모든 프로그래밍에 적용하는 방법을 설명합니다. 이 책의 조언을 따르면 코딩할 때 실수할 가능성이 줄어들고 '일이 되는' 코드를 작성할 수 있어 프로그램의 품질과 생산성이 향상될 것입니다.

이브이알스튜디오 **이주영**

이 책은 유지·보수가 용이하고 지속 가능한 코드를 작성할 수 있는 서커펀치만의 21가지 **규칙**을 소개합니다. 개발자는 모범 사례와 같은 **규칙**을 통해 문제를 해결하고 올바른 개발 방향을 찾을 수 있습니다. 또한 저자가 자신의 경험과 철학을 바탕으로 정리한 실용적인 조언과 사례를 통해 개인적인 개발 철학을 구축할 수 있습니다. 이 책은 품질 높은 소프트웨어를 지향하는 개발자에게 귀중한 지침서입니다.

메가존클라우드 아키텍트 **윤명식**

이 책에서는 서커펀치가 **규칙**을 정하는 데 정말 많은 고민을 한 흔적을 엿볼 수 있었습니다. 저 역시 개발자로 살아오면서 같은 고민을 했고, 이 책에 제시된 **규칙**과 유사한 결정을 통해 앞으로 전진할 수 있었습니다. 저자도 말했듯이 무조건적으로 **규칙**을 따를 것이 아니라, 자신 또는 회사에 적합한 형태로 적용하는 것이 현명한 선택이라고 생각합니다. 개발자라면 이 책을 곁에 두고 읽기를 추천합니다.

데브구루 **유형진**

오래 지속되는 프로그램을 만들려면 동일한 상황에 대해 동일한 코드를 작성해야 합니다. 즉 귀에 걸면 귀걸이, 코에 걸면 코걸이 식의 코딩을 하면 안 됩니다. 그러려면 많은 훈련이 필요할 뿐만 아니라 늘 지키는 원칙이 있어야 합니다. 이 책은 코딩의 항상성을 위해 지켜야 할 규칙을 담고 있습니다. 저자의 말처럼 이 책에서 소개한 **규칙**이 진리는 아니지만, 프로그래머라면 곱씹어볼 만한 가치가 충분합니다.

소프트웨어 개발자 **윤병조**

각 분야에는 저마다 규칙이 마련돼 있고, 그것을 따를 때 좋은 결과를 얻을 수 있습니다. 이 책은 저자가 오랫동안 게임 개발에 몸담으면서 얻은 경험칙과 개발 철학을 21가지 **규칙**으로 녹여낸 것으로, 이러한 **규칙**을 따른다면 이전보다 더 좋은 결과물을 얻을 수 있으리라 확신합니다. 광활한 프로그래밍의 세계를 즐겁고 힘겹게 여행하고 있는 저를 비롯한 모든 개발자에게 이 책은 나침반과 같은 역할을 할 것입니다.

삼성전자 VD사업부 Security Lab **최성욱**

프로그래밍과 알고리즘에 어느 정도 익숙해지면 원대한 소프트웨어를 만들 수 있다는 자신감을 얻게 됩니다. 그러나 소프트웨어 개발 과정에서 다양한 실수로 인해 수많은 좌절을 겪곤 하죠. 이 책의 저자는 오랫동안 개발자로 일하면서 경험한 실패 그리고 그러한 실패를 막을 수 있는 **규칙**을 통해 좌절을 최대한 피할 수 있는 길로 독자를 안내합니다. 프로그래밍을 즐기는 사람들에게 이 책은 더 즐거운 여행을 떠날 수 있게 해주는 첫걸음이 될 것이라 확신합니다.

테크 리더 **구인회**

이 책에 담긴 프로그래밍 **규칙**은 그 어떤 방법론보다 유용하고 가치가 있습니다. 하지만 저자의 말대로 그 **규칙**을 곧이곧대로 받아들일 필요는 없습니다. 모든 소프트웨어 회사는 만드는 제품, 상황, 사람, 환경이 다르기 때문에 자신만의 규칙이 필요합니다. 이 책은 자체적인 규칙을 갖추고 있지 않거나 보완해야 할 회사에는 가이드라인을 제시하고, 더 나은 코드를 작성하고자 하는 개발자에게는 이정표가 되어줄 것입니다.

현대오토에버 **이태우**

저는 이 책을 우리 팀원들과 함께 읽고 싶습니다. 저자가 제시한 **규칙**을 숙지하고 있다면 더 나은 방향으로 코드를 작성하고 수정할 수 있을 것입니다. 이 책의 **규칙**을 그대로 따를 수는 없더라도, 팀원들과 함께 **규칙**을 읽어보며 팀이 다루는 코드베이스에 어떻게 적용할 수 있을지 논의한다면, 팀원 모두가 성장하고 담당 코드의 완성도를 높이는 데 큰 도움이 될 것입니다.

이스트시큐리티 **김기덕**

이 책은 초보자에게 매우 유익할 뿐만 아니라 전문가에게도 도움이 되는 내용을 세심하게 담았습니다. 게다가 재미도 있습니다. 저자는 책이 유익하면서도 즐거울 수 있다는 것을 보여줬습니다.

플레이스테이션 4, 5 수석 시스템 아키텍트 **마크 서니**Mark Cerny

『프로그래밍의 규칙』은 신입 개발자와 시니어 개발자 모두를 위한 책으로, 흥미로운 독서 경험을 선사합니다. 이 책에서 소개하는 21가지 **규칙**은 기업과 사회 전반에 걸쳐 기술이 확산되는 오늘날 더 나은 소프트웨어를 개발하는 데 크게 이바지합니다.

액센추어 CTO **폴 도허티**Paul Daugherty

이 책에는 소프트웨어 엔지니어의 실력을 향상할 수 있는 실용적인 경험이 가득합니다. 운 좋게도 저는 이 책에서 소개하는 **규칙**을 신입 때 저자에게 직접 배워 다양한 소프트웨어 분야에 성공적으로 적용했습니다. 이 책을 읽는 독자도 저처럼 할 수 있을 것입니다.

보스턴다이내믹스 소프트웨어 디렉터 **크리스 벤첼**Chris Bentzel

지은이·옮긴이 소개

지은이 크리스 짐머만 Chris Zimmerman

세계적으로 유명한 서커펀치프로덕션의 공동 설립자이자 스튜디오 책임자입니다.
〈슬라이 쿠퍼〉 시리즈, 〈인퍼머스〉 시리즈, 〈고스트 오브 쓰시마〉를 제작했습니다.

옮긴이 박상현 seanlab@gmail.com

반도체 공정 자동화, 통신 장비, 방공무기체계, 사이버 시큐리티, SaaS 분야에서
소프트웨어를 개발해왔으며, 현재 캘리포니아 소재 스타트업에서 소프트웨어 엔
지니어로 일하고 있습니다. 대학원에서 우연히 인공지능을 만나 깊이 공부하고,
그 지식을 살려 『그로킹 딥러닝』(2020 세종 학술부문 우수 도서)을 번역했습니
다. 대표 저서로 『이것이 C#이다(3판)』(2023), 『이것이 자료구조 + 알고리즘이다
with C 언어』(2022) 등이 있습니다.

프로그래밍 세계에는 다양한 철학이 존재합니다. 코드는 객체 지향적이어야 할까? 함수는 짧으면 짧을수록 좋을까? 프로그래머는 추상화 이면의 동작 원리를 깊이 파악해야만 할까? 폭포수 모델이나 애자일은 정말 실패로 향하는 열차일까?

20년 남짓 검색 엔진, 공장 자동화, 통신 장비, 무기 체계, 사이버 보안, SaaS 분야에서 소프트웨어를 개발해온 제 경험으로는 정답이 존재하지 않습니다. 예컨대 제가 몸담았던 통신 장비 회사에서는 오랜 기간 동안 검증된 C 언어만을 사용했습니다. 그 회사는 '6시그마' 수준의 높은 신뢰성과 성능을 자랑하는 제품을 C 언어로 개발해 시장에서 큰 성공을 거뒀습니다. 기존 코드베이스가 이미 뛰어난 결과를 보여줬기 때문에 다른 언어로 전환할 필요성을 느끼지 못했습니다.

무기 체계를 개발할 때는 폭포수 모델을 사용했습니다. 이 모델을 선택한 것은 초기 요구 사항의 정확한 파악이 중요했기 때문입니다. 요구 사항에 대한 변경은 큰 비용을 수반하기 때문에 우리는 초기 단계에서 요구 사항을 면밀히 조사하고 군과 긴밀히 협력해 확정지었습니다. 이러한 접근법을 통해 우리는 프로젝트의 예산과 일정을 철저히 관리할 수 있었습니다.

인플루언서나 특정 이론을 맹목적으로 따르기보다, 우리는 항상 사업 환경과 상황을 고려해 개발 방침을 정하고 이에 따라 전진했습니다. 중요한 것은 팀 또는 회사 단위의 이러한 지침이 불필요한 에너지 소모를 제거하고 결과물에 집중할 수 있게 도왔다는 점입니다.

이 책에는 저자인 크리스 짐머만이 서커펀치프로덕션을 설립한 후 25년간 프로그래밍 팀을 이끌면서 소모를 줄이고 효율을 끌어올리는 데 사용한 규칙이 담겨 있습니다. 일부 규칙은 독자의 상황에 맞지 않을 수도 있습니다. 하지만 그것이 바로 포인트입니다. 이 책을 통해 자기 팀만의 규칙을 만들어나갈 수 있는 영감을 얻게 될 것입니다. 그리고 그 순간에 이 책의 두 번째 편이 여러분의 팀에서 시작될 것입니다.

옮긴이의 말을 마무리 짓기 전에 고마운 분들에게 인사를 전하고 싶습니다. 이 멋진 책을 번역할 수 있는 기회를 준 저자 크리스와 한빛미디어㈜에 감사드립니다. 또한 편집 과정에서 세심하게 지원해준 김종찬 선임 에디터님에게도 감사 말씀을 전합니다. 마지막으로, 항상 저를 지지해주는 가족에게 고마운 마음을 전합니다.

박상현

이 책을 펼쳐 든 여러분을 환영합니다. 이 책은 독자가 더 좋은 코드를 작성하는 데 도움이 되는 **규칙**의 모음집입니다. 여기서 소개하는 **규칙**은 기억하기도 쉽고 적용하기도 쉽습니다. 이 **규칙**을 따르면 어려운 프로그래밍도 좀 더 쉽게 해낼 수 있습니다.

이 책을 읽는 요령은 다음과 같습니다.

- 각 **규칙**은 독립적입니다. 목차에서 재미있을 것 같은 **규칙**을 발견하면 바로 해당 페이지를 펼쳐 보세요. 이 책은 **규칙**별로 읽을 수 있도록 구성됐습니다.

- 단, '**규칙** 1: 최대한 단순하게, 그러나 너무 단순하지 않게'를 가장 먼저 읽으세요. 다른 **규칙**을 익히기 위한 준비 운동이 될 것입니다.

- 이 책의 모든 예제는 C++로 작성됐습니다. 파이썬 또는 자바스크립트 프로그래머라면 '부록 A: 파이썬 프로그래머를 위한 C++ 코드 읽기' 또는 '부록 B: 자바스크립트 프로그래머를 위한 C++ 코드 읽기'부터 읽어보세요. C++ 코드를 쉽게 소화하는 데 도움이 될 것입니다. 만약 파이썬, 자바스크립트 외의 프로그래밍 언어만 사용해 C++ 코드를 읽는 데 어려움이 있다면 로제타 코드Rosetta Code(https://rosettacode.org/)를 이용하기 바랍니다.[1]

- C++ 프로그래머에게도 전할 말이 있습니다. 이 책은 C++에 관한 지식이 없는 독자도 읽을 수 있도록 예제 코드의 몇몇 부분을 단순화했습니다. 예를 들면 부호 없는 정수형이 적합한 곳에 부호 있는 정수형을 사용하고, 부호 없는/부호 있는 값 사이의 암시적 형 변환에 대한 컴파일러 경고를 무시했습니다. 그리고 std 네임스페이스 참조를 위한 'std::' 때문에 코드가 산만해지는 것을 방지하고자 암시적 'using std'를 이용해 예제를 컴파일했습니다.

- 이 책에서 설명하는 **규칙**은 볼드체로 표기하고 그 밖의 일반적인 규칙은 정체로 표기해 구분했습니다.[2]

---

1 옮긴이_다양한 프로그래밍 언어의 프로그래밍 문제에 대한 일반적인 알고리즘과 솔루션을 구현한 위키 기반 프로그래밍 웹사이트입니다.
2 옮긴이_원문에는 이 책에서 설명하는 **규칙**은 'Rule'로, 일반적인 규칙은 'rule'로 표기돼 있습니다.

이어지는 내용이 마음에 들었으면 좋겠습니다. 프로그래밍 기술을 날카롭게 연마해줄 유용한 철학을 가득 담았답니다.

코딩하는 소녀들

이 책의 모든 수익은 '코딩하는 소녀들Girls Who Code (https://girlswhocode.com/)'에 기부됩니다. '코딩하는 소녀들'은 프로그래밍의 가치를 젊은 여성들에게 알리는 단체입니다. 제가 대학을 졸업할 때는 컴퓨터 과학 전공 졸업생 중 1/3이 여성이었는데 지금은 1/5 정도로 줄어들었습니다. 저는 대표성 있는 성별 균형이 우리 모두에게 이익이 된다고 믿으며, 독자도 같은 생각일 것이라고 확신합니다. '코딩하는 소녀들'에 대한 기부와 자원봉사는 그 희망을 현실화하는 것의 일환입니다.

예제 코드 사용법

이 책의 보충 자료(예제 코드, 연습 문제 등)는 https://oreil.ly/rules-of-programming-code에서 내려받을 수 있습니다.

이 책은 제가 겪은 좌절에서 비롯됐습니다.

저는 마이크로소프트에서 10년 정도 프로그래밍 팀을 이끌다 1997년에 서커펀치Sucker Punch라는 게임 회사를 공동 창립했습니다. 두 회사 모두 최고 수준의 프로그래밍 팀을 꾸리고 발전해나가는 능력을 지녔기에 성공을 거뒀습니다. 서커펀치는 이러한 능력 덕분에 25년 동안 성공적인 게임을 출시할 수 있었습니다. 최고의 라쿤 도둑 '슬라이 쿠퍼'와 그 친구들의 스릴 넘치는 삶을 경험할 수 있는 〈슬라이 쿠퍼Sly Cooper〉 시리즈 3종, 게이머에게 초능력과 함께 그것을 선 또는 악을 위해 사용할 수 있는 선택권을 주는 〈인퍼머스inFamous〉 시리즈 5종, 그리고 우리의 최고 역작, 1274년 대마도를 침략한 몽골에 맞서 싸우는 고독한 사무라이가 될 수 있는 〈고스트 오브 쓰시마Ghost of Tsushima〉까지 모두 서커펀치의 작품입니다.

젊고 영특한 프로그래머를 뽑아 전문 개발자의 작업 방식을 훈련하는 과정은 마이크로소프트와 서커펀치의 채용 전략에서 큰 부분을 차지했습니다. 이 방법은 늘 성공적이었으나 한편으로는 저에게 좌절감을 안겨줬습니다. 같은 문제를 계속 겪었기 때문이죠. 우리는 대학을 갓 졸업한 신입 프로그래머를 채용하곤 했습니다. 신입에게는 아주 간단한 문제가 주어졌고, 저는 신입이 작성한 코드를 검토했습니다. 이 과정에서 신입의 코드가 원래 의도였던 간단하고 분명한 문제를 푸는 대신, 이 문제를 하위 케이스로 다루는 훨씬 거대한 문제를 해결하려 한다는 사실을 알게 됐습니다.

하지만 거대한 문제를 해결할 필요가 없었습니다. 적어도 당장은 그랬습니다. 물론 거대한 문제를 위한 솔루션은 본디 문제의 목적이었던, 원래 해결해야 하는 단순한 문제를 푸는 평범한 솔루션과 같았습니다. 차이가 있다면 더 이해하기 어렵고, 더 사용하기 어려우며, 훨씬 많은 버그를 감출 수 있다는 것이었죠.

그런데 코드 리뷰 과정에서 "거대한 문제를 풀 필요가 없고, 현재 당신이 이해하고 있는 문제만 해결해야 한다"고 백날 말해도 소용이 없었습니다. 신입들은 같은 짓을 반복했습니다. 결국 저는 단호하게 행동했습니다. "새로운 규칙을 발표하겠습니다. 어떤 문제에 대한 세 가지 사례를 확보하지 않는 이상 일반화 솔루션을 작성하면 안 됩니다."

놀랍고도 기쁘게도 이것은 정말 효과가 있었습니다. 일반적인 철학을 구체적인 기준이 있는 규칙으로 바꿨더니 메시지가 효과적으로 전달됐습니다. 물론 신입 프로그래머 대부분이 여전히 한 번쯤은 미진한 일반화 코드를 만들기도 하지만, 규칙 덕분에 같은 실수를 반복하지 않게 됐습니다. 이 규칙은 신입 프로그래머가 코드를 일반화할 시기를 가늠하는 역할도 했습니다. 예제가 아직 세 개가 안 된다고요? 일반화하지 마세요. 세 개 이상이라고요? 일반화할 수 있는지 한번 봅시다.

이 규칙이 효과가 있었던 것은, 기억하기 쉽고 일반화를 적용해야 하는 상황을 쉽게 판단할 수 있었기 때문입니다. 지금 풀고 있는 문제의 정의된 범위를 벗어나기 시작했다는 사실을 깨달은 신입 프로그래머는 한 걸음 물러나서 그 문제와 관련된 구체적인 사례가 몇 개인지 세어보고, 그에 따라 코드를 일반화할지 여부를 제대로 판단할 수 있게 됐습니다. 더욱 향상된 코드를 작성하게 된 거죠.

얼마 후 우리는 서커펀치의 철학에서 중요한 다른 부분을 기억하기 좋은 문구, 정확히는 격언으로 요약할 수 있음을 알게 됐습니다. 격언은 본질적인 진리를 담고 있는 짧고 간결한 문장으로, 오랜 역사를 가진 격언 중에는 널리 알려진 것이 꽤 많습니다. 새와 관련된 격언만 해도 최소 두 가지는 떠오를 것입니다. 제가 알고 있는 몇 가지는 다음과 같습니다.

- 알이 깨기 전에 병아리 수를 세지 마라.
- 손안의 새 한 마리가 숲속의 새 두 마리보다 낫다.
- 일찍 일어나는 새가 벌레를 잡는다.
- 달걀을 한 바구니에 담지 마라.

격언은 효과가 있기 때문에 오래 살아남습니다. 요즘 말로 격언은 '바이럴viral'하죠. 수천 년간 격언은 사람들에게 지혜를 '전염'시켰습니다. 따라서 격언이 서커펀치의 코딩 철학을 새 팀원에게 전염시키는 효과적인 방법이라는 것은 어찌 보면 당연합니다.

하나뿐이었던 규칙은 조금씩 늘어나더니 어느덧 규칙 모음이 됐습니다. 『프로그래밍의 규칙』은 바로 그러한 규칙을 정리한 책입니다. 이 규칙은 서커펀치의 엔지니어링 문화에서 가장 중요한 부분을 대표합니다. 규칙은 우리를 성공으로 이끌었습니다. 서커펀치에서 팀의 신참 프로그래머가 효과적으로 일하기 위해 반드시 숙지해야 하는 지식이자, 고참 프로그래머도 가끔 되새겨야 하는 내용입니다.

이어지는 각 장에서는 **규칙**을 하나씩 설명하고, **규칙** 이면에 있는 생각을 알려주는 다양한 예제를 함께 제시합니다. 각 장 하나를 마칠 때마다 해당 **규칙**이 장려하는 코딩 관습과 규칙이 적용되는 상황을 명확하게 이해할 수 있을 것입니다. 이 책을 통해 서커펀치만의 **규칙**이 전염될 수 있을지 두고 보시죠!

저는 독자가 이 책에 담긴 21가지 **규칙**을 곧이곧대로 받아들이지 않았으면 합니다.

규칙과 예제를 읽고 고개를 끄덕이면서 "오, 그렇지. 말이 되네. 이 예제는 친숙한걸? 나도 예전에 같은 생각을 했어. 다른 언어로 구현했을 뿐이지"라고 한다면⋯ 글쎄요, 무언가 잘못된 것입니다.

저는 독자에게 생각할 거리를 드리고 싶습니다. 새로운 통찰 한두 가지면 더할 나위 없겠죠. 이 책은 그간 막연하게 가졌던 느낌에 이름을 붙여줄 수도 있고, 명확히 파악하지 못했던 개념에 관한 구체적인 예제를 제공할 수도 있을 것입니다. 완전히 새롭게 생각할 단초를 제시할 수도 있고요.

그렇다 보니 여러분이 동의하지 않는 의견을 마주할 수도 있습니다. 어떤 **규칙**은 나쁜 조언이라는 생각이 들 만큼 제가 완전히 틀렸다고 여길지도 모릅니다. 그러나 그것은 아주 좋은 징조랍니다! 여러분이 강하게 반대하는 **규칙**을 만나게 되는 것은 기회이기도 합니다. 그렇다고 반사적으로 바로 거부하는 것은 실수입니다.

여러분이 반대한다고 해서 그 **규칙**이 완전히 틀린 것은 아님을 밝힙니다. 우리에게는 옳은 **규칙**이 다른 사람들에게는 그를 수도 있습니다. 이러한 의견 불일치가 어디서 시작됐는지를 알면 자신의 프로그래밍 철학을 이해하고 강화할 수 있습니다. 다시 말해 서커펀치와 여러분의 조직이 어떤 면에서 다른지를 알아야 합니다. 바로 그 차이가 해당 **규칙**이 서커펀치에서는 잘 작동하지만 여러분의 조직에서는 잘 작동하지 않는 원인이기 때문입니다. 이에 대한 이해를 돕기 위해 이 책에서는 서커펀치가 개발한 비디오 게임의 사례를 통해 게임 프로그래밍과 기타 분야의 프로그래밍이 다른 이유를 설명합니다. 그 밖의 것은 마지막 장인 '결론: 자신의 **규칙**을 만들라'에서 다루겠습니다.

저도 경험과 상반되는 코딩 철학 관련 의견을 받아들여야 했던 적이 있는데, 그때 도움이 됐던 조정 과정을 공유합니다.

1. 의견에서 흠만 찾지 말고 옳은 부분도 찾아보세요. 자신이 가정하고 있는 상황 때문에 어떤 의견을 반대하는 것일 수도 있습니다. 그렇다면 해당 의견은 어떤 상황일 때 옳을까요?

2. 다른 각도에서 문제를 풀어보세요. 어떤 상황에서 제 견해가 틀릴 수 있을까요? 어떤 상황 차이가 그 의견을 옳게 만들 수 있을까요?

3. 상황이 늘 변한다는 점을 염두에 두세요. 당장은 틀려 보였던 의견이 다음 프로젝트에서는 옳아 보일 수도 있습니다. 입장을 바꿔야겠다는 생각이 든다면 자기도 모르는 사이에 이미 그 상황에 처해 있는 것입니다.

저는 이 과정을 여러 번 겪었습니다. 예를 들면 테스트 주도 개발Test-Driven Development(TDD)이 그랬습니다. TDD는 서커펀치에서의 경험과 상극이지만 우리는 그 안에 담긴 사실을 명확히 봤습니다. 이 책에서도 TDD를 적용하기 어려운 상황에 대해 언급하겠지만, 우리는 상황이 바뀔 수 있다는 것 또한 잘 알고 있습니다. 그래서 상황을 항상 주시하고 있죠. 상황이 바뀌면 우리도 생각을 바꿀 것입니다.

독자가 불편하게 느껴지는 **규칙**에서도 나름의 가치를 발견하길 바라지만, 도로시 파커Dorothy Parker[3]의 말을 따르는 독자가 있더라도 저는 이해할 수 있습니다.

---

3 옮긴이_미국의 시인이자 소설가입니다.

> 가볍게 밀어두는 것만으론 안 됩니다. 이 소설은 아주 멀리 내던져야 해요.[4]

이 책을 내던지기로 마음먹었다면 부디 맞히기 쉬운 목표를 노리길 바랍니다.

---

4 옮긴이_ 아주 형편없는 소설이라는 의미입니다.

목차

규칙 01 최대한 단순하게, 그러나 너무 단순하지 않게   24

규칙 02 버그는 전염된다   43

규칙 03 좋은 이름은 최고의 문서다   66

규칙 04 일반화에는 세 가지 사례가 필요하다   82

## 01

최대한 단순하게,
그러나 너무 단순하지 않게

프로그래밍은 어렵습니다. 이것은 여러분도 이미 알고 있겠죠. 『프로그래밍의 규칙』이라는 제목의 이 책을 선택한 독자라면 다음과 같은 특징이 있을 것입니다.

- 프로그래밍을 조금이라도 할 줄 안다.
- 그런데 프로그래밍이 생각보다 쉽지 않아서 좌절한다.

프로그래밍을 어렵게 만드는 원인만큼이나 프로그래밍을 쉽게 만드는 전략도 숱하게 많습니다. 저는 스스로 저지른 실수뿐 아니라 다른 사람의 실수까지 바로잡았던 오랜 경험을 통해 일을 망치는 흔한 방법과 함께 그러한 실수를 피하는 **규칙**을 여럿 발견했고, 그중에서 엄선한 내용으로 이 책을 집필했습니다.

이 책에서 다루는 대부분의 **규칙**에는 다른 **규칙**과 공유하는 주제이자 패턴이 한 가지 있습니다. 이 패턴은 아인슈타인이 말하는 이론 물리학자의 목표를 인용해 다음과 같이 요약할 수 있습니다.

> 최대한 단순하게, 그러나 너무 단순하지 않게[5]

---

5 이는 후대에 다듬어진 말로, 아인슈타인의 원래 발언은 이렇게 멋지지 않습니다. 남아 있는 기록 중에서 이 말에 가장 가까운 표현을 찾아보면 다음과 같습니다. "모든 이론의 궁극적 목적이 관측 결과를 잘 설명하는 한, 더 이상 줄일 수 없는

이 말은, 최고의 물리 이론은 관찰 가능한 모든 현상을 완벽히게 설명하는 이론 중에서 가장 단순한 것이라는 뜻입니다. 이러한 개념을 프로그래밍에 적용해보면, 어떤 문제에 대한 최고의 솔루션은 해당 문제의 모든 요구 사항을 충족하는 솔루션 중에서 가장 단순한 것이라고 할 수 있습니다. 쉽게 말해 최고의 코드는 가장 단순한 코드입니다.

가령 32비트 정수에서 1인 비트의 개수를 세는 코드를 작성한다고 합시다. 방법은 많습니다. 다음과 같이 정수가 0이 될 때까지 1인 비트를 하나씩 제거하면서 개수를 셀 수도 있습니다.[6]

```
int countSetBits(int value)
{
    int count = 0;

    while (value)
    {
        ++count;
        value = value & (value - 1);
    }

    return count;
}
```

루프 없는 구현도 가능합니다. 다음과 같이 비트 시프트 연산과 비트 마스크 연산을 이용해 한꺼번에 1인 비트의 개수를 세면 됩니다.

....
최소한의 기본 요소민을 포함하는 형태가 되는 것임을 부정하기 어려울 것이다." 거의 같은 말이기는 하지만 우리가 알고 있는 표현처럼 말쑥하지는 않죠. **규칙** 제목으로 사용하기에는 다소 길기도 하고요.
6 다음 세 예제에서는 비트를 과하게 꼬았는데, C++ 프로그래머가 아닌 독자에게는 미안하게 생각합니다. 이 책의 나머지 부분에는 비트 연산 예제가 거의 없습니다.

```
int countSetBits(int value)
{
    value = ((value & 0xaaaaaaaa) >> 1) + (value & 0x55555555);
    value = ((value & 0xcccccccc) >> 2) + (value & 0x33333333);
    value = ((value & 0xf0f0f0f0) >> 4) + (value & 0x0f0f0f0f);
    value = ((value & 0xff00ff00) >> 8) + (value & 0x00ff00ff);
    value = ((value & 0xffff0000) >> 16) + (value & 0x0000ffff);

    return value;
}
```

아니면 다음과 같이 알아보기 쉬운 코드를 작성할 수도 있습니다.

```
int countSetBits(int value)
{
    int count = 0;

    for (int bit = 0; bit < 32; ++bit)
    {
        if (value & (1 << bit))
            ++count;
    }

    return count;
}
```

첫 번째 코드와 두 번째 코드는 기똥차죠?[7] 둘 다 "잠깐만… 뭐지?" 싶은 부분이
루프 안에 있기 때문에 실제로 코드가 어떻게 동작하는지를 한눈에 파악하기가 쉽
지 않습니다. 좀 더 머리를 싸매면 코드가 어떻게 동작하는지 알 수 있고, 그 안에

....
7 평행 우주에서 이 **규칙**의 이름은 '기똥참은 미덕이 아니다'입니다.

담긴 트릭을 구성하는 것도 꽤 재미있기는 하지만, 코드를 해석하는 데 저지 않은 노력이 필요합니다. 사전 지식이 있더라도 말이죠.

저는 코드를 제시하기 전에 이 함수가 하는 일에 대해 밝혔고, 함수의 이름도 자신의 목적을 잘 설명하고 있습니다. 만약 이 코드가 1인 비트를 센다는 사실을 몰랐다면 첫 번째 코드와 두 번째 코드를 해석하기가 훨씬 어려웠을 것입니다.

반면에 세 번째 코드는 그렇지 않습니다. 1인 비트를 센다는 것이 분명히 드러나며, 더 이상 단순해질 수 없을 정도로 단순합니다. 그래서 앞의 두 코드보다 더 나은 코드입니다.[8]

단순성 측정하기

코드의 단순성을 측정하는 방법은 여러 가지입니다. 우선 '동료가 코드를 쉽게 이해하는가'를 기준으로 삼을 수 있습니다. 임의로 고른 동료가 수월하게 코드를 읽고 이해할 수 있다면 그 코드는 상당히 단순하다고 할 수 있습니다.

또는 '코드를 쉽게 작성했는가'를 기준으로 단순성을 측정할 수도 있습니다. 당연히 타이핑하는 데 걸린 시간이 아니라 버그 없이 완벽하게 동작하기까지 걸린 시간을 측정해야 합니다.[9] 단순한 코드는 결승선을 더 쉽게 통과할 수 있지만, 복잡한 코드는 제대로 작동하는 데 시간이 더 걸립니다.

물론 이 두 가지 방법은 많은 부분이 겹칩니다. 쉽게 작성한 코드는 읽기도 쉬운 경향이 있으니까요. 이 두 가지 방법 말고도 다음과 같은 기준으로도 단순성을 측

---

8 현대 프로세서에는 한 값에서 1인 비트의 개수를 한 사이클에 세는 전용 명령어(예: x86 프로세서의 경우 popcnt)가 있습니다. 게다가 popcnt보다 빠르고 많이 셀 수 있는 SIMD 명령어도 있고요. 그러나 이러한 방법은 이해하기 어려운 데다 어떤 프로세서를 사용하느냐에 따라 해당 명령어의 지원 여부가 달라진다는 문제가 있습니다. 저는 더 복잡한 솔루션을 사용해야 할 정말 그럴싸한 이유가 없다면 가장 간단한 countSetBits를 사용하고 싶습니다.

9 이 말은 실험 오차 내에 버그가 없다는 뜻입니다. 발견하지 못한 버그는 당연히 항상 존재합니다.

정할 수 있습니다.

> **코드의 양이 얼마나 많은가**
>
> 단순한 코드는 대개 짧습니다. 한 줄의 코드에 복잡성을 욱여넣는 것도 가능하기는 하지만요.

> **몇 가지 개념을 도입했는가**
>
> 단순한 코드는 대개 팀원 전부가 알고 있는 개념을 바탕으로 작성됩니다. 단순한 코드에는 문제에 관한 새로운 개념이나 용어가 등장하지 않습니다.

> **코드를 설명하는 데 시간이 얼마나 걸리는가**
>
> 단순한 코드는 설명하기 쉽고, 리뷰어가 코드를 검토할 때 한번 보고 지나칠 수 있을 정도로 명확합니다. 반면에 복잡한 코드는 설명이 필요하게 마련입니다.

어떤 기준을 통해 단순하다고 측정된 코드는 대개 다른 기준을 적용해도 역시 단순하다고 판단될 것입니다. 하지만 저는 '코드를 쉽게 작성했는가', '동료가 코드를 쉽게 이해하는가'부터 시작하는 것을 추천합니다. 사실 작업에 집중할 수 있게 해주는 기준이라면 무엇이든 상관없기는 합니다. 읽기 쉬운 코드를 빠르게 작성하는 데 열중하고 있다면 이미 단순한 코드를 작성하고 있는 것입니다.

그러나 너무 단순하지 않게

코드는 단순한 것이 낫지만, 그 코드가 문제를 풀지 못한다면 쓸모없겠죠.

사다리를 오르는 방법의 가짓수를 세는 경우를 생각해봅시다. 사다리는 한 칸, 두 칸, 세 칸씩만 오를 수 있다고 가정하겠습니다. 사다리의 가로대[rung]가 두 개라면 오를 수 있는 방법이 두 가지입니다. 첫 번째 가로대를 밟는 방법과 바로 두 번째 가로대를 밟는 방법이 그것입니다. 가로대가 세 개인 사다리의 경우에는 첫 번째 가로대부터 한 칸씩만 오르는 방법, 두 번째 가로대를 밟은 뒤 한 칸을 오르는 방법, 첫 번째 가로대를 밟은 뒤 두 칸을 오르는 방법, 바로 세 번째 가로대를 밟는 방법이 있습니다. 따라서 가로대가 네 개일 때는 일곱 가지 방법이 존재하고, 다섯 개일 때는 열세 가지 방법이 존재합니다.

다음은 이 과정을 계산하는 간단한 재귀 코드입니다.

```
int countStepPatterns(int rungCount)
{
    if (rungCount < 0)
        return 0;

    if (rungCount == 0)
        return 1;

    return countStepPatterns(rungCount - 3) +
           countStepPatterns(rungCount - 2) +
           countStepPatterns(rungCount - 1);
}
```

이 코드의 기본 아이디어는 사다리를 오를 때 반드시 아래 세 개의 가로대 중 하나에서 맨 위 가로대를 밟아야 한다는 것입니다. 각 가로대를 밟는 방법의 가짓수를 모두 더하면 맨 위 가로대에 오르는 방법의 가짓수가 나옵니다. 그다음에는 기저 조건[base case][10]을 파악하기만 하면 됩니다. 앞의 코드는 재귀를 단순하게 만들기 위해 기저 조건에 가로대 개수(rungCount)가 음수인 상황을 허용했습니다.

....
10 옮긴이_재귀 호출의 종료 조건을 말합니다.

불행히도 이 솔루션은 동작하지 않습니다. 참, rungCount가 작을 때는 동작하는군요. 하지만 countStepPatterns(20)의 실행 시간은 countStepPatterns(19)에 비해 거의 두 배에 달합니다. 컴퓨터는 정말 빠른 기계이지만 실행 시간이 지수적으로 증가하면 그 성능이 금방 잡아먹히고 말 것입니다. 제가 테스트했을 때는 rungCount가 20일 때부터 꽤 느려졌습니다.

즉 이 코드는 더 긴 사다리를 오르는 방법의 가짓수를 계산하기에는 너무 단순합니다. 문제의 핵심은 countStepPatterns의 모든 중간 결괏값이 계속해서 재계산되고, 이것이 지수적 실행 시간을 낳는다는 것입니다. 이러한 문제에 대한 표준 해법은 메모이제이션^{memoization}입니다. 이것은 다음 예제와 같이 한 번 계산된 중간 결과를 보관하고 있다가 재사용하는 것을 말합니다.

```cpp
int countStepPatterns(unordered_map<int, int> * memo, int rungCount)
{
    if (rungCount < 0)
        return 0;

    if (rungCount == 0)
        return 1;

    auto iter = memo->find(rungCount);
    if (iter != memo->end())
        return iter->second;

    int stepPatternCount = countStepPatterns(memo, rungCount - 3) +
                           countStepPatterns(memo, rungCount - 2) +
                           countStepPatterns(memo, rungCount - 1);

    memo->insert({ rungCount, stepPatternCount });
    return stepPatternCount;
}
```

```
int countStepPatterns(int rungCount)
{
    unordered_map<int, int> memo;
    return countStepPatterns(&memo, rungCount);
}
```

메모이제이션을 사용하면 각 값이 한 번씩만 계산돼 해시 맵에 저장됩니다. 후속 호출에서는 계산된 값을 대략적인 상수 시간 안에 해시 맵에서 탐색하며, 실행 시간이 지수적으로 증가하지 않습니다. 메모이제이션 코드는 살짝 더 복잡하지만 성능의 벽에 부딪히지 않습니다. 개념적인 복잡성을 조금 포기하면 동적 계획법 dynamic programming을 이용해 코드를 더 단순하게 만들 수도 있습니다.

```
int countStepPatterns(int rungCount)
{
    vector<int> stepPatternCounts = { 0, 0, 1 };

    for (int rungIndex = 0; rungIndex < rungCount; ++rungIndex)
    {
        stepPatternCounts.push_back(
            stepPatternCounts[rungIndex + 0] +
            stepPatternCounts[rungIndex + 1] +
            stepPatternCounts[rungIndex + 2]);
    }

    return stepPatternCounts.back();
}
```

이 방식도 충분히 빠르게 동작합니다. 심지어 메모이제이션을 적용한 재귀 버전보다 더 단순해졌습니다.

문제를 단순화하는 것이 솔루션보다 나을 때가 있다

첫 countStepPatterns 버전의 문제는 사다리가 길어질 때 드러났습니다. 가로대가 적을 때는 단순한 코드가 완벽하게 잘 동작했지만, 가로대가 많아지면 지수적 성능 하락이라는 벽에 부딪혔습니다. 그다음 버전은 약간의 복잡성을 대가로 지수적 성능 하락을 막기는 했으나 곧 또 다른 문제가 발생했습니다.

제가 조금 전 코드를 실행해 countStepPatterns(36)의 결과를 확인해보면 2,082,876,103이 나오겠지만, countStepPatterns(37)의 경우 −463,960,867이 출력됩니다. 명백하게 틀린 결과입니다.

제가 사용하는 C++ 버전은 정수를 부호 있는 32비트 값으로 저장합니다. 그래서 countStepPatterns(37)이 계산되는 과정에서 오버플로가 발생한 것입니다. 37단 사다리를 오르는 방법은 3,831,006,429가지인데, 이 수는 부호 있는 32비트 정수에 담기지 않으니까요.

어쩌면 코드가 너무 단순한지도 모릅니다. 물론 사다리가 아무리 길다 하더라도 countStepPatterns가 제대로 동작하기를 바라는 것은 어느 정도 합리적입니다. C++는 아주 큰 정수에 대한 표준 해법을 제공하지 않지만, 다양한 임의 정밀도 정수를 구현하는 오픈 소스 라이브러리가 많이 있습니다. 아니면 몇백 줄 정도 되는 코드를 다음과 같이 직접 작성할 수도 있겠죠.

```
struct Ordinal
{
public:

    Ordinal() :
        m_words()
        { ; }
```

```
    Ordinal(unsigned int value) :
        m_words({ value })
        { ; }


    typedef unsigned int Word;


    Ordinal operator + (const Ordinal & value) const
    {
        int wordCount = max(m_words.size(), value.m_words.size());

        Ordinal result;
        long long carry = 0;

        for (int wordIndex = 0; wordIndex < wordCount; ++wordIndex)
        {
            long long sum = carry +
                            getWord(wordIndex) +
                            value.getWord(wordIndex);

            result.m_words.push_back(Word(sum));
            carry = sum >> 32;
        }

        if (carry > 0)
            result.m_words.push_back(Word(carry));

        return result;
    }

protected:

    Word getWord(int wordIndex) const
    {
        return (wordIndex < m_words.size()) ? m_words[wordIndex] : 0;
    }
```

```
        vector<Word> m_words;
};
```

countStepPatterns 예제 코드에 int 대신 조금 전에 정의한 Ordinal을 넣으면 긴 사다리의 경우라도 정확한 답을 얻을 수 있습니다.

```
Ordinal countStepPatterns(int rungCount)
{
    vector<Ordinal> stepPatternCounts = { 0, 0, 1 };

    for (int rungIndex = 0; rungIndex < rungCount; ++rungIndex)
    {
        stepPatternCounts.push_back(
            stepPatternCounts[rungIndex + 0] +
            stepPatternCounts[rungIndex + 1] +
            stepPatternCounts[rungIndex + 2]);
    }

    return stepPatternCounts.back();
}
```

이제 문제가 해결됐을까요? Ordinal을 도입함으로써 훨씬 긴 사다리에 대해서도 정확한 답을 계산할 수 있게 됐습니다. Ordinal을 구현하기 위해 몇백 줄의 코드를 추가하는 것이 별로이기는 하지만 말입니다. 특히 countStepPatterns 함수가 열네 줄에 불과하다는 점을 고려하면요. 하지만 문제를 정확하게 풀려면 이 정도 대가는 치러야 하지 않을까요?

아닐 거예요. 단순한 솔루션이 없다면, 복잡한 솔루션을 받아들이기에 앞서 문제를 잘 따져보세요. 지금 풀고 있는 문제가 꼭 해결돼야 하는 상황인가요? 아니면 당면한 문제에 불필요한 가정을 더해 솔루션이 복잡해진 것은 아닌가요?

현실에서 사다리에 오르는 방법의 가짓수를 센다면 사다리의 최대 길이를 지정할 수 있을 것입니다. 예컨대 사다리의 최대 길이를 열다섯 개로 정한다면 이 절의 모든 솔루션이 완벽하게 들어맞습니다. 심지어 맨 처음에 제시한 기본적 재귀 버전도 그렇습니다. 여러 가지 버전 중에서 하나를 골라 함수의 내재된 한계를 알리는 assertion(혹은 단언문)을 추가하고 승리를 선언하면 됩니다.

```
int countStepPatterns(int rungCount)
{
    // 주의(크리스) 가로대가 36개를 넘으면 int로 패턴의 가짓수를 표현할 수 없음

    assert(rungCount <= 36);

    vector<int> stepPatternCounts = { 0, 0, 1 };

    for (int rungIndex = 0; rungIndex < rungCount; ++rungIndex)
    {
        stepPatternCounts.push_back(
            stepPatternCounts[rungIndex + 0] +
            stepPatternCounts[rungIndex + 1] +
            stepPatternCounts[rungIndex + 2]);
    }

    return stepPatternCounts.back();
}
```

만약 풍력 발전기의 점검용 사다리처럼 아주 긴 사다리를 지원해야 한다면 걸음 수를 근사치로 다뤄도 되지 않을까요? 아마도 그렇겠죠. 정수를 부동 소수형으로 변경하는 것은 식은 죽 먹기라 예제 코드를 생략하겠습니다.

모든 것은 결국 넘치게 마련입니다. 극단적인 에지 케이스를 해결하려고 시도하면 과하게 복잡한 솔루션이 나옵니다. 너무 엄격한 문제의 정의에 갇히지 마세요. 광

범위한 정의로 만든 복잡한 솔루션보다, 실제로 해결 가능한 부분만 해결하는 단순한 솔루션을 만드는 것이 훨씬 낫습니다. 솔루션을 단순화할 수 없으면 문제를 단순화하세요.

단순한 알고리즘

잘못된 알고리즘을 선택해 코드가 더 복잡해질 때가 있습니다. 어떤 문제를 해결하는 데에는 여러 가지 길이 있고, 그중에서도 특히 복잡한 것이 있습니다. 단순한 알고리즘은 단순한 코드를 낳습니다. 문제는 단순한 알고리즘이라고 해서 늘 쉽게 알아볼 수 있는 것은 아니라는 것입니다.

카드 덱을 정렬하는 코드를 작성한다고 합시다. 한 가지 확실한 방법은 어릴 때 배웠던 리플 셔플^{riffle shuffle}을 시뮬레이션하는 것입니다. 리플 셔플은 덱을 두 뭉치로 나눈 다음 양쪽 뭉치의 카드 끝을 서로 교차하며 부채 모양으로 섞는 방법입니다. 이렇게 하면 양쪽 뭉치의 카드가 거의 동일한 확률로 교차돼 하나의 덱으로 다시 합쳐집니다. 덱이 완전히 섞일 때까지 이 과정을 반복하는데,[11] 다음 예제는 이 알고리즘을 코드로 표현한 것입니다.

```cpp
vector<Card> shuffleOnce(const vector<Card> & cards)
{
    vector<Card> shuffledCards;

    int splitIndex = cards.size() / 2;
    int leftIndex = 0;
    int rightIndex = splitIndex;
```

---

[11] 네다섯 번으로는 부족하고, 카드를 제대로 섞으려면 일곱 번 이상을 거쳐야 합니다. 그래서 우리 가족은 제가 카드를 섞을 때 짜증을 내곤 하죠. "크리스, 우리는 카드 놀이를 하려는 거지, 네 리플 셔플을 구경하려는 게 아니야." 얕팍한 지식은 이렇게나 위험합니다.

```
    while (true)
    {
        if (leftIndex >= splitIndex)
        {
            for (; rightIndex < cards.size(); ++rightIndex)
                shuffledCards.push_back(cards[rightIndex]);

            break;
        }
        else if (rightIndex >= cards.size())
        {
            for (; leftIndex < splitIndex; ++leftIndex)
                shuffledCards.push_back(cards[leftIndex]);

            break;
        }
        else if (rand() & 1)
        {
            shuffledCards.push_back(cards[rightIndex]);
            ++rightIndex;
        }
        else
        {
            shuffledCards.push_back(cards[leftIndex]);
            ++leftIndex;
        }
    }

    return shuffledCards;
}

vector<Card> shuffle(const vector<Card> & cards)
{
    vector<Card> shuffledCards = cards;
```

```
    for (int i = 0; i < 7; ++i)
    {
        shuffledCards = shuffleOnce(shuffledCards);
    }

    return shuffledCards;
}
```

이 리플 셔플 시뮬레이션 알고리즘은 잘 동작합니다. 위 코드는 이 알고리즘을 꽤
간단히 구현했습니다. 인덱스 체크가 모두 정확하게 이뤄지는지 확인하는 데 에너
지를 좀 써야겠지만, 이 정도면 그렇게 나쁘지 않습니다.

하지만 카드 덱을 섞는 더 간단한 알고리즘이 있습니다. 예를 들어 한 번에 한 장
씩 카드를 섞는 방법도 있습니다. 새 카드를 뽑은 다음 그 카드와 현재 덱 안에서
무작위로 고른 카드의 자리 바꾸기를 반복합니다. 또한 다음과 같이 별도의 자료
구조를 사용하지 않고 기존의 메모리를 그대로 사용할 수 있습니다.

```cpp
vector<Card> shuffle(const vector<Card> & cards)
{
    vector<Card> shuffledCards = cards;

    for (int cardIndex = shuffledCards.size(); --cardIndex >= 0;)
    {
        int swapIndex = rand() % (cardIndex + 1);
        swap(shuffledCards[swapIndex], shuffledCards[cardIndex]);
    }

    return shuffledCards;
}
```

앞서 소개한 단순성 측정 기준으로 볼 때 이 비전이 더 우월합니다. 코드 작성 시간이 더 짧고[12] 쉽게 읽히며 코드의 길이가 짧아서 설명하기도 수월합니다. 이 코드가 더 단순하고 좋습니다. 코드를 잘 작성해서가 아니라 더 나은 알고리즘을 선택했기 때문에 이러한 결과가 나온 것입니다.

흐름을 놓치지 말라

단순한 코드는 읽기 쉽습니다. 단순한 코드는 책을 읽는 것처럼 위에서부터 아래로 쭉 읽어나갈 수 있습니다. 하지만 프로그램은 책과 다르기 때문에 코드의 흐름이 단순하지 않으면 읽기가 어렵습니다. 코드가 복잡하면 실행 흐름을 따라가기 위해 여기서 저기로 건너뛰어야 해서 훨씬 읽기가 어렵습니다.

각 아이디어를 한곳에 정확하게 표현하려고 애쓰다 보면 복잡한 코드가 될 수 있습니다. 앞서 예로 든 리플 셔플 코드의 경우 왼쪽 카드 뭉치를 처리하는 코드와 오른쪽 카드 뭉치를 처리하는 코드가 상당히 비슷합니다. 카드 한 장 또는 여러 장을 카드 뭉치로 이동하는 로직은 다음과 같이 별도의 함수로 분리해 shuffleOnce에서 호출할 수 있습니다.

```
void copyCard(
    vector<Card> * destinationCards,
    const vector<Card> & sourceCards,
    int * sourceIndex)
{
    destinationCards->push_back(sourceCards[*sourceIndex]);
    ++(*sourceIndex);
```

----

12 코드 작성 시간은 경험적으로 측정한 것이며, 사람에 따라 상황이 다를 수 있습니다. 저는 이 코드를 작성하면서 인덱스와 조건 부분에서 약간의 기교를 부렸는데, 제대로 동작하기까지 몇 차례 다시 시도해야 했습니다. 무작위 선택 부분은 처음부터 잘 동작했고요.

```
}

void copyCards(
    vector<Card> * destinationCards,
    const vector<Card> & sourceCards,
    int * sourceIndex,
    int endIndex)
{
    while (*sourceIndex < endIndex)
    {
        copyCard(destinationCards, sourceCards, sourceIndex);
    }
}

vector<Card> shuffleOnce(const vector<Card> & cards)
{
    vector<Card> shuffledCards;

    int splitIndex = cards.size() / 2;
    int leftIndex = 0;
    int rightIndex = splitIndex;

    while (true)
    {
        if (leftIndex >= splitIndex)
        {
            copyCards(&shuffledCards, cards, &rightIndex, cards.size());
            break;
        }
        else if (rightIndex >= cards.size())
        {
            copyCards(&shuffledCards, cards, &leftIndex, splitIndex);
            break;
        }
        else if (rand() & 1)
```

```
        {
            copyCard(&shuffledCards, cards, &rightIndex);
        }
        else
        {
            copyCard(&shuffledCards, cards, &leftIndex);
        }
    }

    return shuffledCards;
}
```

이전 버전의 shuffleOnce는 위에서 아래로 읽어 내려갈 수 있지만 이 버전은 그렇지 않아서 읽기 어렵습니다. shuffleOnce 코드를 읽다 보면 copyCard 또는 copyCards 함수를 만나게 됩니다. 그러면 이러한 함수를 추적해 그 역할을 파악해야 하며, 다시 원래 함수로 돌아와 shuffleOnce에서 전달된 인수를 새롭게 이해한 copyCard 또는 copyCards의 내용과 맞춰봐야 합니다. 원래 버전의 shuffleOnce에서 루프를 직접 읽는 것보다 훨씬 복잡해졌습니다.

이 함수의 '중복을 피하는' 버전은 구현할 때 더 긴 시간이 걸릴뿐더러 읽기도 어렵습니다. 심지어 코드의 양도 늘었습니다. 중복을 제거하려는 시도가 코드를 단순하게 만들기는커녕 오히려 더 복잡하게 만들었습니다.

코드의 중복을 줄이는 것은 물론 좋은 일입니다. 하지만 중복을 제거하는 데에는 노력과 비용이 추가로 발생하기 때문에, 간단한 아이디어를 구현하는 소규모 코드라면 중복되는 부분을 그대로 두는 편이 낫습니다. 그러한 코드는 쉽게 작성할 수 있고 쉽게 읽히기도 합니다.

모든 규칙을 지배하는 단 하나의 규칙

이 책에서 다룰 나머지 **규칙** 중 상당수는 단순성에 대한 이야기로 돌아갈 것입니다. 코드를 최대한 단순하게, 그러나 너무 단순하지 않게 작성해야 한다고 말이죠.

프로그래밍은 곧 복잡성과의 싸움입니다. 신규 기능 추가는 종종 코드를 더 복잡하게 만들며, 코드가 복잡해질수록 작업하기가 더욱 어렵고 진행이 더뎌집니다. 그러다 결국에는 사건의 지평선[13]에 도달하게 되는데, 그곳에서는 버그 수정이나 기능 추가처럼 앞으로 나아가려는 시도를 할 때마다 새로운 문제를 야기합니다. 이때는 사실상 전진이 불가능한 상황이라 결국 복잡성 때문에 프로젝트가 실패하고 맙니다.

효과적인 프로그래밍은 불가피한 일이 일어나는 날을 최대한 연기하는 것과 다름 없습니다. 기능을 추가하거나 버그를 수정할 때 복잡성을 최소화하세요. 즉 복잡성을 제거할 기회를 모색하고, 새로운 기능이 시스템의 전체적인 복잡성을 크게 증가시키지 않도록 설계하세요. 또한 팀이 협업하는 방식도 최대한 단순해야 합니다.

부단히 노력하면 불가피한 일을 무기한 연기할 수 있습니다. 25년 전에 제가 서커펀치의 첫 코드를 작성한 이후로 코드베이스가 지속적으로 발전했습니다. 아직은 이러한 발전이 끝날 기미가 보이지 않습니다. 우리의 코드는 25년 전에 비해 훨씬 더 복잡해졌지만 우리는 복잡성을 잘 통제해왔고, 효과적인 진전을 이룰 능력이 여전히 있습니다.

여러분도 우리처럼 복잡성을 잘 다룰 수 있습니다. 정신 바짝 차리고, 복잡성이 궁극의 적이라는 사실을 늘 염두에 둔다면 해낼 수 있을 것입니다.

....

13 옮긴이_중력이 너무 강력한 천체인 블랙홀에서 일어나는 현상으로, 블랙홀 내부로 들어갔을 때 탈출이 불가능해지는 지점을 '사건의 지평선(event horizon)'이라고 합니다.

02

버그는 전염된다

프로그래밍 세계에는 "버그를 빨리 찾을수록 더 고치기 쉽다"는 말이 있습니다. 대체로 옳은 말이지만, 저는 "버그를 늦게 발견할수록 더 고치기 어려운 골칫거리가 된다"가 더 적절한 표현이라고 생각합니다.

버그가 발생하면 개발자는 무심코 그 버그에 의존하는 코드를 작성하게 됩니다. 이렇게 불안정한 코드는 해당 버그와 같은 시스템 내에 있을 수도 있습니다. 가끔은 멀리 떨어진 곳에 있을 수도 있는데, 이는 시스템을 호출하면서 버그가 발생시킨 잘못된 결과에 의존하는 코드 또는 버그로 인해 특정한 방식으로 호출돼야만 정상적으로 동작하는 코드 때문일 수도 있습니다.

이러한 일은 자연스러운 현상이라 피할 수가 없습니다. 우리는 문제가 발생했을 때만 주의를 기울이고, 문제가 없을 때는 그러지 않습니다. 문제가 생기면 그 원인을 조사하지만 일이 순조롭게 진행될 때는 그 이유를 따져보지 않기 때문입니다. 코드가 동작하고 있거나 최소한 그런 것처럼 보이면, 사람들은 종종 예상치 못한 이유로 정상적인 것처럼 코드가 동작하는 것을 본인의 예상대로 동작한다고 본능적으로 생각합니다. 그래서 분석을 하지 않고, 결국 코드를 우연히 동작하게 만든 복합적인 상황을 전혀 파악할 수 없게 됩니다.

이는 우리가 작성한 코드, 또 우리가 작성한 코드를 호출하는 다른 사람의 코드에도 해당됩니다. 팀의 코드베이스에 버그를 커밋하면 그 버그에 의존하는 다른 코드가 불가피하게 조금씩 코드베이스에 쌓입니다. 그러다 명백한 버그를 수정했을 때 프로젝트의 다른 부분이 불가사의한 이유로 멈춰버리면서 숨어 있던 문제들이 비로소 드러나게 됩니다.

버그를 조기에 찾아내면 이러한 혼란이 발생할 여지가 줄어듭니다. 다시 말해 버그를 수정할 때 시간을 가장 많이 잡아먹는 일 중 하나인 의존성 정리 작업이 줄어듭니다. 버그 수정 그 자체보다 버그 수정으로 인한 반향을 처리하는 데 더 많은 시간이 걸리는 것은 아주 흔한 일이죠.

버그를 전염병처럼 생각하는 것이 좋습니다. 시스템의 모든 버그는 새 코드가 버그를 우회하거나 잘못된 동작에 의존하게 만들어 또 다른 버그를 낳습니다. 이러한 전염을 막는 가장 좋은 방법은 버그의 숙주를 최대한 빨리 없애는 것입니다. 버그의 마수가 코드베이스 전체로 뻗기 전에 말입니다.

사용자를 믿지 말라

문제를 조기에 발견하고 싶다면 어떻게 해야 할까요? 우선 사용자에게만 의존해서는 안 됩니다. 코드를 호출하는 팀원이든 프로그램을 사용하는 고객이든 사용자는 바람직한 문제 탐지 수단이 아닙니다. 문제를 알려줄 때도 있겠지만, 사용자는 본인이 관찰한 동작이 원래 의도된 것이라고 생각할 때가 훨씬 많습니다. 이렇게 눈에 띄지 않는 이슈와, 눈에 띈다 하더라도 설계의 일부로 간주되는 이슈가 더해져 더 큰 혼란이 시작됩니다.

다음과 같은 방법을 시도해볼 수 있습니다. 사용자에게 보다 나은 문서를 제공할 수도 있고, 새로운 시스템이나 기능을 도입할 때는 팀 전체를 회의실에 모아놓고 설명할 수도 있을 것입니다. 모든 것이 어떻게 연결돼 있는지에 대한 상세한 정보를 최신 상태로 유지하는 내부 위키를 운영하거나, 지원 사이트에 테크 노트를 게시할 수도 있을 것입니다. 이 모든 노력에 적지 않은 비용이 들고 그 효과도 들쭉날쭉하겠지만, 어쨌든 시도할 만한 가치가 있습니다. 그러나 문제를 완전히 해결하지는 못합니다. 근본적으로 사용자는 우리의 의도를 우리만큼 잘 이해하지 못하기 때문에 뭘 해도 버그를 기능으로 오해할 것입니다.

그보다는 지속적인 자동화 테스트가 더 좋은 해답입니다. 대부분의 프로그래머는 자동화 테스트가 좋다는 데 동의할 것입니다. 자신이 하기는 귀찮아도 다른 프로그래머가 해준다면 좋은 일이라고 생각합니다. 테스트 주도 개발처럼 살짝 더 공식화된 방법론 말고도 지속적인 자동화 테스트 방법론의 다양한 버전이 있습니다.

일반적으로, 지속적인 자동화 테스트는 시스템(또는 전체 프로젝트)이 빠르고 편리하게 실행할 수 있으며, 철저하게[14] 시스템(또는 프로젝트)을 점검하고 문제를 보고할 수 있는 일련의 테스트를 말합니다. 테스트가 정말로 빠르고 편리하다면 프로젝트를 컴파일하거나 실행할 때마다 늘 실행될 것입니다. 이러한 테스트라면 초기에 튀어나오는 버그를 모두 제거하기 쉽습니다. 반면에 이론적으로만 빠르고 편리한 테스트는 커밋할 때만 실행되는 경향이 있습니다. 커밋 단계는 고치기 어려운 버그를 양산하는 혼란의 확산을 막을 정도의 초기지만요.

이러한 종류의 테스트에는 엔지니어링 자원이 많이 듭니다. 코드에 대한 테스트를 작성하는 데에는 코드 자체를 작성하는 것과 맞먹는 시간이 소요될 수 있습니다. 그럼에도 자동화 테스트 옹호론자들은 그러한 엔지니어링 자원의 소요가 오해일 뿐이라고 (설득력 있게) 주장합니다. 결국 그러한 코드를 작성하는 데 드는 비용에는 고치기 어려운 문제를 찾아내고 진단하는 노력도 숨어 있으니까요. 코딩은

---

14 완벽하지는 않을 것입니다. 자동화 테스트의 커버리지 목표를 코드베이스의 몇 퍼센트로 해야 하는지에 대해서는 언급하지 않겠습니다. 참고로 서커펀치는 커버리지가 아주 낮습니다.

바로 디버깅이라고 할 수 있지 않을까요? 테스트 지지자들은 조기에 테스트해야 전체 개발 시간이 줄어든다고 주장하고, 강경론자들은 한술 더 떠서 코드를 작성하기 전에 테스트부터 작성해야 한다고 말합니다.

지속적인 자동화 테스트는 개인의 노력만으로 쉽게 도입할 수 있는 것이 아닙니다. 지속적인 자동화 테스트를 시행하려면 인프라에 상당한 투자를 해야 하고 비침투적인 테스트 프레임워크nonintrusive testing framework[15], 테스트 친화적인 배포 시스템 그리고 구성원 모두가 자동화 테스트에 헌신하려는 팀이 필요합니다. 팀 전체가 자동화 테스트에 동의하지 않는다면 여러분은 대세를 거스르고 있는 것입니다. 하지만 자동화 테스트를 믿는 팀에 소속돼 있다면 복 받은 셈입니다.

테스트 중심 접근 방식에 분명한 장점이 있음에도 서커펀치는 자동화 테스트를 많이 사용하지 않습니다. 많은 시스템이 자동화 테스트를 갖고 있지만, 전체적으로 보면 이러한 테스트는 코드베이스의 극히 일부만을 커버합니다. 왜 그럴까요?

자동화 테스트는 까다롭다

어떤 프로젝트와 문제는 자동화 테스트를 하기에 적합합니다. 하지만 어떤 것들은 입력의 모든 경우를 다루기 어렵거나 출력을 검증하기 어려워 테스트하기에 적합하지 않습니다.

예를 들어 새로운 손실 오디오 압축 코덱을 만든다면 자동화 테스트를 어떻게 작성할 수 있을까요? 압축 프로그램이 충돌하지 않는다는 것을 입증하거나, 특정 테스트 파일 몇 개에 대한 압축률을 측정하기는 쉽습니다. 하지만 압축을 푼 오디오가 실제로 원본처럼 들리는지 확인하는 것은 그다지 쉽지 않습니다. 오디오 압축

---

15 옮긴이_프로그램 코드를 수정하지 않고도 테스트를 수행할 수 있도록 설계된 테스팅 프레임워크입니다. GoogleTest, CppUnit, NUnit, JUnit, Jest와 같은 유닛 테스팅 프레임워크가 여기에 포함됩니다.

코덱을 작싱하는 프로그래머라면 거슬리는 문제를 집어내는 테스트를 작성하는 데 필요한 신호 처리 수학 지식이 충분할 수도 있지만, 어느 순간에는 헤드폰을 착용시킨 사람에게 압축 샘플을 들려주고 어느 것이 압축 샘플인지 맞히게 할 필요가 있습니다. 하지만 이와 같은 테스트는 빠르고 편리하게 수행할 수 있는 것이 아닙니다.

또한 어떤 코드는 성공 여부를 판단하기 어렵기 때문에 테스트가 본질적으로 어렵습니다. 서커펀치에서 작성되는 많은 코드가 여기에 해당합니다. 게임 속 상인 캐릭터가 실제 상인처럼 행동하나? 표정 애니메이션이 혐오 감정을 표현하나? 아니면 그냥 트림하기 직전처럼 보이나? 컨트롤러를 잡고 있을 뿐인데도 활을 쏘려는 것처럼 느껴지나?

테스트하기 어려운 코드를 잔뜩 갖고 있는 프로젝트에 속해 있다면 여러 가지 방법을 혼합해야 합니다. 테스트할 수 있는 것은 테스트하고, 통제할 수 있는 것은 통제하세요. 모든 것을 테스트하지 않는다는 사실을 기억하세요. 자동 테스트로 커버할 수 없는 부분은 수동으로 테스트해야 합니다. 이에 따라 계획을 세우세요.

그렇긴 해도 테스트가 용이하도록 코드를 구성하는 것은 가능합니다. 어떤 코드에 대해 외부 자동화 테스트를 작성하려 한다고 상상해보세요. 여러분이 작성하는 코드와는 별개의 테스트 코드 말입니다. 테스트 코드는 기능을 조정하도록 설계된 일련의 입력값을 넘겨 여러분의 코드를 호출하고, 출력값이 기댓값과 일치하는지 확인합니다. 어떻게 하면 코드를 잘 구성해 이 테스트를 더 쉽게 작성할 수 있을까요?

상태를 유지하지 않는 코드는 테스트하기 쉽다

테스트가 용이한 코드를 구성하기 위한 한 가지 중요한 전략은 코드에서 상태의 양을 줄이는 것입니다. 상태에 의존하지 않는 코드는 테스트하기가 훨씬 쉽습니다. 모든 순수 함수[직접적인 입력 매개변수에만 의존하기(전역 변수, 클래스 멤버 변수를 읽거나 쓰지 않기) 때문에 부작용이 없고 결과를 예측할 수 있는 코드]는 테스트가 쉽거든요. 예를 들어 다음 예제는 테스트하기 좋은 코드입니다.

```cpp
int sumVector(const vector<int> & values)
{
    int sum = 0;
    for (int value : values)
    {
        sum += value;
    }
    return sum;
}
```

하지만 다음 코드는 테스트하기 어렵습니다.

```cpp
int reduce(
    int initialValue,
    int (*reduceFunction)(int, int),
    const vector<int> & values)
{
    int reducedValue = initialValue;
    for (int value : values)
    {
        reducedValue = reduceFunction(reducedValue, value);
    }
    return reducedValue;
}
```

첫 번째 코드에서 sumVector를 테스트하려면 일련의 입력값과 입력에 대한 기대 출력값만 준비하면 됩니다. 이것이 바로 테스트 주도 개발 프레임워크가 빛을 발하는 영역입니다. 그러나 두 번째 코드처럼 상태가 개입되면 코드를 꼼꼼히 테스트하기 위해 입력값이 훨씬 더 복잡해져야 합니다.

따라서 reduce는 테스트하기가 더 어렵습니다. reduce는 인수로 넘겨받은 함수를 벡터의 각 값에 대해 반복적으로 호출합니다. 아마도 일반화를 추구하거나 스레딩에 반 걸음 다가서기 위해서일 것입니다. 물론 다음과 같이 벡터의 합을 구할 때 reduce를 사용할 수 있습니다.

```
int sum(int value, int otherValue)
{
    return value + otherValue;
}

int vectorSum = reduce(0, sum, values);
```

reduce 테스트는 여러 가지 문제를 야기합니다. reduceFunction 함수가 무엇을 할지 누가 어떻게 알까? 외부 상태에 의존하지는 않을까? 부작용이 있으면 어쩌지? 해당 함수를 호출함으로써 순회 중인 벡터에서 어떤 값이 제거되면 어떻게 될까? values는 const 참조이므로 values가 변경되지 않을 것이라고 가정해도 될 것 같지만, reduceFunction은 values에 대한 비 const 포인터를 통해 values를 임의로 변경할 수 있을지도 모릅니다. reduce를 테스트하고 있다면 이 모든 것들을 예상하고 테스트해야 합니다. sumVector 테스트보다 훨씬 더 복잡하죠.

코드를 꼼꼼히 테스트하려면 처리해야 할 모든 상태에 대한 표현을 빠뜨리지 않고 테스트 코드에 제공하고, 각 상태에 따른 결과를 확인해야 합니다. 순수 함수를 테스트할 때 신경 써야 할 상태는 인수입니다. 하지만 부작용, 내부 상태, 임의의 함수 호출 등을 도입하면 신경 써야 힐 상태의 양이 폭발적으로 증가합니다. 이렇게 되면 어느 정도 타협하는 수밖에 없습니다. 타협 없이 테스트 커버리지가 줄어드는 것을 용인하지 않으면 감당 불가능한 만큼의 테스트 케이스를 작성해야 합니다.

간단한 예제를 살펴보겠습니다. 우선순위에 따라 정리된 캐릭터 리스트를 추적하고 있다고 가정합시다. 각 캐릭터는 우선순위를 갖고 있으며, 해당 우선순위에 따라 모든 캐릭터의 리스트를 쉽게 가져올 수 있습니다. 인터페이스는 다음과 같이 단순합니다.

```cpp
class Character
{
public:

        Character(int priority);
        ~Character();

        void setPriority(int priority);
        int getPriority() const;

        static const vector<Character *> & getAllCharacters();

protected:

        int m_priority;
        int m_index;

        static vector<Character *> s_allCharacters;
};
```

s_allCharacters를 모든 캐릭터의 우선순위에 따라 정렬된 상태로 유지하는 것은 어렵지 않습니다. 각 캐릭터가 우선순위 리스트의 어디에 위치하는지 추적하면서, 그 캐릭터의 우선순위가 변경될 때 목록에서 최소한으로만 앞뒤로 이동하도록 주의하는 방식을 통해 점진적으로 처리할 수 있습니다. 이는 캐릭터가 생성될 때

리스트의 적합한 위치에 삽입돼야 한나는 깃을 의미합니다.

```
Character::Character(int priority) :
    m_priority(priority),
    m_index(0)
{
    int index = 0;
    for (; index < s_allCharacters.size(); ++index)
    {
        if (priority <= s_allCharacters[index]->m_priority)
            break;
    }

    s_allCharacters.insert(s_allCharacters.begin() + index, this);

    for (; index < s_allCharacters.size(); ++index)
    {
        s_allCharacters[index]->m_index = index;
    }
}
```

다음은 캐릭터가 소멸될 때 인덱스를 정리하는 코드입니다.

```
Character::~Character()
{
    s_allCharacters.erase(s_allCharacters.begin() + m_index);

    for (int index = m_index; index < s_allCharacters.size(); ++index)
    {
        s_allCharacters[index]->m_index = index;
    }
}
```

캐릭터의 우선순위가 바뀌면 리스트에서 최소한으로만 앞뒤로 이동합니다.

```
void Character::setPriority(int priority)
{
    if (priority == m_priority)
        return;

    m_priority = priority;

    while (m_index > 0)
    {
        Character * character = s_allCharacters[m_index - 1];
        if (character->m_priority <= priority)
            break;

        s_allCharacters[m_index] = character;
        character->m_index = m_index;

        --m_index;
    }

    while (m_index + 1 < s_allCharacters.size())
    {
        Character * character = s_allCharacters[m_index + 1];
        if (character->m_priority >= priority)
            break;

        s_allCharacters[m_index] = character;
        character->m_index = m_index;

        ++m_index;
    }

    s_allCharacters[m_index] = this;
}
```

어쨌든 코드는 잘 동작하지만 테스트하기에는 복잡합니다. 외부 테스트가 접근할 수 없는 숨겨진 상태가 있기 때문입니다. 우선순위가 매겨진 일련의 캐릭터를 생성하는 테스트는 getAllCharacters 메서드가 캐릭터를 올바른 순서로 반환하는지를 확인하면 일부 버그를 잡아낼 수 있지만 일부는 놓칠 수도 있습니다. 캐릭터가 올바른 순서로 정렬돼 있더라도 현재 인덱스가 엉망이 될 수 있는데, Character가 노출하는 메서드로는 이를 확인할 방법이 없습니다. 잘못된 인덱스가 문제를 초래할 가능성이 있지만, 이러한 문제가 곧바로 나타난다는 보장 또한 없습니다(아니면 전혀 나타나지 않을 수도 있습니다). 게다가 인덱스를 바로 유지하려는 세 가지 코드 경로가 있기 때문에 실수하기도 쉽습니다.

다음 코드는 Character가 상태를 유지하지 않도록 변경한 새 버전입니다. 테스트가 좀 더 간단해졌습니다.

```cpp
class Character
{
public:

    Character(int priority) :
        m_priority(priority)
    {
        s_allCharacters.push_back(this);
    }

    ~Character()
    {
        auto iter = find(
                    s_allCharacters.begin(),
                    s_allCharacters.end(),
                    this);
        s_allCharacters.erase(iter);
    }
```

```cpp
    void setPriority(int priority)
    {
        m_priority = priority;
    }

    int getPriority() const
    {
        return m_priority;
    }

    static int sortByPriority(
        Character * left,
        Character * right)
    {
        return left->m_priority < right->m_priority;
    }

    static vector<Character *> getAllCharacters()
    {
        vector<Character *> sortedCharacters = s_allCharacters;

        sort(
            sortedCharacters.begin(),
            sortedCharacters.end(),
            sortByPriority);

        return sortedCharacters;
    }

protected:

    int m_priority;

    static vector<Character *> s_allCharacters;
};
```

s_allCharacters 안에 모든 캐릭터를 담아서 추적해야 하므로 아직 상태가 남아 있다고 할 수 있지만, 적어도 숨겨져 있지는 않습니다. 새 버전을 위한 테스트를 작성하는 것은 순수 함수의 테스트를 작성하는 것만큼 간단하지는 않겠지만, 그래도 Character의 첫 버전보다는 훨씬 간단해졌습니다.

이전의 상태 기반 접근법에서는 어떤 순서로 무엇을 했는지에 신경을 바짝 써야 했습니다. 하지만 이제는 해당 상태를 제거했기 때문에 기대 출력값만 확인해도 됩니다. 훨씬 안전하다고 느껴지죠. 이렇게 상태가 없는 코드는 처음부터 제대로 작성하기도 쉽습니다. 테스트 주도 개발의 숨은 장점이 바로 이것입니다. 다시 말해 테스트하기 좋은 코드는 작성하기도 쉽습니다. 작성 중인 코드를 어떻게 테스트해야 할지 고민하다 보면 결국 더 단순한 코드를 작성하게 됩니다.

제거할 수 없는 상태는 감사하라

어쩔 수 없이 상태를 유지해야 하는 경우도 있습니다. 예를 들어 정렬된 캐릭터 리스트에 대한 사소한 우선순위 조정이 getAllCharacters 호출과 번갈아 일어나고, 상태를 유지하지 않도록 구현된 정렬 알고리즘이 메모리 캐시에 과부하를 일으킨다면 차라리 상태를 유지하는 것이 낫습니다.[16]

내부 상태에 접근할 수 없어 외부 테스트를 작성하기 어렵다면 대신에 내부 테스트를 작성하세요. 데이터에 대한 감사audit 기능을 추가하면 내부 테스트 작성이 쉬워집니다. 이 경우에는 내부 상태가 일관성을 유지하는지 확인하는 감사 함수를 도입할 수 있습니다.

---

16 옮긴이_상태를 유지하지 않는 알고리즘에서는 알고리즘의 각 실행마다 필요한 데이터를 메모리에 새로 로드해야 합니다. 이때 캐시 메모리의 기존 내용을 덮어쓰므로 캐시의 일관성 유지를 위한 추가 관리 작업을 해야 하는데, 여기에 드는 비용이 적지 않습니다.

```
void Character::audit()
{
    assert(s_allCharacters[m_index] == this);
}
```

감사 함수 코드가 짧죠? 예제로 사용하기 위해 Character 클래스에서 재미있는 부분을 다 잘라냈기 때문입니다. 실제 Character 클래스는 이보다 더 많은 내부 상태와 더 긴 감사 함수를 가집니다. 배열의 일관성도 다음과 같이 감사할 수 있습니다.

```
void Character::auditAll()
{
    for (int index = 0; index < s_allCharacters.size(); ++index)
    {
        Character * character = s_allCharacters[index];

        if (index > 0)
        {
            Character * prevCharacter = s_allCharacters[index - 1];
            assert(character->m_priority >= prevCharacter->m_priority);
        }

        character->audit();
    }
}
```

이러한 유형의 내부 테스트에는 장점이 있습니다. 내부 테스트를 외부 테스트의 보완 수단으로 생각할 때 특히 그렇습니다. 보통 내부 테스트는 항상 실행되게 할 수 있는데, 이는 단위 테스트를 위해 만든 인위적인 테스트 케이스가 아닌, 진짜 현실 세계의 테스트 케이스에서 내부 테스트가 실행된다는 것을 의미합니다. 이러한 내부 함수가 빛을 발하려면 누군가가 해당 함수를 호출해야 합니다.

유용한 경험칙 하나는 Character::audit를 캐릭터의 상태를 변경하는 모든 메서드 마지막에 호출하고, 리스트가 변경됐을 때는 Character::auditAll을 호출하는 것입니다. 감사 빈도는 필요에 따라 늘리거나 줄이면 됩니다.

내 코드를 사용하는 동료를 믿지 말라

보통은 프로그래밍을 할 때 팀 동료가 호출할 코드를 작성할 것입니다. 일인 프로젝트라도 훗날 자신이 코드를 호출할 수 있습니다. 이때 미래의 자신은 타인과 다를 바 없을 것입니다. 자신이 작성한 코드라도 시간이 지나면 세부 사항을 기억하지 못할 것이고, 다른 동료는 아예 모를 것입니다. 그러니 내 코드를 사용하는 동료가 세부 사항을 정확하게 이해한다고 믿으면 안 됩니다.

동료는 호환이 안 되는 인수를 전달할 가능성이 높고, 당연히 호출할 것으로 기대되는 초기화 함수를 외면할 것이며, 종료 함수를 호출해야 한다는 사실도 잊을 것입니다. 동료는 해당 함수에 대해 기대되는 기본 요구 사항을 충족하지 않는 콜백 함수를 제공할 수도 있습니다.

동료는 모든 것을 잘못 이해할 것입니다. 여러분이 이러한 실수를 감지하지 못하면 동료는 같은 실수를 반복하고, 혼란이 더욱 심해질 것입니다. 이제는 여러분의 코드에 있는 버그 때문이 아니라 호출하는 코드에 있는 버그 때문입니다.

직관에 반하는 이야기일 수도 있지만, 이러한 버그를 가장 쉽게 찾을 수 있는 곳은 호출하는 코드가 아니라 바로 호출되는 코드입니다. 동료가 실수를 할 수도 있지만, 여러분은 그 실수를 바로잡을 수 있는 더 좋은 위치에 있습니다.

잘된 설계는 동료가 세부 사항을 잘못 이해하는 것을 아예 불가능하게 만들 수 있습니다. 이는 '**규칙** 7: 실패 케이스를 제거하라'에서 자세히 다루겠습니다.

하지만 그럴 수 없는 경우도 있는데, 이럴 때는 어떻게 해야 할까요? 예를 들어 회사에서 개발 중인 세 가지 비디오 게임에 사용될 강체$^{rigid-body}$**17** 물리 시뮬레이터를 구현한다고 합시다. 여러분은 어떤 강체가 다른 강체와 닿아 있는지와 같은 내부 상태를 추적할 것입니다. 해당 상태는 어딘가에 저장돼야 할 텐데, 표준 C++ 코드에서처럼 그냥 new 연산자를 호출할 수는 없습니다. 메모리는 빠듯하며, 클라이언트는 여러분이 통합해야 하는 자체 메모리 관리자를 갖고 있습니다.

아주 명쾌한 답이 있습니다. 클라이언트가 메모리를 할당하고 해제하는 함수를 초기화 단계의 일부로 전달하게 하는 것입니다. 초기화하는 방법에 관한 몇 가지 나쁜 예제로 시작하고 싶은 유혹이 있지만, 꽤 괜찮은 솔루션으로 바로 넘어가겠습니다. 여러분이 실제로 강체 물리 시뮬레이터를 작성한다면 아마도 다음 코드에 있는 두 개보다 더 많은 매개변수를 갖게 될 것입니다. 중력 상수가 그 예가 될 수 있겠네요. 하나의 초기화 함수에 전달될 수 있도록 모든 초기화 매개변수를 하나의 구조체에 모으세요.

```cpp
struct RigidBodySimulator
{
    struct InitializationParameters
    {
        void * (* m_allocationFunction)(size_t size);
        void (* m_freeFunction)(void * memory);
        float m_gravity;
    };

    void initialize(const InitializationParameters & params);
```

---

17 옮긴이_그래픽스에서 표면의 형태 변화가 없는 단단한 물체를 의미합니다. 표면이 변하는 연체(soft-body)에 비해 연산 절차가 훨씬 간소하므로 두 가지를 구분해서 표현합니다.

```
        void shutDown();
};
```

시뮬레이션된 강체를 시스템에 추가하고 삭제하기 위한 메서드, 해당 강체의 상태를 읽고 쓰기 위한 메서드를 다음과 같이 노출시키세요.

```
struct RigidBodySimulator
{
    struct ObjectDefinition
    {
        float m_mass;
        Matrix<3, 3> m_momentOfInertia;
        vector<Triangle> m_triangles;
    };

    struct ObjectState
    {
        Point m_position;
        Quaternion m_orientation;
        Vector m_velocity;
        Vector m_angularVelocity;
    };

    ObjectID createObject(
        const ObjectDefinition & objectDefinition,
        const ObjectState & objectState);
    void destroyObject(
        ObjectID objectID);
    ObjectState getObjectState(
        ObjectID objectID) const;
    void setObjectState(
        ObjectID objectID,
        const ObjectState & objectState);
};
```

기대되는 사용법이 매우 명백하지 않나요? 사용하기 전에 시뮬레이터를 초기화하고, 사용하고 나서는 종료하면 됩니다. 객체를 추가하고, 조작하고, 다 사용한 후에는 소멸시키세요. 복잡한 것이 전혀 없습니다. 하지만 이렇게까지 간단한 세부 사항이어도 동료가 제대로 이해할 것이라고 믿으면 안 됩니다. 동료는 초기화해야 한다는 사실을 잊을 것이고, 삭제된 객체의 상태를 확인하려 들 것입니다. 심지어는 여러분이 넘긴 적 없는 뜬금없는 ObjectID를 이용해 객체의 상태를 저장하려고 할 것입니다.

이러한 케이스를 무시하고, 사람들이 세부 사항을 제대로 이해할 것이라 믿으며 하던 대로 계속하고 싶은 마음이 굴뚝같겠지만, 그러면 낭패를 볼 거예요. 오류를 감지하지 않거나 감지된 오류를 어떻게든 보고하지 않으면 나중에 피눈물을 흘리게 될 것입니다. 동료가 자신의 실수를 알아채지 못하면 자신이 관찰한 동작을 기능으로 오해하고 더 큰 오류를 발생시킬 테니까요.

이번에는 작은 정수를 둘러싸는 래퍼^{wrapper}로 ObjectID를 구현했는데, 이것이 ObjectState 구조체에서 선형 리스트의 인덱스로 사용된다고 상상해보세요.

```
struct RigidBodySimulator
{
    struct ObjectID
    {
        int m_index;
    };

    ObjectState getObjectState(
        ObjectID objectID) const
    {
        return m_objectStates[objectID.m_index];
    }
```

```
    void setObjectState(
        ObjectID objectID,
        const ObjectState & objectState)
    {
        m_objectStates[objectID.m_index] = objectState;
    }

    vector<ObjectState> m_objectStates;
};
```

설계가 간단하고 이해하기 쉽지만 한편으로는 굉장히 불안정해 보입니다. 이 코드는 동료가 저지르기 쉬운 실수가 눈에 띄지 않게 만듭니다. 소멸시킨 객체의 상태를 가져오려는 시도의 결과가 정의되지 않아서 그렇습니다.

사실 이것은 오해입니다. 사람들이 인터페이스에 대해 대체로 이야기하는 방식이 이와 같기는 하지만 말입니다. '정의되지 않다^{undefined}'는 해당 인터페이스가 소멸된 객체에 대해 getObjectState를 호출했을 때 어떠한 특정 결과도 약속하지 않는다는 것을 의미합니다. 하지만 실제로는 결과가 완전히 정의돼 있습니다.

만약 여러분이 해당 구현에서 destroyObject를 통해 객체를 소멸시킨 후에 바로 getObjectState를 호출한다면 제가 제거한 객체의 상태를 얻게 됩니다. 암묵적으로든 명시적으로든 이러한 상황이 의도된 동작이라고 오해하기 딱 좋죠. 그리고 이러한 오해에서 혼란이 자라납니다.

정의되지 않은 결과는 잘못 설계된 인터페이스의 징표입니다. 잘못된 용례는 더 늦기 전에 반드시 눈에 띄어야 합니다. destroyObject를 호출한 다음 getObjectState를 호출하는 것이 문제라는 것을 모두가 알아야 하지만, 여러분이 가장 먼저 감시해야 합니다. ObjectID 내부의 인덱스를 쉽게 보완하는 방법은 세대^{generation}**18** 숫자를 사용하는 것입니다.

```
struct RigidBodySimulator
{
    class ObjectID
    {
        friend struct RigidBodySimulator;

    public:

        ObjectID() :
            m_index(-1), m_generation(-1)
            { ; }

    protected:

        ObjectID(int index, int generation) :
            m_index(index), m_generation(generation)
            { ; }

        int m_index;
        int m_generation;
    };

    bool isObjectIDValid(ObjectID objectID) const
    {
        return objectID.m_index >= 0 &&
            objectID.m_index < m_indexGenerations.size() &&
            m_indexGenerations[objectID.m_index] == objectID.m_generation;
    }
```

....

18 옮긴이_C#이나 자바는 세대별 가비지 컬렉션(generational garbage collection)을 통해 객체 수명을 관리합니다. 이 시스템에서 0세대는 갓 만들어진 객체이고, 1·2세대는 상대적으로 오래된 세대를 말합니다. 저자는 안전한 객체 수명 관리를 위해 이러한 개념을 C++ 코드에 차용했습니다. 가비지 컬렉터를 사용하거나 구현한 것은 아니지만 말입니다.

```
ObjectID createObject(
    const ObjectDefinition & objectDefinition,
    const ObjectState & objectState)
{
    int index = findUnusedIndex();

    ++m_indexGenerations[index];
    m_objectDefinitions[index] = objectDefinition;
    m_objectStates[index] = objectState;

    return ObjectID(index, m_indexGenerations[index]);
}

void destroyObject(ObjectID objectID)
{
    assert(isObjectIDValid(objectID));
    ++m_indexGenerations[objectID.m_index];
}

ObjectState getObjectState(ObjectID objectID) const
{
    assert(isObjectIDValid(objectID));
    return m_objectStates[objectID.m_index];
}

void setObjectState(
    ObjectID objectID,
    const ObjectState & objectState)
{
    assert(isObjectIDValid(objectID));
    m_objectStates[objectID.m_index] = objectState;
}

vector<int> m_indexGenerations;
vector<ObjectDefinition> m_objectDefinitions;
```

```
        vector<ObjectState> m_objectStates;
};
```

세대는 객체 ID의 올바르지 않은 사용을 감지합니다. 객체를 생성하거나 소멸시킬 때 해당 객체의 세대 버전 번호를 하나 올려야 합니다. 객체를 소멸시키고 해당 객체의 상태를 가져오려고 하면 두 세대의 불일치가 발생하고, 이 불일치가 보고될 것입니다.[19] 따라서 동료는 자신이 실수했다는 사실을 알게 되고, 문제가 곪기 전에 바로잡을 수 있습니다.

여러분은 앞서 제가 식별한 또 다른 사용 실수(초기화 코드 호출을 잊는 것 또는 초기화 코드를 두 번 호출하는 것)를 검사하는 코드를 쉽게 추가할 수 있을 것입니다. 이전 코드에서 인터페이스는 유효하지 않은 객체 ID를 생성하기 어렵도록 살짝 재설계됐습니다. 공용public 생성자만이 유효한 객체 ID를 생성할 수 있으므로 동료는 적절하게 생성 및 반환되는 객체 ID에 쉽게 접근할 수 있습니다.

여러분의 팀은 이와 같은 사용 오류를 표기하는 방법에 대해 논의를 거쳐야 합니다. assert를 사용할 수도 있지만, 그냥 쉽게 오류 코드를 반환하거나 예외를 던질 수도 있습니다. 팀의 관례에 따라 그 답이 달라질 수 있습니다. 중요한 점은 어떻게 표기하느냐가 아니라 오류를 표기한다는 것 자체입니다.

코드를 건강하게

테스트하기 좋은 코드, 더 나아가 지속적으로 테스트하는 코드는 오랫동안 건강하게 유지됩니다. 새 프로젝트의 첫 코드를 작성하기 전에 처음부터 이 점을 고려하

---

19 C에서 문제를 보고하는 표준 패러다임 중 하나는 assert 매크로입니다. 매크로는 전달된 조건이 거짓일 경우 어떤 식으로든 런타임에 메시지를 표시합니다. 메시지는 사용 중인 컴파일러와 운영체제에 따라 다르지만, 일반적으로 assert가 실패한 소스 코드의 줄 번호와 매크로로 전달된 식이 포함됩니다.

는 것이 가장 좋습니다. 테스트 주도 개발에서 하듯이 자동화 테스트를 작성하는 것으로 시작할 수도 있습니다. 어떤 기능에 대해 상태를 관리하지 않도록 구현하거나, 코드가 제대로 동작하는지에 대한 지속적인 내부 감사를 추가할 수도 있을 것입니다.

그 덕분에 전염성이 높은 버그를 조기에 발견하게 될 것입니다. 버그가 몇 배로 확산되기 전에 말입니다. 이는 고쳐야 할 문제가 줄어들고, 수정이 필요하더라도 쉽게 수정할 수 있음을 의미합니다.

숨은 혜택이 더 있습니다. 테스트하기 용이한 코드를 만드는 테크닉의 대부분은 쉬운 코드를 작성하도록 유도합니다. 모든 사용 사례에 대한 테스트를 요구함으로써 프로그래머가 사용 사례의 수를 줄이고 단순화하도록 만들기 때문입니다. 상태를 제거하면 더 간결한 코드가 됩니다. 동료가 덜 실수하도록 인터페이스를 만들면 인터페이스가 단순해집니다. 일거양득이죠. 그러니 코드를 단순하게 유지하고 지속적으로 테스트하세요.

03

좋은 이름은
최고의 문서다

셰익스피어를 인용하지 않고는 프로그래밍을 논할 수 없습니다. 이제는 진부하게 느껴질 정도입니다. 그럼에도 〈로미오와 줄리엣〉을 빠르게 요약해보겠습니다. 이 작품에서 로미오와 줄리엣은 이뤄질 수 없는 사랑을 하는 연인입니다. 이 둘의 가문은 원수지간이라 둘의 사랑을 반대하고, 끝내 모두가 불행한 결말을 맞죠.

2막 2장에서 줄리엣은 이 작품에서 다섯 번째로 유명한 다음 대사를 통해 이 상황을 한탄합니다.

> "이름이란 뭐지? 어떤 이름으로 불러도 장미가 향기로운 것은 마찬가지일 텐데."

저는 이와 비슷한 이야기를 동료한테서 들었습니다. 주로 명명에 관해 깐깐한 저의 코드 리뷰 때문에 짜증이 난 동료가 그랬죠. 저는 변수, 함수, 멤버, 파일명, 클래스, 구조체 등 모든 것에 트집을 잡습니다. 그러면 사람들은 눈을 치켜 뜨고 명명이 아닌 명명 대상 그 자체가 중요하다고 말할 것입니다. 변수(또는 함수, 클래스 등)의 진정한 의미는 코드를 봐야 알 수 있다고 하면서요.

변수에 관한 진실은, 어떤 값이 대입되고 어떻게 사용되는지와 같이 변수가 나타내는 바에 있지, 이름이 무엇인지에 있지 않다고 사람들은 말합니다. 이름이 바뀌어도 기능은 변하지 않으니까요. 그래서 사람들은 타이핑하기 쉬운 이름을 고르고 얼른 코딩을 시작하라고 합니다.

하지만 틀렸습니다. 이름은 우리가 갖는 최초의 문서이자 가장 중요한 문서입니다. 이름은 항상 존재하며, 우리는 그것을 통해 무언가를 참조합니다. 이름은 지속적으로 존재함으로써 이것이 무엇인지, 무엇을 참조하는지 독자에게 가장 먼저 설명할 수 있는 영광스러운 기회를 가집니다.

이러한 기회가 허비돼서는 안 됩니다. 명명의 목표는 단순합니다. 이름은 그 대상의 중요한 내용을 잘 담아내 보는 사람이 바로 알 수 있어야 합니다. 변수의 이름은 그 변수가 나타내는 것을 알려줘야 하고, 함수의 이름은 그 함수가 무엇을 하는지 드러내야 합니다.

간단하지 않나요? 그렇다면 나쁜 이름은 어떻게 만들어지는 것일까요? 하늘의 별만큼이나 많은 실패 원인이 있지만, 여기서는 가장 흔한 몇 가지 원인을 살펴보겠습니다.

글자 수를 줄이는 것은 최적화가 아니다

나쁜 이름을 짓는 첫 번째 방법은 지나치게 간략하게 짓는 것입니다. 코드는 쓸 때보다 읽을 때가 더 많다는 것을 알아두세요. 코딩을 하다 보면 이 사실을 잊고, 읽기 좋은 코드보다는 작성하기 좋은 코드에 더 힘을 쏟느라 쉬운 타이핑에 초점을 맞춰 이름을 정하곤 합니다.

이를 극단적으로 적용하면 엄청나게 짧은 변수 이름이 나오게 됩니다. 오래된 코드에서 이러한 변수를 많이 볼 수 있죠. 1960~1970년대에 프로그래밍을 시작한 대선배 프로그래머가 작성한 코드에는 한두 글자로 이뤄진 이름이 흔합니다.[20] 저는 『Numerical Recipes』(Cambridge University Press, 2007)[21]가 여기에 해당한다고 생각합니다. 저는 이 책의 열렬한 팬이지만 코딩 스타일은 이해하기가 꽤 어렵습니다. 『Numerical Recipes』에 담긴 코드는 다음과 같은 스타일로 작성돼 있습니다.

```
void cp(
    int n,
    float rr[],
    float ii[],
    float xr,
    float xi,
    float * yr,
    float * yi)
{
    float rn = 1.0f, in = 0.0f;
    *yr = 0.0f;
    *yi = 0.0f;
    for (int i = 0; i <= n; ++i)
    {
        *yr += rr[i] * rn - ii[i] * in;
        *yi += ii[i] * rn + rr[i] * in;
        float rn2 = rn * xr - in * xi;
        in = in * xr + rn * xi;
        rn = rn2;
    }
}
```

---

20 저는 첫 프로그래밍 언어가 애플소프트 베이직인 세대입니다. 애플소프트 베이직은 긴 변수 이름을 허용했지만 실제로는 첫 두 글자만 의미가 있었습니다. 예컨대 JUDGE$와 JUROR$는 같은 문자열 변수에 대한 별칭입니다. 좋은 시절이었죠. 이어지는 예제에서처럼 베이직 변수는 모두 한두 글자로 이뤄졌습니다.

21 수학과 과학에 관한 모든 종류의 알고리즘을 설명한 고전입니다. 서커펀치 코드베이스 곳곳에는 이 책에서 가져온 아이디어가 남아 있습니다. 10점 만 점에 10점, 강추합니다(https://numerical.recipes/book.html).

무엇을 하는 코드인지 한눈에 알아보기 어렵지 않나요? 수수께끼를 푸는 심정으로 해석해보면 이 코드는 복수 다항식을 계산합니다. 하지만 다음과 같이 적절한 이름을 사용하면 훨씬 알아보기 쉬운 코드가 됩니다.

```c
void evaluateComplexPolynomial(
    int degree,
    float realCoeffs[],
    float imagCoeffs[],
    float realX,
    float imagX,
    float * realY,
    float * imagY)
{
    float realXN = 1.0f, imagXN = 0.0f;
    *realY = 0.0f;
    *imagY = 0.0f;
    for (int n = 0; n <= degree; ++n)
    {
        *realY += realCoeffs[n] * realXN - imagCoeffs[n] * imagXN;
        *imagY += imagCoeffs[n] * realXN + realCoeffs[n] * imagXN;
        float realTemp = realXN * realX - imagXN * imagX;
        imagXN = imagXN * realX + realXN * imagX;
        realXN = realTemp;
    }
}
```

그리고 복소수를 위한 타입을 도입하면 당연히 코드가 더 단순해집니다.

```c
void evaluateComplexPolynomial(
    vector<complex<float>> & coeffs,
    complex<float> x,
    complex<float> * y)
```

```
{
    complex<float> xN = { 1.0f, 0.0f };
    *y = { 0.0f, 0.0f };
    for (const complex<float> & coeff : coeffs)
    {
        *y += xN * coeff;
        xN *= x;
    }
}
```

복소수의 원리를 알고 있는 독자에게는 이제 알고리즘의 구조가 명확해졌습니다. 각 계수에 대해 정의역(입력값) x를 N번 제곱한 값으로 곱하고, 그 결과를 치역 (결괏값) y에 누적합니다.

코딩 컨벤션을 믹스앤드매치하지 말라

나쁜 이름을 만드는 두 번째 방법은 일관성의 부재입니다. 일관된 명명 규칙을 적용하지 않으면 가독성 측면에서 코드가 혼란스러워집니다.

대부분의 프로젝트에서는 어느 정도의 비일관성이 불가피합니다. 모든 라이브러리가 동일한 명명 규칙을 사용하고 팀원들이 그 규칙에 따라 코딩하지 않는 한, 외부 라이브러리를 사용하면 바로 그러한 문제에 직면하게 됩니다. 가령 네이티브 윈도우 애플리케이션을 개발하는 경우, 마이크로소프트의 명명 규칙을 따르면 코드의 일관성을 유지할 수 있습니다. 또는 C++ 표준 템플릿 라이브러리를 사용하고 해당 컨벤션을 수용해도 일관성을 지킬 수 있습니다. 그렇지 않으면 제각각의 명명 규칙에 따라 만들어진 코드 요소로 균열이 생길 것입니다.

예를 들어 고정 개수의 요소를 위한 저장소를 사전에 할당하는 벡터 클래스가 있다고 가정합시다. 이 기능은 유용하지만 C++ 표준 라이브러리에서 제공하지 않습니다. 또한 프로젝트에는 객체의 메서드에 적용하는 간단한 명명 규칙(동사로 시작하는 카멜 케이스^{camel case})이 있다고 합시다. 세부 내용을 생략하면 벡터 클래스는 다음과 같은 모습입니다.[22]

```cpp
template <class ELEM, int MAX_COUNT = 8>
class FixedVector
{
public:

    FixedVector() :
        m_count(0)
        { ; }

    void append(const ELEM & elem)
        {
            assert(!isFull());
            (void) new (&m_elements[m_count++]) ELEM(elem);
        }
    void empty()
        {
            while (m_count > 0)
            {
                m_elements[--m_count].~ELEM();
            }
        }
    int getCount() const
        { return m_count; }
    bool isEmpty() const
        { return m_count == 0; }
```

----

22 옮긴이_이 코드의 들여쓰기는 편집 오류가 아닙니다. 특이하게 함수 헤더보다 함수 본문을 한 단계 더 들여쓰기했는데, 이는 함수의 헤더와 본문을 명확하게 구분하는 서커펀치만의 코딩 컨벤션을 보여줍니다.

```
        bool isFull() const
            { return m_count >= MAX_COUNT; }

        ELEM & operator [] (int index)
            { return m_elements[index]; }
        const ELEM & operator [] (int index) const
            { return m_elements[index]; }

protected:

    int m_count;
    union
    {
        ELEM m_elements[0];
        char m_storage[sizeof(ELEM) * MAX_COUNT];
    };
};
```

상당히 직관적입니다.[23] 새 요소를 추가하는 append 메서드, 전체 배열을 비우는 empty 메서드, 벡터 요소가 현재 몇 개인지 확인하는 여러 접근자 메서드가 있습니다. 하지만 다음과 같이 FixedVector 클래스와 표준 C++ 컨테이너를 섞어서 사용하는 코드를 작성한다면 상황이 안 좋아집니다.

```
void reverseToFixedVector(
    vector<int> * source,
    FixedVector<int, 8> * dest)
{
    dest->empty();
    while (!source->empty())
```

---

23 길이가 0인 배열은 직관적이지 않습니다. 이에 대한 지원은 컴파일러에 따라 다르며, 제가 사용하는 컴파일러는 지원을 하기는 하지만 까다롭습니다. 길이가 0인 배열 없이도 이 코드를 작성할 수 있지만, 이해를 돕기 위해 이렇게 작성했습니다.

```
    {
        if (dest->isFull())
            break;

        dest->append(source->back());
        source->pop_back();
    }
}
```

여기에는 벡터의 empty 메서드를 연속으로 호출하는 코드가 두 줄 있습니다. 하지만 이 두 호출은 완전히 다른 역할을 합니다. 첫 번째 호출은 대상(dest) 벡터를 비우고, 두 번째 호출은 원본(source) 벡터가 비어 있는지 확인합니다. 혼란스럽지 않나요?[24]

물론 FixedVector에 STL 컨벤션을 적용할 수도 있을 것입니다. fixed_vector로 이름을 바꾸고, 메서드 이름을 전부 STL 스타일로 바꾸는 거죠. 하지만 이렇게 해도 혼란이 싹 가시지는 않습니다. 오히려 프로젝트의 다른 어딘가로 옮겨 갈 뿐입니다. 이제 동료 프로그래머에게 외부 명명 규칙으로 이뤄진 코드를 받아들이고 사용해야 한다는 부담을 지우는 데 그치지 않고, 현재 작성 중인 코드에도 해당 규칙을 적용해달라고 부탁해야 하는데, 이것은 더 큰 일입니다.

이와 같은 컨벤션 조합으로 인해 생기는 인지 부하는 과소평가되곤 합니다. 코드를 앞뒤로 왔다 갔다 하면서 현재 읽고 있는 코드가 어떤 컨벤션을 사용해야 하는지를 계속해서 재해석하는 부담이 실제로 존재하는데도 말입니다. 위 예제에서는 어떤 변수가 어떤 타입을 갖고 있는지, 그래서 어떤 컨벤션을 사용하고 있는지 알아내기 위해 코드 앞뒤를 오가야 합니다. 물론 이것은 어떤 타입에 어떤 컨벤션을 적용해야 하는지 이미 알고 있다는 것을 전제로 합니다.

----

24 옮긴이_vector의 empty는 vector를 비우고, FixedVector의 empty는 비어 있는지 여부를 반환하기 때문입니다.

서커펀치에서는 모든 컨테이너 클래스에 대해 STL 버전을 사용하는 대신 자체 버전을 작성함으로써 우리의 컨벤션과 표준 C++ 컨테이너 컨벤션 간의 비일관성이라는 문제를 피할 수 있었습니다. 아주 극단적인 해결책이기는 해도 인지 부하를 많이 제거할 수 있었습니다. 컨테이너 클래스는 우리가 기존에 작성한 모든 코드와 똑같이 동작하므로, 어떤 컨테이너 클래스의 메서드를 열어보다가 STL의 매크로 정글과 정말 혼란스러운 템플릿 마법이 가득한 낯선 풍경으로 날아가는 일이 생기지 않게 됐습니다. 비판하려는 것은 아니지만 할 말은 해야죠.

그럼에도 우리는 여전히 외부 컨벤션으로부터 완전히 자유롭지 않습니다. 플레이스테이션 플랫폼 라이브러리와 같이 우리가 작성하지 않은 코드를 사용하고 있기 때문입니다. 대부분의 프로젝트에서는 어느 정도의 혼합 컨벤션이 불가피합니다. 핵심은 컨벤션이 섞이는 것을 최소화하는 데 있습니다. 가능하다면 외부 코드를 격리시켜 그들의 컨벤션이 여러분의 코드로 번지지 않게 하세요.

제 무덤을 파지 말라

자해하지 마세요. 팀원들이 일관적인 명명 규칙을 사용하지 않는다면 없어도 될 문제를 만들고 있는 셈입니다. 규칙이 뒤섞여 있으면 직관적인 코드도 정리하기 어려워집니다.

```
int split(int min, int max, int index, int count)
{
    return min + (max - min) * index / count;
}

void split(int x0, int x1, int y0, int y1, int & r0, int & r1)
{
    r0 = split(x0, x1, y0, y1);
```

```
      r1 = split(x0, x1, y0 + 1, y1);
}


void layoutWindows(vector<HWND> ww, LPRECT rc)
{
    int w = ww.size();
    int rowCount = int(sqrtf(float(w - 1))) + 1;
    int extra = rowCount * rowCount - w;
    int r = 0, c = 0;
    HWND hWndPrev = HWND_TOP;
    for (HWND theWindow : ww)
    {
        int cols = (r < extra) ? rowCount - 1 : rowCount;
        int x0, x1, y0, y1;
        split(rc->left, rc->right, c, cols, x0, x1);
        split(rc->top, rc->bottom, r, rowCount, y0, y1);
        SetWindowPos(
            theWindow,
            hWndPrev,
            x0,
            y0,
            x1 - x0,
            y1 - y0,
            SWP_NOACTIVATE);
        hWndPrev = theWindow;
        if (++c >= cols)
        {
            c = 0;
            ++r;
        }
    }
}
```

지금 속이 좀 메스껍네요. 코드를 타이핑하느라 힘들었지만 기꺼이 희생해야죠.

알고리즘은 그다지 복잡하지 않습니다. 이 코드는 단지 윈도우들을 열과 행으로 나눠 목표 사각형을 채우기 위해 거의 동일한 종횡비를 유지하면서 정렬할 뿐입니다. 하지만 일부러 이름의 의미를 알기 어렵게 해놓았습니다.

가장 눈에 띄는 문제는 서너 가지 명명 스타일이 뒤섞였다는 것입니다. 이것만으로도 충분히 문제가 되는데, 보다 일관적으로 명명된 코드에서도 생길 수 있는 또 다른 문제가 있습니다. 함수에 전달되는 인수의 이름이 변경되는 문제입니다. split을 처음 호출할 때 x0과 x1을 마지막 두 인수로 전달합니다. 이 두 인수는 새로운 직사각형 윈도우의 오른쪽과 왼쪽 면을 받게 됩니다. 그러나 split 함수 안에서 x0과 x1은 완전히 다른 의미로 사용됩니다.

이것은 문제가 됩니다. layoutWindows를 따라 디버거로 한 단계씩 실행해보면 x0과 x1의 의미를 알게 됩니다. split을 한 단계씩 실행하면 여전히 x0과 x1이 보이기는 하지만 이제는 그 의미가 완전히 달라졌음을 알 수 있습니다. 해당 함수는 x와 y를 대수학 수업에서처럼 일반 변수의 이름으로 사용합니다. 이들은 layoutWindows의 x와 y가 사용하고 있는 좌표계와 어떤 점에서도 관련이 없습니다. 한 함수에서는 대수로, 그다음 함수에서는 직교 좌표계로 넘어가는데, 이는 인지 부하를 야기함으로써 사고의 속도를 늦춰 실수를 유발합니다.

함수 호출 과정에서 일부 명칭의 변경은 어쩔 수 없습니다. 함수 인수는 변수를 그대로 전달하는 것보다는 표현식의 결과인 경우가 많습니다. 앞의 예제에서 split의 처음 두 인수는 rc->left와 rc->right인데, split 함수 내부에서는 원래 이름을 그대로 사용할 수 없습니다. 따라서 똑똑한 프로그래머라면 함수 내부를 한 단계씩 실행할 때 어떤 변수가 어떤 의미를 띠는지 추적하기 쉽도록 변수 이름을 left와 right로 변경할 것입니다. 다음은 동일한 함수를 더 일관되고 읽기 쉽게 살짝 재구성한 코드입니다.

```
int divideRange(int min, int max, int index, int count)
{
    return min + (max - min) * index / count;
}


void layoutWindows(vector<HWND> windows, LPRECT rect)
{
    int windowCount = windows.size();
    int rowCount = int(sqrtf(float(windowCount - 1))) + 1;
    int shortRowCount = rowCount * rowCount - windowCount;
    int rowIndex = 0, colIndex = 0;
    HWND lastWindow = HWND_TOP;

    for (HWND window : windows)
    {
        int colCount = (rowIndex < shortRowCount) ?
                            rowCount - 1 :
                            rowCount;

        int left = divideRange(
                        rect->left,
                        rect->right,
                        colIndex,
                        colCount);
        int right = divideRange(
                        rect->left,
                        rect->right,
                        colIndex + 1,
                        colCount);
        int top = divideRange(
                        rect->top,
                        rect->bottom,
                        rowIndex,
                        rowCount);
```

```
int bottom = divideRange(
                rect->top,
                rect->bottom,
                rowIndex + 1,
                rowCount);

    SetWindowPos(
        window,
        lastWindow,
        left,
        top,
        right - left,
        bottom - top,
        SWP_NOACTIVATE);

    lastWindow = window;
    if (++colIndex >= colCount)
    {
        colIndex = 0;
        ++rowIndex;
    }
    }
}
```

알고리즘은 동일하지만 훨씬 이해하기 좋은 코드가 됐습니다. 일관적인 명명 패턴 덕분에 각 변수가 어떻게 동작하는지 추적하기가 쉽죠. 코드를 분석하지 않고도 변수 이름만으로 해당 변수의 의미를 보다 쉽게 파악할 수 있게 됐습니다. rowIndex라는 이름만으로는 해당 변수에 관한 모든 것을 알 수 없지만, 적어도 행 row의 인덱스라는 것만큼은 확실히 알 수 있습니다. 구체적으로 어떤 행의 인덱스인지는 명확하지 않을지라도, 행의 인덱스를 나타낸다는 사실만도 큰 힌트입니다.

인덱스와 카운트를 일관적으로 명명하면 또 다른 긍정적인 효과가 있습니다.

divideRange 함수에 들이시면 이 함수 역시 인덱스와 카운트를 인수 이름으로 사용합니다. 그래서 layoutWindows 함수 내부의 colIndex와 colCount 변수를 divideRange의 인덱스와 카운트 인수로 해석하기가 쉬워지죠. 특히 이 함수의 첫 번째 버전에 있었던 x0이나 x1 같은 혼란 덩어리에 비하면 인지 부하가 확 줄어들 었습니다.

좋은 이름은 프로그래머의 인지 부하를 많이 덜어줍니다. 명명에 관한 일관된 규칙이 있다면, 다른 함수 또는 코드베이스의 다른 섹션을 거쳐 갈 때 비슷한 코드 요소는 비슷한 이름을 갖게 되고, 동일한 코드 요소는 같은 이름을 갖게 될 것입니다. 코드를 한 단계씩 실행하거나 코드의 각 부분이 어떻게 상호 동작하는지를 이 해할 때 한 가지 요소에 붙은 많은 이름과 씨름할 필요가 없습니다. 하나의 이름 또는 분명하고 밀접하게 관련된 이름만 있으면 됩니다. 앞서 봤던 인덱스와 카운트 예제처럼요.

생각하게 하지 말라

사실은 일관성을 이루기 위해 규칙을 더 철저히 적용할 수 있습니다.

일관성의 핵심은 모든 것이 최대한 기계적이어야 한다는 데 있습니다. 명명과 관련된 팀의 규칙이 판단의 여지를 주거나 깊이 생각하게 만든다면 그 규칙은 잘 작동하지 않을 것입니다. 모든 프로그래머가 나름대로 판단을 내리고 이름 또한 제각각이 되겠죠.

더 좋은 방법은 모든 사람이 같은 요소에 대해 같은 이름을 자연스럽게 선택하도록 만드는 것입니다. 그러면 모두의 코드로 작업하기가 훨씬 수월해집니다. 이러한 수준의 일관성을 형성하는 가장 쉬운 방법은 모두가 따르는 기계적인 규칙을 정하는 것입니다.

서커펀치의 변수 명명 규칙은 특히 기계적입니다. 이 책의 예시에서는 혼란을 방지하고자 그 규칙을 사용하지 않았습니다. 서커펀치의 규칙은 서커펀치 사람들 모두가 지속적으로 사용하고 있기 때문에 우리에게는 잘 맞습니다. 하지만 이 규칙을 처음 접하는 사람은 조금 낯설어 보일 수도 있습니다.

대신 이 책의 예제에서는 좀 더 부드러운 규칙을 사용했습니다. 예를 들어 캐릭터를 나타내는 클래스의 이름은 Character, 캐릭터 하나를 담는 변수는 character, 여러 캐릭터를 담는 변수는 characters라고 명명했습니다.[25] 가독성을 위한 단순한 규칙이지만 일관되게 사용했습니다.

취지는 같지만 서커펀치의 코드베이스는 규칙이 좀 더 철저하고 간결합니다. 변수 명명에 마이크로소프트의 헝가리안 표기법 표준을 변형해 사용하는데, 이게 다소 분열적입니다. 서커펀치의 프로그래머들은 빠르게 적응했지만, 마이크로소프트 생태계 밖에서는 헝가리안 표기법 표준이 종종 조롱거리가 되곤 합니다. 헝가리안 표준의 핵심 철학은 변수의 타입이나 사용법이 변수 이름의 전부 또는 일부를 기계적으로 결정한다는 것입니다. 예를 들어 진영^{faction}의 배열에 대한 인덱스 변수의 이름은 iFaction이고, 캐릭터^{character}에 대한 포인터^{pointer}의 벡터^{vector}는 vpCharacter라고 명명합니다.

대부분의 경우 여기서 이야기가 끝납니다. 변수 이름은 완전히 기계적이니 결과적으로 모두가 변수에 정확히 같은 이름을 사용합니다. 바로 우리가 원하는 바예요!

동일한 타입의 변수가 여럿 있는 경우 변수 이름 끝에 한정자를 붙이면 됩니다. 가령 캐릭터 포인터가 두 개라면 pCharacter, pCharacterOther와 같이 명명할 수 있습니다. 판단의 여지가 있기는 하지만 공통 한정자 패턴에 관한 규칙으로 인해 불일치성이 최소화됩니다.

---

25 당연히 해당 클래스는 character.h와 character.cpp에 구현됩니다.

서커펀치의 방법에서 중요한 것은 명명 규칙의 세부 사항이 아니라, 기계적이고 잘 문서화돼 있으며 잘 지켜지는 강력한 규칙을 갖고 있다는 사실 그 자체입니다. 덕분에 우리는 모두가 같은 것에 같은 이름을 선택하고, 다른 사람과 일하는 것이 마치 나 자신과 일하는 것처럼 느껴지는 낙원으로 향합니다. 프로젝트 규칙 중에서 기계적으로 바뀔 가능성 높아 보이는 것을 찾아 기계적으로 바꿔보세요. 앞으로 몇 년간은 그 혜택을 누릴 수 있을 것입니다.

04

일반화에는 세 가지
사례가 필요하다

모든 프로그래머는 신입일 때 특화된 솔루션보다는 일반화된 솔루션이 낫다고 배웁니다. 한 솔루션으로 두 문제를 해결하는 것이 두 솔루션으로 두 문제를 해결하는 것보다 낫다는 것입니다.

대부분의 프로그래머는 다음과 같은 코드를 작성하지 않을 것입니다.

```
Sign * findRedSign(const vector<Sign *> & signs)
{
    for (Sign * sign : signs)
        if (sign->color() == Color::Red)
            return sign;

    return nullptr;
}
```

다음과 같이 작성하는 것이 쉬울 때는요.

```
Sign * findSignByColor(const vector<Sign *> & signs, Color color)
{
```

```
    for (Sign * sign : signs)
        if (sign->color() == color)
            return sign;

    return nullptr;
}
```

특히 이렇게 간단한 코드의 경우 일반화의 관점에서 생각하는 것이 자연스럽습니다. 세상의 모든 빨간색 표지판을 찾아야 한다면 프로그래머는 본능적으로 임의 색상의 표지판을 찾는 코드를 작성한 다음 빨강을 인수로 전달할 것입니다. 자연은 진공을 혐오하고[26] 프로그래머는 한 가지 문제만 해결하는 코드를 혐오하죠.

이러한 일반화가 자연스럽게 느껴지는 이유는 생각해볼 가치가 있습니다. 어느 정도 수준에서는 findRedSign 대신에 findSignByColor를 작성하려는 본능이 예측에 기반합니다. 빨간색 표지판을 찾는 경우, 어느 시점에는 파란색 표지판도 찾고 싶어 할 것이라고 자신 있게 예측해 이 케이스도 처리 가능한 코드를 작성할 수 있습니다.

여기서 멈출 이유가 있을까요? 더 일반화된 표지판 탐색 솔루션을 작성해봅시다. 색상, 크기, 위치, 문구 등 표지판의 모든 특징을 질의할 수 있는, 더 일반화된 인터페이스를 만드는 것도 가능합니다. 이렇게 하면 색상을 이용한 표지판 탐색이 특별한 하위 사례로 남게 됩니다. 다음과 같이 표지판의 각 특징에 사용할 수 있는 값을 정의하는 구조체를 작성해 일반화를 구현할 수 있습니다.

```
bool matchColors(
    const vector<Color> & colors,
    Color colorMatch)
{
```

---

26 옮긴이_아리스토텔레스가 이렇게 주장했지만, 중세에 이르러 갈릴레오의 제자 토리첼리가 진공의 존재를 입증했습니다.

```
    if (colors.empty())
        return true;

    for (Color color : colors)
        if (color == colorMatch)
            return true;

    return false;
}

bool matchLocation(
    Location location,
    float distanceMax,
    Location locationMatch)
{
    float distance = getDistance(location, locationMatch);
    return distance < distanceMax;
}

struct SignQuery
{
    SignQuery() :
        m_colors(),
        m_location(),
        m_distance(FLT_MAX),
        m_textExpression(".*")
    {
        ;
    }

    bool matchSign(const Sign * sign) const
    {
        return matchColors(m_colors, sign->color()) &&
                matchLocation(m_location, m_distance, sign->location()) &&
                regex_match(sign->text(), m_textExpression);
```

```
    }

    vector<Color> m_colors;
    Location m_location;
    float m_distance;
    regex m_textExpression;
};
```

질의 매개변수 설계에는 약간의 판단이 필요합니다. 각 특징은 서로 다른 질의 모델을 필요로 하기 때문입니다. 이 예제에서 제가 내린 판단은 다음과 같습니다.

- 한 가지 색상만 지정하는 것이 아니라 지원 색상 목록을 제공할 수 있습니다. 빈 목록은 모든 색상이 허용됨을 의미합니다.

- Location은 내부적으로 latitude와 longitude를 부동 소수형 값으로 저장하며, 정확하게 일치하는 위치를 찾기에는 유용하지 않습니다.[27] 그러나 찾고자 하는 위치로부터 어느 정도까지의 오차를 허용할 것인지 지정할 수 있습니다.

- 전체 또는 일부가 일치하는 표지판 문구를 찾는 정규식을 사용해 다양한 사례를 처리할 수 있습니다. 일치하는 표지판을 찾는 실제 코드는 다음과 같이 간단합니다.

```
Sign * findSign(const SignQuery & query, const vector<Sign *> & signs)
{
    for (Sign * sign : signs)
        if (query.matchSign(sign))
            return sign;

    return nullptr;
}
```

이 모델을 이용해 빨간색 표지판을 찾는 것은 여전히 직관적입니다. SignQuery를

----

27 옮긴이_부동 소수형의 반올림 오차 때문입니다.

하나 만들어서 빨간색(Red)을 할당한 뒤 findSign을 호출하면 됩니다.

```
Sign * findRedSign(const vector<Sign *> & signs)
{
    SignQuery query;
    query.m_colors = { Color::Red };
    return findSign(query, signs);
}
```

SignQuery가 딱 한 가지 예제에 근거해 설계됐다는 사실을 염두에 두세요. 그 밖에는 모두 추측입니다. 지금으로서는 사용할 수 있는 다른 예제가 없으니 어떤 종류의 표지판을 탐색해야 할지는 추측에 의지할 수밖에 없습니다.

그런데 이와 같은 추측은 틀릴 공산이 크다는 것이 문제입니다. 운이 좋으면 약간만 틀리겠지만, 그런 운은 없다고 봐야 할 것입니다.

필요하지 않으면 구현하지 말라

한 가지 분명한 것은, 여러분은 실제로는 절대 일어나지 않을 사례까지 예측하고 해결할 것이라는 사실입니다. 처음 몇 가지 표지판 탐색 사용 사례는 다음과 같을 수 있습니다.

- 빨간색 표지판을 찾아라.

- 메인가Main Street와 바가Barr Street 코너 근처에 있는 표지판을 찾아라.

- 사우스워터가South Water Street 212번지 근처에 있는 빨간색 표지판을 찾아라.

- 초록색 표지판을 찾아라.

- 밀가Mill Street 902번지 근처에 있는 빨간색 표지판을 찾아라.

이러한 사용 사례는 SignQuery와 findSign으로 모두 해결할 수 있으므로 이 코드는 사용 사례를 잘 예측했다고 할 수 있습니다. 하지만 복수의 표지판 색상을 입력받거나 표지판 문구를 활용하는 사용 사례는 보이지 않습니다. 전체 사용 사례를 통틀어도 색상은 최대 한 가지만 이용하고, 그중 일부는 위치를 제한합니다. SignQuery 코드는 현실에서는 활용하기 힘든 사례만을 해결합니다.

이것은 너무 흔한 패턴이라 익스트림 프로그래밍extreme programming(XP) 철학에서는 YAGNI 또는 'You Ain't Gonna Need It(필요하지 않으면 구현하지 말라)'이라고 이름 붙였을 정도입니다. 앞의 사용 사례에 비춰봤을 때 한 가지 색상이 아닌 사용 가능한 색상의 목록을 정의하도록 한 작업은 이제 헛수고가 됐습니다. C++ 정규식 클래스를 실험한 것, 부분 일치와 전체 일치를 구분하는 방법을 알아낸 것도 마찬가지죠. 다시는 돌아오지 않을 시간을 낭비했네요.

게다가 SignQuery 때문에 증가한 복잡도는 이 코드를 사용하는 모두에게 비용을 안겨줍니다. findSignByColor 함수를 사용하는 방법은 이해하기 쉽지만, findSign은 코드를 더 자세히 들여다봐야 이해할 수 있습니다. findSign에는 결국 상이한 세 가지 질의 모델이 있으니까요.

정규식의 부분 일치는 충분한가? 아니면 표지판 문구 전체를 일치시킬 필요가 있을까? 여기서 세 가지 조건[28]이 어떻게 상호작용하는지가 분명하지 않습니다. 조건은 'and'로 조합돼야 할까, 'or'로 조합돼야 할까? 코드를 읽어보면 모든 조건이 일치할 때만 표지판이 질의와 일치한다는 사실을 분명히 알게 됩니다. 그런데 여기서 새로운 문제가 또 생깁니다. SignQuery에서는 어떤 필드가 필수일까? 작성된 바와 같이, 생성자를 통해 바로 만들어진 빈 질의는 모든 표지판과 일치합니다. 따라서 필터링할 필드만 값을 지정하면 됩니다. 하지만 이를 알아내려면 프로그래머가 고생을 좀 해야 합니다.

....

28 옮긴이_색상(Color), 위치(Location), 표지판 문구(Text)를 말합니다.

실제 사용 사례가 아주 명확하다는 점을 고려해 다음과 같이 실제 문제만 해결했다면 더 나았을 것입니다.

```cpp
Sign * findSignWithColorNearLocation(
    const vector<Sign *> & signs,
    Color color = Color::Invalid,
    Location location = Location::Invalid,
    float distance = 0.0f)
{
    for (Sign * sign : signs)
    {
        if (isColorValid(color) &&
            sign->color() != color)
        {
            continue;
        }

        if (isLocationValid(location) &&
            getDistance(sign->location(), location) > distance)
        {
            continue;
        }

        return sign;
    }

    return nullptr;
}
```

제가 속임수를 썼다고 비난하는 독자가 있을지도 모르겠군요. 앞에서 몇 가지 사용 사례를 상정해놓은 지금은 findSignWithColorNearLocation이 SignQuery보다 나은 솔루션인 것처럼 보입니다. 하지만 첫 번째 사용 사례만 있을 때는 그러한 예측을 할 수 없있습니다. 일반회 솔루션으로 findSignWithColorNearLocation 을 구현하는 것과 SignQuery를 구현하는 것 중 무엇이 성공할 가능성이 높은지 알 수 없었으니까요. 나중에 사용 사례 중 하나가 복수 개의 색상을 허용했을 수도 있고, 표지판의 문구를 참조했을 수도 있습니다.

제 말이 바로 그거예요! 하나의 사용 사례만 가지고는 일반화 솔루션을 예측할 수 없기 때문에 일반화 솔루션의 구현이 실수라는 것입니다. findSignWithColorNearLocation과 SignQuery 둘 다 실수입니다. 승자는 없고 패자만 둘이군요.

빨간색 표지판을 찾는 가장 좋은 방법은 다음과 같습니다.

```cpp
Sign * findRedSign(const vector<Sign *> & signs)
{
    for (Sign * sign : signs)
        if (sign->color() == Color::Red)
            return sign;

    return nullptr;
}
```

저는 지금 진지합니다. 이 함수에 색상을 전달할 수도 있겠으나 여기까지만 하겠습니다. 사용 사례를 하나만 갖고 있다면 해당 사용 사례만 해결하는 코드를 작성하세요. 다음 사용 사례를 추측하지 마세요. 이해하고 있는 문제를 해결하는 코드를 작성하세요. 추측하는 문제 말고요.

이의 있다고요? 저는 아주 확고합니다

이쯤에서 다음과 같이 이의를 제기하는 독자가 있을 것 같군요.

"잠깐만요! 사용 사례의 요구 사항을 겨우 충족하는 코드를 작성하면 해당 코드가 처리 못 하는 사용 사례에 부딪힐 가능성이 높지 않을까요? 다음에 등장하는 사용 사례가 코드에 맞지 않으면 어떻게 하죠? 그런 일이 꼭 일어나잖아요."

그러면서 이렇게 덧붙이겠죠.

"그렇다면 이건 좀 더 일반화된 코드를 위한 주장이 아닌가요? 물론 처음의 다섯 가지 사용 사례는 우리가 작성한 SignQuery 코드를 전부 실행하지는 않았지만 여섯 번째 사용 사례가 그런 경우라면요? SignQuery 코드를 모두 작성해놓고 대비하는 것이 좋지 않을까요?"

아니요, 그렇지 않습니다. 힘을 아끼세요. 코드가 처리하지 못하는 사용 사례가 나타나면 그 사례를 처리하는 코드를 작성하면 됩니다. 처음에 작성한 코드를 복사해 새로운 사례를 처리할 수 있도록 약간 조정할 수도 있을 것입니다.

다섯 가지 사용 사례 중 첫 번째는 '빨간색 표지판을 찾는 것'이었죠. 저는 딱 그 사례를 처리하는 코드를 작성하고 그 이상은 하지 않았습니다. 두 번째 사용 사례는 '메인가와 바가 코너 근처의 표지판을 찾는 것'이었습니다. 따라서 저는 정확히 해당 사례를 처리하는 코드를 작성하고 그 이상은 하지 않겠습니다.

```
Sign * findSignNearLocation(
    const vector<Sign *> & signs,
    Location location,
    float distance)
{
    for (Sign * sign : signs)
    {
        if (getDistance(sign->location(), location) <= distance)
        {
            return sign;
        }
```

```
    }

    return nullptr;
}
```

세 번째 사용 사례는 '사우스워터가 212번지 근처의 빨간색 표지판을 찾는 것'인데, 이 경우 앞서 작성한 두 함수로는 처리할 수 없습니다. 여기가 바로 변곡점입니다. 마침내 독립적인 세 가지 사용 사례를 확보했고, 일반화가 설득력을 갖기 시작했습니다. 이 세 가지 사용 사례를 이용해 네 번째, 다섯 번째 사용 사례를 확실히 예측할 수 있습니다.

그렇다면 왜 세 개일까요? 3을 마법의 숫자로 만드는 것은 무엇일까요? 사실 마법의 숫자 같은 것은 없습니다. 한 사례는 일반적인 패턴을 추측하기에 충분치 않습니다. 제 경험에 의하면 두 개도 마찬가지입니다. 두 사례는 부정확한 일반화를 더 확신하게 만들 뿐이죠. 그러나 사례가 세 개라면 더 정확하게 패턴을 예측할 수 있고, 일반화에 좀 더 보수적으로 접근할 가능성이 커집니다. 한두 개의 사례에 근거한 예측이 틀리는 것만큼 여러분을 겸손하게 만드는 것은 없을 것입니다.

하지만 이 시점에도 일반화에 대한 요구 사항이 보이지 않습니다. 따라서 다음과 같이 첫 두 함수를 아우르지 않는 세 번째 함수를 작성해도 괜찮습니다.

```
Sign * findSignWithColorNearLocation(
    const vector<Sign *> & signs,
    Color color,
    Location location,
    float distance)
{
    for (Sign * sign : signs)
    {
        if (sign->color() == color &&
```

```
                getDistance(sign->location(), location) <= distance)
        {
            return sign;
        }
    }

    return nullptr;
}
```

이렇게 세 가지 함수를 분리하는 접근 방식에는 중요한 이점이 있습니다. 함수
가 매우 단순해 어느 함수를 호출해야 할지 아주 명확하죠. 색상과 위치가 있
는 경우에는 findSignWithColorNearLocation을, 색상만 있는 경우에는
findSignWithColor를, 위치만 있는 경우에는 findSignNearLocation을 호출하
면 됩니다.[29]

모든 표지판 찾기 사용 사례가 단일 색상과 위치의 조합만 계속 체크한다면 이 세
가지 함수만으로도 영원히 괜찮을 것입니다. 물론 이 접근법은 확장하기가 어렵습
니다. 두 가지 인수와 별도의 세 가지 findSign 함수가 그리 나쁜 것은 아니지만,
인수가 늘어난다면 금세 우스운 꼴이 될 것입니다. 따라서 언젠가 표지판 문구를
이용하는 사용 사례가 발생한다면 findSign 함수의 일곱 가지 파생 버전을 만드
는 것을 기피하게 되겠죠.

이제 세 가지 findSign 함수를 세 가지 사용 사례를 다루는 단일 함수로 결합해도
아무런 문제가 없습니다. 별도의 세 가지 사용 사례를 확보하고 나면 더 안전하게
일반화할 수 있습니다. 단, 확보한 사용 사례에 근거해 쓰고 읽기에 쉬운 코드를
만들 수 있다고 생각하는 경우에만 일반화해야 합니다. 추후에 등장할 사용 사례
가 걱정되더라도 앞서 언급한 경우가 아닐 때는 일반화하지 마세요. 알고 있는 사

---

29 함수 오버로딩을 지원하는 C++와 같은 언어를 사용하는 경우 findSign의 오버로딩된 세 가지 버전을 호출하고 어떤
버전을 호출할지는 결정하게 할 수 있습니다.

용 사례에 대해서만 일반화하세요.

C++는 선택적 인수가 없는 대신 인수의 기본값만 지원하기 때문에 이러한 일반
화 코드를 작성하는 것이 약간 고통스럽습니다. 그래서 인수를 '존재하지 않음'으
로 표시하는 방법을 고안해야 합니다. 한 가지 방법은 색상과 위치를 사용하고 싶
지 않을 때 이러한 인수를 위한 '유효하지 않은 값'을 추가하는 것입니다. 처음 버
전의 findSignWithColorNearLocation을 다시 가져왔습니다.

```cpp
Sign * findSignWithColorNearLocation(
    const vector<Sign *> & signs,
    Color color = Color::Invalid,
    Location location = Location::Invalid,
    float distance = 0.0f)
{
    for (Sign * sign : signs)
    {
        if (isColorValid(color) &&
            sign->color() != color)
        {
            continue;
        }

        if (isLocationValid(location) &&
            getDistance(sign->location(), location) > distance)
        {
            continue;
        }
        return sign;
    }

    return nullptr;
}
```

이제 findSignWithColor와 findSignNearLocation에 대한 호출을 findSign WithColorNearLocation에 대한 호출로 대체할 수 있게 됐습니다.

섣부른 일반화는 정말 나쁘다

지금까지 살펴봤듯이 섣부른 일반화는 절대 실행되지 않을 코드를 작성할 가능성이 크다는 것을 의미합니다. 또한 추가적인 문제는 섣부른 일반화 탓에 예상 못 했던 사용 사례를 수용하기가 어려워진다는 것입니다. 일반화 코드는 더 복잡하며, 따라서 수정에 더 많은 작업이 필요해지기 때문이죠. 게다가 더 미묘한 문제가 발생하기도 합니다. 일단 일반화를 위한 템플릿을 완성하고 나면, 미래의 사용 사례에 대해 해당 템플릿을 재평가하기보다는 그냥 확장하려고 하는 경향이 생깁니다.

시간을 조금 되돌려서, SignQuery 클래스를 일찍 일반화했는데 이번에는 첫 사용 사례가 다음과 같다고 가정해봅시다.

- 빨간색 표지판을 찾아라.

- 메인가와 바가 코너 근처에 있는 빨간색 'STOP' 표지판을 찾아라.

- 메인가에 있는 빨간색 또는 초록색 표지판을 모두 찾아라.

- 와바시로^{Wabash Avenue} 또는 워터가^{Water Street}에 있는 흰색 표지판 중에서 'MPH' 문구가 포함된 표지판을 모두 찾아라.

- 밀가 902번지 근처에 있는 파란색 표지판 또는 'Lane' 문구가 포함된 표지판을 찾아라.

첫 번째와 두 번째 사용 사례는 SignQuery에 찰떡이지만 그다음부터는 들어맞지 않습니다. 세 번째 사용 사례에는 새로운 요구 사항이 두 가지 추가됐는데, 그중 첫 번째는 하나의 표지판 대신 조건과 일치하는 모든 표지판을 반환하라는 것입니다. 다음 코드에서 보듯이 이 요구 사항을 처리하는 것은 그다지 어렵지 않습니다.

```
vector<Sign *> findSigns(
    const SignQuery & query,
    const vector<Sign *> & signs)
{
    vector<Sign *> matchedSigns;

    for (Sign * sign : signs)
    {
        if (query.matchSign(sign))
            matchedSigns.push_back(sign);
    }

    return matchedSigns;
}
```

그리고 새로운 요구 사항 중 두 번째는 거리^{street}의 모든 표지판을 찾아야 한다는 것인데, 이 요구 사항은 조금 복잡합니다. 두 위치를 잇는 선분으로 거리를 표현한다면, 다음과 같이 위치와 거리 둘 다 새로운 Area 구조체 안에 포함할 수 있습니다.

```
struct Area
{
    enum class Kind
    {
        Invalid,
        Point,
        Street,
    };

    Kind m_kind;
    vector<Location> m_locations;
    float m_maxDistance;
```

```
};

static bool matchArea(const Area & area, Location matchLocation)
{
    switch (area.m_kind)
    {
    case Area::Kind::Invalid:
        return true;

    case Area::Kind::Point:
        {
            float distance = getDistance(
                                area.m_locations[0],
                                matchLocation);
            return distance <= area.m_maxDistance;
        }
        break;

    case Area::Kind::Street:
        {
            for (int index = 0;
                 index < area.m_locations.size() - 1;
                 ++index)
            {
                Location location = getClosestLocationOnSegment(
                                area.m_locations[index + 0],
                                area.m_locations[index + 1],
                                matchLocation);

                float distance = getDistance(location, matchLocation);
                if (distance <= area.m_maxDistance)
                    return true;
            }

            return false;
```

```
        }
        break;
    }

    return false;
}
```

새로운 Area 구조체(m_area)는 기존의 SignQuery 안에 있던 위치(m_location)와 최대 거리(m_distance)를 다음과 같이 대체할 수 있습니다.

```
struct SignQuery
{
    SignQuery() :
        m_colors(),
        m_area(),
        m_textExpression(".*")
    {
        ;
    }

    bool matchSign(const Sign * sign) const
    {
        return matchColors(m_colors, sign->color()) &&
               matchArea(m_area, sign->location()) &&
               regex_match(sign->m_text, m_textExpression);
    }

    vector<Color> m_colors;
    Area m_area;
    regex m_textExpression;
};
```

네 번째 사용 사례는 두 거리에 있는 모든 속도 제한 표지판을 찾는 것입니다. 이 또한 기존 구현으로는 처리할 수 없고, 다음과 같이 Area 목록을 지원하게 하면 됩니다.

```
bool matchAreas(const vector<Area> & areas, Location matchLocation)
{
    if (areas.empty())
        return true;

    for (const Area & area : areas)
        if (matchArea(area, matchLocation))
            return true;

    return false;
}
```

이제 SignQuery의 단일 Area 구조체(m_area)를 Area 목록(m_areas)으로 교체합니다.

```
struct SignQuery
{
    SignQuery() :
        m_colors(),
        m_areas(),
        m_textExpression(".*")
    {
        ;
    }

    bool matchSign(const Sign * sign) const
    {
        return matchColors(m_colors, sign->color()) &&
```

```
                matchAreas(m_areas, sign->location()) &&
                regex_match(sign->m_text, m_textExpression);
    }

    vector<Color> m_colors;
    vector<Area> m_areas;
    regex m_textExpression;
};
```

다섯 번째 사용 사례는 혼란 그 자체라 표지판 탐색 역사에 한 획을 긋는군요. 이 러한 표지판은 대개 파란색이지만 특정 문구가 있는 경우 초록색일 수도 있습니 다. 그리고 질의가 SignQuery 모델에 맞지 않습니다. 하지만 불가능이란 없습니 다. 불Boolean 연산을 SignQuery에 추가해 새로운 사용 사례를 처리하면 됩니다.

```
struct SignQuery
{
    SignQuery() :
        m_colors(),
        m_areas(),
        m_textExpression(".*"),
        m_boolean(Boolean::None),
        m_queries()
    {
        ;
    }

    ~SignQuery()
    {
        for (SignQuery * query : m_queries)
            delete query;
    }
```

```cpp
enum class Boolean
{
    None,
    And,
    Or,
    Not
};

static bool matchBoolean(
    Boolean boolean,
    const vector<SignQuery *> & queries,
    const Sign * sign)
{
    switch (boolean)
    {
    case Boolean::Not:
        return !queries[0]->matchSign(sign);

    case Boolean::Or:
        {
            for (const SignQuery * query : queries)
                if (query->matchSign(sign))
                    return true;

            return false;
        }
        break;

    case Boolean::And:
        {
            for (const SignQuery * query : queries)
                if (!query->matchSign(sign))
                    return false;

            return true;
```

```
            }
            break;
        }

        return true;
    }

    bool matchSign(const Sign * sign) const
    {
        return matchColors(m_colors, sign->color()) &&
               matchAreas(m_areas, sign->location()) &&
               regex_match(sign->m_text, m_textExpression) &&
               matchBoolean(m_boolean, m_queries, sign);
    }

    vector<Color> m_colors;
    vector<Area> m_areas;
    regex m_textExpression;
    Boolean m_boolean;
    vector<SignQuery *> m_queries;
};
```

이번 사용 사례는 **규칙** 4 초반에 봤던 첫 사용 사례보다 더 까다로웠습니다. 많은 수정을 거친 끝에 SignQuery 모델은 보다 넓은 범위의 요청을 처리할 수 있게 됐습니다. '간격이 10미터 이하인 두 표지판을 찾는 것'과 같은 요청을 처리할 수는 없지만 대부분의 중요한 사례는 처리할 수 있을 것입니다. 그러면 성공 아닐까요?

이것이 성공은 아니다

사실 SignQuery를 이렇게 많이 확장해서 무엇이 좋아졌는지는 불분명합니다. 확장한 코드 어디에도 YAGNI가 없도록 최대한 깔끔하게 정리하는 등 세심하게 작업하기는 했지만 말입니다. 일반화 솔루션을 계속 확장할 때는 이렇게 맥락에 대한 시야를 잃을 수도 있습니다. 여기서 일어난 일이 바로 그것입니다.

SignQuery를 이용해 마지막 사용 사례를 해결하는 방식과, 같은 문제를 직접적으로 해결하는 방식을 비교해봅시다. 다음은 SignQuery 기반의 솔루션입니다.

```
SignQuery * blueQuery = new SignQuery;
blueQuery->m_colors = { Color::Blue };

SignQuery * locationQuery = new SignQuery;
locationQuery->m_areas = { mainStreet };

SignQuery query;
query.m_boolean = SignQuery::Boolean::Or;
query.m_queries = { blueQuery, locationQuery };

vector<Sign *> locationSigns = findSigns(query, signs);
```

다음은 직접적인 솔루션입니다.

```
vector<Sign *> locationSigns;
for (Sign * sign : signs)
{
    if (sign->color() == Color::Blue ||
        matchArea(mainStreet, sign->location()))
    {
        locationSigns.push_back(sign);
    }
}
```

직접적인 솔루션이 더 좋습니다. 더 간단하고, 더 이해하기 쉽고, 더 쉬운 디버깅이 가능하며, 더 쉽게 확장할 수 있습니다. 하지만 우리가 SignQuery에 쏟아부었던 모든 노력은 가장 단순하고 좋은 솔루션으로부터 더 멀어지게 만들었습니다. 섣부른 일반화가 진짜 위험한 이유가 바로 이것입니다. 사용하지도 않을 기능을 일반화로 인해 구현하게 될 뿐만 아니라, 코드베이스의 방향을 변경하기 어렵게 설정할 수도 있습니다.

일반화 솔루션은 여간해서는 수정하기가 어렵습니다. 문제 해결을 위해 한 번 추상화를 완성하고 나면 대안을 떠올리기조차 어려워집니다. 일단 모든 빨간색 표지판을 찾으려고 findSigns를 사용하고 나면 우리의 본능은 다른 어떤 종류의 표지판을 찾더라도 findSigns를 사용하게 만들 것입니다. 함수 이름 자체가 그렇게 하라고 시키죠.

그래서 새로운 사례가 나타나면 이것을 포함하도록 SignQuery와 findSigns를 확장하게 됩니다. 그다음에 새로운 사례가 생겼을 때도 마찬가지입니다. 일반화 솔루션에 풍부한 표현이 늘어날 때마다 코딩이 더 번거로워지며, 세심하게 주의를 기울이지 않으면 자연스럽게 한계를 넘어 일반화를 확장했다는 사실도 알아차리기가 어렵습니다.

망치를 들고 있으면 모든 것이 못으로 보이는 법입니다. 일반화 솔루션을 만드는 것은 망치를 나눠주는 것과 같습니다. 나사가 아닌 못을 한 꾸러미 확보했다고 확신하기 전까지는 망치를 나눠주지 마세요.[30]

---

30 망치로 나사를 조일 수 있기는 합니다. 망치를 아주 세게 휘두르면 가능하죠. 너무 뻔한 이야기일지 모르지만 코드도 마찬가지입니다. 어색한 추상화로도 작동하게 만들 수 있습니다. 추상화를 아주 세게 휘두르면 됩니다.

## 05

첫 번째 최적화 교훈: 최적화하지 말라

제가 프로그래밍에서 가장 좋아하는 작업은 최적화입니다. 보통 최적화라고 하면 어떤 코드 시스템을 더 빠르게 만드는 것을 의미합니다. 가끔은 메모리 사용량이나 네트워크 대역폭 또는 다른 리소스를 최적화하기도 하지만요.

제가 최적화를 좋아하는 이유는 성공 여부를 판단하기가 쉽기 때문입니다. 대부분의 코딩 작업은 성공을 이루는 요소가 무엇인지 알기 어렵습니다. 시중에 나와 있는 책들은 좋은 코드 또는 좋은 시스템이 무엇인지 정의하려고 애쓰지만, 무엇이 좋은 코드 한 줄을 만드는지는 늘 모호합니다.

하지만 최적화는 그렇지 않습니다. 답이 늘 선명하죠. 무언가가 더 빨라지도록 개선하면 성공 여부를 직접적으로 측정할 수 있습니다. 코드량이나 복잡성의 증가와 같은 성공의 대가 역시 마찬가지입니다. 제대로 정의되지 않은 장기적인 혜택에 대한 염려나, 몇 년 후에 코드를 읽은 누군가가 그 코드를 바로 이해하고서는 프로그래머에게 매우 고마워할 것이라는 믿음은 최적화 세계에 존재하지 않습니다. 즉각적이고 가시적인 결과가 있을 뿐입니다.

저만 이렇게 최적화를 좋아하는 것은 아닙니다. 모든 프로그래머가 알고 있는 다음과 같은 프로그래밍 금언이 생겼을 정도로 최적화는 매혹적입니다.

> 섣부른 최적화는 만악의 근원이다.

사실 이 문구는 전체를 인용한 것이 아닙니다. 1974년에 도널드 커누스[Donald Knuth]가 썼던 원래 문구는 조금 다릅니다.

> 대부분의 경우[31] 사소한 성능 향상을 잊어야 한다. 섣부른 최적화는 만악의 근원이다.

이 인용문[32]의 맥락을 이해하는 것이 중요한데, 1974년에는 컴파일러가 지금보다 훨씬 덜 복잡했습니다. 커누스가 언급한 '사소한 성능 향상'은 주로 컴파일러로 하여금 내가 원하는 코드를 생성하게 해주는 작은 꼼수에 관한 것입니다. 예컨대 다음과 같이 약간의 성능을 쥐어짜기 위해 end 포인터를 캐싱하는 것처럼요.

```
int stripNegativeValues(int count, int * data)
{
    int * to = data;

    for (int * from = data, * end = data + count;
         from < end;
         ++from)
    {
        if (*from >= 0)
            *to++ = *from;
    }

    return to - data;
}
```

----

31 옮긴이_커누스는 97%라는 수치를 사용했습니다.

32 출판물로서는 커누스의 언급이 최초라고 알려져 있으나 이 인용문의 기원에 관해서는 논란이 있습니다. 토니 호어(Tony Hoare) 역시 이 인용문의 기원으로 알려져 있죠. 호어는 이 인용문의 기원이 에츠허르 데이크스트라(Edsger Djikstra)일 것이라고 생각했습니다. 세 사람 중 누가 첫 발언자인지는 명확하지 않습니다.

아니면 함수 호출 비용을 아끼기 위해 매크로를 사용할 수도 있습니다.[33]

```
typedef struct
{
    float x, y, z;
} Vector;


#define dotProduct(A, B) (A.x * B.x + A.y * B.y + A.z * B.z)
```

다행히도 현대 컴파일러는 단순하고 직관적인 코드로부터 올바른 기계 코드를 생성할 수 있을 만큼 똑똑합니다. 그러나 코드에 기교를 부릴수록 컴파일러는 우리가 의도하는 바를 알아내기가 어렵습니다. 따라서 예전의 트릭과 화려한 C++ 마법을 사용한 코드는 가장 단순한 형태로 작성한 코드보다 더 나쁜 기계 코드가 생성되는 경우가 많습니다.

그럼에도 똑똑한 컴파일러는 우리를 구원하지 못했습니다. 프로그래머는 본능적으로 자원에 대해 걱정합니다. 그 자원은 시간일 수도 있고, 저장소일 수도 있고, 네트워크 대역폭일 수도 있죠. 이러한 걱정으로 프로그래머는 성능 문제가 나타나기도 전에 해결하려 듭니다. 가령 게임에서 많이 하는 것처럼 리스트에서 임의의 아이템을 하나 고르는 경우를 생각해봅시다. 각 아이템은 고유의 가중치를 지녔기 때문에 뽑힐 확률이 제각각 다릅니다.

```
template <class T>
T chooseRandomValue(int count, const int * weights, const T * values)
{
    int totalWeight = 0;
    for (int index = 0; index < count; ++index)
    {
```

---

33 고참 프로그래머들을 추억 여행으로 이끌기 위해 구식 문법을 넣어봤습니다.

```
            totalWeight += weights[index];
    }

    int selectWeight = randomInRange(0, totalWeight - 1);
    for (int index = 0;; ++index)
    {
        selectWeight -= weights[index];
        if (selectWeight < 0)
            return values[index];
    }

    assert(false);
    return T();
}
```

이 코드는 아주 간단합니다. 모든 가중치를 더한 후 그 합보다 크지 않은 임의의 숫자를 고릅니다. 그리고 가중치 목록을 순회하면서 조금 전에 선택된 수에서 가중치를 차감하며, 가중치 중 하나가 합을 음수로 만들면 해당 가중치를 선택합니다. 이러면 가중치가 선택될 가능성이 가중치의 크기에 비례하게 됩니다. 끝났습니다!

하지만 이와 같은 코드를 보면 더 빠르게 개선하고 싶은 마음이 듭니다. values를 순회하는 두 번째 루프가 불필요해 보이는군요. 가중치의 합을 계속 사용하고 싶다면 분할 정복을 이용해 두 번째 루프를 더 빠르게 개선할 수도 있습니다.

```
template <class T>
T chooseRandomValue(int count, const int * weights, const T * values)
{
    vector<int> weightSums = { 0 };
    for (int index = 0; index < count; ++index)
    {
```

```
        weightSums.push_back(weightSums.back() + weights[index]);
    }

    int weight = randomInRange(0, weightSums.back() - 1);

    int minIndex = 0;
    int maxIndex = count;

    while (minIndex + 1 < maxIndex)
    {
        int midIndex = (minIndex + maxIndex) / 2;
        if (weight >= weightSums[midIndex])
            minIndex = midIndex;
        else
            maxIndex = midIndex;
    }

    return values[minIndex];
}
```

사실 이것은 초보적인 실수입니다. 다시 말해 서로 중첩된 초보적인 실수의 전체 목록이라고 할 수 있습니다. 이제 두 번째 루프는 선형이 아닌 O(log N)가 됐습니다. 하지만 첫 번째 루프가 여전히 선형이기 때문에 이 개선은 큰 영향이 없습니다. 전체적인 성능 관점에서 이 코드는 아주 작은 부분만 개선됐을 뿐이죠.

이 부분은 별로 문제가 되지 않습니다. 가중치를 기반으로 하는 무작위 선택이 아주 많지 않다면 간단한 선형 루프가 훨씬 빠르거든요. 200개(!) 정도의 선택이 있기 전까지는 선형 루프가 이진 탐색보다 더 빠릅니다. 적어도 제 PC에서 측정할 때는 그랬습니다. 이 정도면 예상했던 것보다 큰 숫자 아닌가요? 이 값에 이르기 전까지는 단순한 로직과 더 나은 메모리 접근 패턴이 알고리즘적인 효율성을 이깁니다.

이마저도 큰 문제는 아닙니다. 조회 속도는 중요하지 않습니다. 그러나 두 번째 버전은 메모리를 할당합니다. 다른 어떤 작업보다 느린 연산이죠. 앞에서 작성한 두 가지 함수를 실제로 실행해보면 첫 번째 버전이 두 번째 버전보다 20배 빠릅니다. 무려 20배라고요!

잠깐만요, 이것도 진짜 문제가 아니었어요! 진짜 문제는 chooseRandomValue가 얼마나 빠른지는 중요하지 않다는 것입니다. 프로파일링을 약간만 해봐도 이 사실을 알 수 있습니다. 해당 함수를 초당 수백 번 호출한다고 해도, 프로파일러는 전체 실행 시간에서 이 코드의 실행 시간이 차지하는 부분이 의미 없을 정도로 작다는 사실을 알려줄 것입니다.

서커펀치의 엔진에는 1초에 수백만 번씩 호출되는 함수가 있습니다. 게임에는 이러한 코드가 많이 존재하며, 퍼포먼스 측면에서는 해당 함수들이 중요합니다. 그리고 다시 한번 말하지만, chooseRandomValue는 중요하지 않습니다.

첫 번째 최적화 교훈

그래서 첫 번째 최적화 교훈이 '최적화하지 말라'인 것입니다.

코드를 최대한 단순하게 만드세요. 얼마나 빠르게 동작할지는 일단 걱정하지 말고요. 어차피 코드는 충분히 빠를 것입니다. 그렇지 않다고 하더라도 빠르게 만드는 것은 쉬운 일입니다. 단순한 코드를 빠르게 개선하는 것은 쉬우니까요. 이 개선이 바로 두 번째 교훈입니다.

두 번째 최적화 교훈

평범한 수준으로 주의를 기울여 작성한 간단하고 견고한 코드가 있다고 합시다. 이 프로젝트에서 여러분이 맡은 부분이 조금 느리게 동작하기에 계측해본 결과, 성능의 절반 정도를 작은 코드가 잡아먹고 있다는 사실을 알게 됐습니다. 좋은 소식입니다! 해당 코드를 수정하면 성능을 2배 끌어올릴 수 있습니다.

그런데 이것은 매우 일반적인 현상입니다. 한 번도 최적화하지 않은 코드의 성능을 처음 관찰할 때는 거의 항상 좋은 소식이 있습니다. 무엇을 바꿔야 할지 명확하거든요. 나쁜 소식은 뚜렷하게 느린 부분이 보이지 않는다는 것이겠지만, 코드가 몇 차례의 최적화를 거치지 않는 한 그런 경우는 드뭅니다. 제 경험칙에 의하면 한 번도 최적화하지 않은 코드는 많은 작업 없이도 5~10배는 빨라지게 개선할 수 있습니다. 제가 낙천적이라고 생각하겠지만, 그렇지 않습니다. 최적화되지 않은 코드에는 쉽게 개선할 수 있는 부분이 많은 것이 사실입니다.

두 번째 최적화 교훈 시험해보기

제 경험칙의 교훈을 시험해보죠. chooseRandomValue에 문제가 있다고 합시다. 너무 빈번하게 호출돼 많은 난수 선택을 낳으며, 실제로 프로세서 시간의 절반을 잡아먹습니다.

두 번째 구현부터 시작한다면 제 경험칙이 쉽게 증명될 것입니다. 첫 번째 구현처럼 더 단순하고, 메모리 할당이 없는 모델로 전환하면 20배 빠르게 동작할 테니까요. 제 경험칙이 증명됐습니다!

하지만 너무 쉽군요. 만약 첫 번째 구현부터 시작한다면 메모리 할당 제거와 같은 손쉬운 솔루션이 없습니다. 사실 이 가정은 비현실적입니다. 성능을 분석할 때 가장 먼저 발견하는 것은 보통 누군가가 루프 안에서 메모리를 할당하고 있다는 사실이니까요. 게다가 이러한 문제는 쉽게 고칠 수 있습니다. 그래도 일단 운이 나빠서 쉽지 않은 문제를 안고 있다고 가정해보겠습니다.

최적화를 위한 다섯 단계 과정은 다음과 같습니다. 저는 성능(구체적으로 '프로세서 시간')에 초점을 맞추겠지만, 다른 종류의 자원에도 이러한 과정을 적용할 수 있습니다. 각 단계에서 프로세서 시간을 네트워크 대역폭, 메모리 사용량, 전력 소비량 또는 최적화하고자 하는 기타 측정 가능한 자원으로 바꾸기만 하면 됩니다.

1단계: 프로세서 시간 측정 및 원인 파악하기

얼마나 많은 프로세서 시간이 소비되고 있는지 측정하고 어떤 함수, 객체 등의 요소가 프로세서 시간을 많이 사용했는지 찾아냅니다. 앞의 예제에서는 chooseRandomValue가 프로세서 시간의 절반을 소비한다는 것을 알고 있으므로 이미 이 작업을 진행했다고 할 수 있습니다.

2단계: 버그 없음 확인하기

성능 문제처럼 보였는데 알고 보니 버그인 경우가 꽤 흔합니다. 앞의 예제에서는 chooseRandomValue가 CPU 사이클의 절반을 잡아먹으니 저라면 어딘가에 버그가 있다고 강력히 의심할 것입니다. 그리고 모든 chooseRandomValue 호출이 적절한지 면밀하게 검토할 것입니다.

어쩌면 누군가가 루프의 조건문에 실수를 해서 카운터 하나가 오버플로돼 다시 초기화되는 것일 수도 있습니다. 해당 루프가 몇 번이 아니라 약 2^{32}번 반복되고 있습니다. chooseRandomValue를 많이도 호출하네요(저는 바로 이 버그를 수정했습니다).

3단계: 데이터 측정하기

데이터를 파악하기 전까지는 최적화를 꿈도 꾸지 마세요. chooseRandomValue를 얼마나 많이 호출하고 있나? chooseRandomValue에는 얼마나 많은 선택 옵션이 있나? 그 선택이 계속해서 작은 가중 분포[34] 안에서 이뤄지고 있나? 아니면 예측하기 어려운 분포를 사용하고 있나? 목록에는 가중치가 0인 경우가 얼마나 있나? 선택값 목록에 같은 값이 있나? 대부분의 최적화는 데이터의 특정한 측면이나 데이터 사용 방식을 활용합니다. 데이터의 형태에 대해 철저히 이해하지 않고는 최적화와 관련해 좋은 결정을 내릴 수 없습니다.

4단계: 계획하고 프로토타입 구현하기

해당 최적화가 완벽하게 동작해 프로세서 시간을 0으로 만들었다면 전체 성능은 어떤 모습일까요? 앞의 예제에서 이는 chooseRandomValue가 0시간 안에 실행된다는 것을 의미합니다. 하지만 chooseRandomValue의 성능이 그러한데도 목표 성능에 도달할 수 없다면 계획이 불충분한 것입니다. 즉 최적화가 가능한 다른 코드를 찾아야 합니다. 단, 그 최적화 자체가 성공할 것이라고 확신하기 전까지는 최적화를 시작하면 안 됩니다.

최적화를 완벽하게 했을 때 성능이 어떤 모습일지 예측하기 어려운 경우도 있습니다. 코드는 예측할 수 없는 방식으로 다른 코드와 상호작용합니다. 예를 들어 chooseRandomValue가 프로세서의 캐시에 가중치 값을 저장하고 있을 때 다른 함수도 해당 값을 사용하고 있을 수 있습니다. 최악의 시나리오는 chooseRandom Value가 0사이클로 동작하더라도 전체 성능이 변하지 않는 것입니다.

가장 중요한 문제는 값을 캐시에 적재하는 것이었습니다. 따라서 그저 새로운 범

---

[34] 옮긴이_각각의 사건이 발생할 확률이 균일하지 않고 특정 사건이 다른 사건보다 더 자주 발생하도록 가중치가 부여된 확률 분포를 말합니다.

인에게 책임을 전가했을 뿐이죠. 최적화 솔루션을 프로토타이핑할 기회를 살펴세요. 예를 들어 chooseRandomValue가 항상 목록의 첫 번째 값을 반환하게 할 수도 있을 것입니다. 이는 올바른 방법이 아니지만, 완벽하게 최적화된 솔루션의 성능이 어떤 수준인지에 대한 감을 얻게 될 것입니다.

5단계: 최적화하고 반복하기

앞의 네 단계를 거치고 나면 최적화에 대해 생각해볼 타이밍입니다. 이제 관련된 로직의 양, 접근되는 메모리의 양에 따라 코드의 여러 부분에서 얼마나 많은 비용이 발생하는지에 대한 개념이 잡혔을 것입니다. 어쩌면 코드의 일부 또는 메모리 접근을 단순화하거나 제거할 수도 있을 것입니다. 그러나 코드의 속도를 향상할 수 있는 간단한 방법이 없다면 데이터를 활용할 수 있는 방안을 찾아봐야 합니다.

예를 들어 chooseRandomValue에 전달된 가중치가 대부분 0이라면 이 점을 활용할 수 있습니다. 중복되는 값이 있다면 그것도 활용할 수 있는 데이터죠. 하지만 아무 준비 없이 덤벼들면 안 됩니다. '느려 보이는 코드 조각을 찾아서 더 빠르게 만들자'라는 단순한 최적화 계획은 별 효과가 없습니다. 직감은 문제가 어디에 있는지도, 데이터가 어떤 모습을 하고 있는지도, 또한 어떻게 고쳐야 하는지도 모릅니다.

5단계를 완료하고 나서 성능을 다시 측정하세요. 목표 성능에 도달했다면 승리를 선언하고 최적화를 멈추세요. 그렇지 않다면 다시 1단계로 돌아가야 합니다. 두 번째 시도라 몇몇 단계는 더 빠르게 진행할 수 있겠지만, 잠시 멈춰서 각 단계에 대해 지금까지 배운 것을 생각해보는 것이 좋습니다.

다섯 단계 최적화 과정 적용하기

이제 최적화 과정을 적용할 준비가 됐습니다. 워드프로세서와 개발 환경을 준비해뒀습니다. chooseRandomValue의 첫 번째 버전부터 시작해서 다섯 단계 최적화 과정을 적용하고, 성능을 10배 향상하려면 얼마나 많은 노력이 필요한지 봅시다.

chooseRandomValue의 첫 번째 버전은 평소처럼 주의를 기울여 작성한 견고한 예제입니다. 우리가 늘 시작점으로 삼는 단순성과 명확성에 초점을 맞춰 최적화됐고요. 제 경험칙이 맞다면 큰 노력 없이도 5~10배 성능 향상을 확보할 수 있을 것입니다.

솔직히 고백하자면 이 부분을 작성하면서 살짝 긴장했습니다. 정말 창피한 결과가 나올 가능성이 있으니까요.

1단계는 이미 완료했습니다. 저는 사이클의 절반을 chooseRandomValue가 소비한다는 것을 알고 있습니다.

2단계에서는 용맹하게 노력을 퍼부었지만 버그를 못 찾았습니다. 모든 호출자는 정상적으로 호출하고, 명백하게 잘못된 어떤 짓도 하고 있지 않았습니다.

3단계에서 문제를 발견했습니다. chooseRandomValue를 많이 호출하는데, 대부분의 호출이 기다란 가중치 목록(weights)과 값 목록(values)을 인수로 전달하고 있었습니다. 데이터는 상당히 무작위적으로 보였지만 가중치가 작은 편이었습니다. 값은 대부분 5 이하였고 15보다 큰 값이 없었습니다. 흥미롭게도, 많은 호출이 있었지만 모두가 소수의 고정된 분포에서 발생하고 있었습니다. 즉 수천 개의 가중치와 값이 담긴 목록이 반복적으로 전달되고 있었던 것입니다.

4단계에서는 완벽한 성능의 chooseRandomValue 버전을 만들었습니다. 가중치를 무시하고 리스트에서 임의의 값을 반환하는 방식으로 수정했습니다. 이보다 더 간결하게 만드는 방법은 상상하기 어렵군요. 목록의 첫 번째 값을 반환하는 방법도 있지만 그러면 필연적으로 필요한 난수 생성 과정을 생략하게 되므로, 가중치를 고려하지 않은 임의의 선택을 반환하는 것이 더 적합한 프로토타입이라고 생각됩니다.

결과물을 테스트해보니 기존 버전보다 50배 정도 빠르게 동작하는 것 같습니다. 이렇게 동작한다면 처음에 예측했던 대로 5~10배의 성능 향상이 가능할 것 같습니다. 이제 5단계로 넘어가서 더 빠르게 만들어보죠.

코드의 성능을 개선해야 할 때 드는 첫 번째 충동은 '코드가 더 빠르게 동작하도록 만들자'일 것입니다. 루프를 풀고, 멀티미디어 명령어를 이용해 여러 항목을 한 번에 처리하고, 어셈블리 코드를 작성하고, 계산 코드를 루프 밖으로 옮기는 것과 같은 작업을 그대로 하면서요. 다만 더 빠르게 하려는 거죠.

하지만 이것은 나쁜 충동입니다. 이러한 부류의 최적화는 최초가 아니라 최후에 시도해야 하는 것입니다. 우리는 대략 200만 행에 이르는 〈고스트 오브 쓰시마〉의 코드 중 수십 군데에서만 이러한 마이크로 최적화를 수행했습니다. 그렇다고 우리가 최적화를 위해 노력하지 않는 것은 아닙니다. 우리가 하는 모든 것은 결국 1/60초 안에 완료돼야 했고,[35] 우리는 게임의 성능을 끌어올리기 위해 엄청나게 노력했습니다. 드물게 예외가 있기는 하지만, 늘 하는 작업을 더 빨라지게 만드는 것은 우리의 성능 개선 방법이 아닙니다.

우리는 같은 작업을 더 빠르게 수행하도록 바꾸는 것이 아니라 불필요한 작업을 제거함으로써 성능을 개선합니다. 불필요한 작업을 하는 코드 또는 한 번만 해도 될 일을 여러 번 하는 코드를 찾아내세요. 이러한 코드를 제거하면 프로그램이 더 빠르게 동작합니다.

----

35 게임에 따라 1/30초일 수도 있습니다. 앞으로 출시될 게임의 성능에 관한 특정 수치를 의미하는 것이 아님에 유의하기 바랍니다.

앞의 예제에서 명백한 최적화 대상은 분포의 전체 가중치를 계산하는 코드입니다. chooseRandomValue의 첫 번째 버전은 해당 계산을 호출마다 했습니다. 하지만 3단계에서 데이터를 측정했을 때 해당 코드는 정해진 수의 분포로부터 난수를 생성하고 있었습니다. 이제 모든 분포에 대해 총가중치를 간단히 한 번만 계산하면 이 값을 chooseRandomValue에서 재사용할 수 있습니다.

```cpp
struct Distribution
{
    Distribution(int count, int * weights, int * values);

    int chooseRandomValue() const;

    vector<int> m_weights;
    vector<int> m_values;
    int m_totalWeight;
};

Distribution::Distribution(int count, int * weights, int * values) :
    m_weights(),
    m_values(),
    m_totalWeight(0)
{
    int totalWeight = 0;

    for (int index = 0; index < count; ++index)
    {
        m_weights.push_back(weights[index]);
        m_values.push_back(values[index]);

        totalWeight += weights[index];
    }

    m_totalWeight = totalWeight;
```

```
}

int Distribution::chooseRandomValue() const
{
    int select = randomInRange(0, m_totalWeight - 1);

    for (int index = 0;; ++index)
    {
        select -= m_weights[index];
        if (select < 0)
            return m_values[index];
    }

    assert(false);
    return 0;
}
```

메모리 할당은 비쌉니다. 바로 이것이 chooseRandomValue에 대한 첫 번째 최적
화 시도가 불행한 결말을 맞은 이유입니다. 이 함수는 호출될 때마다 메모리를 할
당했고, 이 메모리 할당이 함수의 전체 실행 비용을 결정했습니다. 하지만 저는 호
출될 때마다 매번 메모리를 할당하는 대신 각 분포에 대해 한 번씩만 할당을 수행
하게 했습니다. 만약 계속해서 새로운 분포를 생성한다면 재앙이 됐을 것입니다.
하지만 3단계에서 데이터를 측정하면서 분포의 리스트가 짧다는 사실을 이미 파
악해놓았죠. 짧은 리스트 안의 각 분포에 대한 메모리 할당은 괜찮습니다.

코드를 다시 실행해봤더니 기준 버전보다 1.7배 빠르네요. 고무적이지만 완전한
승리라고 할 수는 없습니다. 계산해보면 최대 3배 정도의 성능 향상도 가능하다는
것을 알 수 있습니다. 기존에는 평균적으로 가중치 목록을 1.5회 순회했습니다.
전체 가중치를 계산하기 위해 1회, 임의의 값을 찾기 위해 평균적으로 0.5회 돌았
는데 이제는 조회만 합니다.

이러한 차이는 메모리 접근 방식에서 비롯됩니다. 이전에는 가중치를 전부 데이터 캐시의 어떤 레벨로 끌어들였기 때문에 두 번째 조회 과정에서 빠르게 접근할 수 있었습니다. 하지만 이제는 두 번째 조회에서 값을 가져오는 데 더 많은 시간이 걸리기 때문에 3배 대신 1.7배의 성능 향상만 얻게 됐습니다. 다음에 할 일이 분명해졌군요. 이제 메모리 할당 방식이 타당하기 때문에 이진 탐색이 더 합리적입니다. 이것을 올바르게 구현하기는 어렵지 않지만 다음과 같이 약간 까다로울 수 있습니다.

```
struct Distribution
{
    Distribution(int count, int * weights, int * values);

    int chooseRandomValue() const;

    vector<int> m_weights;
    vector<int> m_values;
    vector<int> m_weightSums;
};

Distribution::Distribution(int count, int * weights, int * values) :
    m_weights(),
    m_values(),
    m_weightSums()
{
    int totalWeight = 0;

    for (int index = 0; index < count; ++index)
    {
        m_weights.push_back(weights[index]);
        m_values.push_back(values[index]);
        m_weightSums.push_back(totalWeight);
```

```
        totalWeight += weights[index];
    }

    m_weightSums.push_back(totalWeight);
}

int Distribution::chooseRandomValue() const
{
    int select = randomInRange(0, m_weightSums.back() - 1);

    int minIndex = 0;
    int maxIndex = m_weights.size();

    while (minIndex + 1 < maxIndex)
    {
        int midIndex = (minIndex + maxIndex) / 2;
        if (select >= m_weightSums[midIndex])
            minIndex = midIndex;
        else
            maxIndex = midIndex;
    }

    return m_values[minIndex];
}
```

수정한 코드를 테스트해보니 기준 버전보다 약 12배 빨라졌습니다. 제 경험칙이 입증됐습니다! 제가 워드프로세서로 돌아와서 부담을 내려놓고 안도의 한숨을 내쉬는 모습을 상상해보세요. 대부분의 경우 12배 속도 향상이면 충분합니다.

일단 손쉬운 일을 해치웠으면 다른 작업으로 넘어가세요. 계속 최적화하고 싶은 유혹을 뿌리쳐야 합니다. 가시적인 성과의 기쁨에 사로잡히면 불필요한 성능 향상을 좇으려 하기 십상입니다. 한때 성능 문제가 있었던 함수는 이제 문제를 일으키지 않으니 프로젝트 내의 다른 함수와 마찬가지로 더 이상 최적화할 필요가 없습니다.

저는 지금 그 유혹과 싸우고 있습니다. 어떻게 하면 chooseRandomValue가 더 빨라질 수 있는지에 대한 아이디어가 몇 가지 더 있습니다. 어떤 아이디어가 실제로 먹힐지 궁금하지만, 이 호기심을 충족하려는 욕구와 싸우고 있죠. 하지만 목표 성능을 일단 충족했다면 새로운 아이디어는 코드에 주석으로 남기고 휴식을 취하는 것이 옳습니다.

제가 답하지 않은, 거슬리는 질문이 있습니다. 최적화의 첫 번째 교훈은 '최적화하지 말라'였죠? 늘 하던 수준으로 주의를 기울여 단순하고 명확한 코드를 작성하세요. 그러면 5~10배 빨라지게 만들 필요가 있을 때 손쉽게 할 수 있을 것입니다. 하지만 5~10배 빨라지는 정도로는 충분치 않다면요? 시스템의 초기 설계에 큰 실수가 있어서 100~1,000배 빨라지게 개선해야 한다면 어떻게 하죠?

세 번째 최적화 교훈은 없다

'바보 같은 짓은 절대 하지 말라'가 세 번째 최적화 교훈이라고 주장하는 독자가 있을지도 모르겠습니다. 마이크로초를 다루는 고성능 트레이딩 애플리케이션을 개발하는 경우에는 파이썬으로 구현하면 안 되고, 전체 C++ 코드에 전달될 어떤 결과 구조체를 정의해야 하는 경우에는 모든 사본이 메모리 할당을 하도록 설계하면 안 된다고 말입니다.

솔직히 저는 세 번째 교훈이 존재하지 않는다고 생각합니다. 프로그래머는 성능을 너무 많이 걱정합니다. 이해합니다. 저도 같은 약점이 있거든요. 성능이 중요하다는 증거 쪼가리 없이 성능을 위해 코드에 복잡성을 채워넣을 것입니다. 저는 언제나 이렇게 하는 나 자신을 발견합니다.

어쩌면 세 번째 교훈은 '실수를 두려워하지 말라. 바로잡을 수 없는 실수는 없는 법이니까'겠네요. 고성능 트레이딩 애플리케이션을 기어이 파이썬으로 구현했다가 문제에 부딪히더라도 여전히 희망은 있습니다. 파이썬을 C++로 바꾸면 10배 빨라질 것입니다(또 다른 경험칙입니다). 이번 **규칙**에 따르면 C++로 바꾸고 난 후에도 어렵지 않게 5~10배 정도의 성능 향상을 이룰 수 있습니다. 결과적으로 50~100배의 성능 향상을 얻게 됩니다.

사실 이 방식은 서커펀치에서 자주 따르는 업그레이드 경로입니다. 우리가 좋아하는, 그러나 상대적으로 느린 스크립트 언어로 무언가의 첫 버전을 작성하고, 그것이 병목을 일으키면 C++로 포팅합니다. 이렇게 하면 아이디어를 빠르게 테스트한다는 이점이 있습니다. 필요시 더 나은 성능을 얻을 수 있는 탈출구가 있다는 것을 알고 있으니까요.

기억하세요. 100배의 성능 향상이 필요할 정도로 심각한 실수라면 조기에 알아차릴 수 있습니다. 그렇게 심각한 실수는 수풀 속에 숨지 못하거든요. 심각한 실수는 처음부터 명확해서 대부분 빨리 발견됩니다. 다시 한번 말하지만, 걱정하지 마세요. 최적화의 두 가지 교훈을 믿으세요. 단순하고 명확한 코드를 작성하고, 자신이 마주하게 될 어떤 성능 문제도 해결할 수 있다고 믿으세요.

규칙 5에 대한 비판을 중심으로

저는 **규칙** 5의 내용 중에서도 첫 번째 최적화 교훈인 '최적화하지 말라'를 지지합니다. 그렇지만 서커펀치의 많은 팀원은 이 책에서 강하게 주장하는 여러 의견 가운데 특히 이 **규칙**에 대해 즉각적으로 반대 의견을 내놓았습니다.

이들의 타당한 반대 의견을 듣는 것이 공정하다고 생각합니다. 지금부터 저와 많은 반대론자가 가상의 소크라테스식 대화를 나누는 형태로 반대 의견을 제시하려합니다. 극적 표현을 위해 많은 반대론자를 하나의 캐릭터로 통합했습니다. 반대론자 모두가 이 장을 검토했고, 자신들의 견해가 공정하게 표현됐는지도 확인했습니다.

반대론자: 저는 **규칙** 5의 전제에 대해 공식적인 반대 의견을 제시합니다.[36]

크리스: 저는 **규칙** 5가 상식적이라고 생각했는데요. 커누스의 인용문 못 봤어요? "대부분의 경우 사소한 성능 향상을 잊어야 한다. 섣부른 최적화는 만악의 근원이다!"

반대론자: 그 인용문은 모든 종류의 극악한 성능을 정당화하는 데 사용돼왔어

---

36 직접적인 인용입니다.

요. 그리고 당신은 그것을 더 독려하고 있고요.

크리스: 와, 그 피드백에는 감정이 담겨 있군요. 어쩌면 애초에 존재하지 말았어야 할 성능 문제를 해결하기 위해 다른 사람의 코드를 수정하느라, 그리고 유명 비디오 게임이 부팅되기를 기다리는 데 너무 많은 시간을 써서 그런지 모르겠네요.

반대론자: 네, 그래요.

크리스: 당신은 우리 코드베이스에서 성능이 중요한 부분을 작업하고 있죠. 그래서 사용자 인터페이스의 로직을 다루는 사람과는 우선순위가 다를 것 같아요.

반대론자: 사실이에요. 하지만 저는 우리 둘 다 사용자 인터페이스 아키텍처가 너무 부적절하게 설계돼 성능 문제를 해결할 수 없다고 결론을 내렸던 게임[37]이 있었다는 사실을 언급하고 싶군요. 전체 사용자 인터페이스를 폐기하고 다시 만들어야 했고, 그 결과 게임 출시가 6개월이나 지연됐죠.

크리스: 네. '**규칙 20: 계산하라**'가 그러한 상황에 적용됩니다. 되돌아보면 아키텍처가 얼마나 문제가 되는지 조기에 깨달았어야 해요. 심각한 성능 문제는 대개 바로 드러나게 마련이죠(하지만 그것은 측정할 때만 가능합니다). 저는 최적화의 네 번째 교훈이 있다면 '자신의 코드가 충분히 빠를 것이라고 간주하라. 하지만 반드시 측정하라'일 거라고 생각해요.

반대론자: 불만이 조금 가라앉는군요. 우리가 프로젝트 최종 단계의 최적화 문제를 관리할 수 있었던 가장 큰 이유는, 정확한 프로파일링 도구를 갖고 있고 일상적인 엔지니어링 과정의 일부로 사용하고 있었기 때문이에요.

---

37 게임명은 언급하지 않겠습니다.

크리스: 맞아요. 저는 그것이 많은 개발 팀의 테스트 중심주의에 상응하는 서커 펀치의 프로세스라고 생각합니다. 우리는 약간의 버그에 대해서는 관용적이기 때문에 상대적으로 유닛 테스트를 덜 진행했지만, 반대로 성능 문제에 대해서는 엄격하게 반응하죠.

반대론자: 그래도 저는 여전히 **규칙** 5에 관한 당신의 주장이 중요한 점을 놓치고 있다고 생각해요. '최적화에 대해 걱정하지 말라'라는 메시지로 읽히기 쉬우니까요. 하지만 당신이 말하고자 했던 것은 '단순한 코드는 최적화하기 쉬우니 단순한 코드를 작성하라'예요.

크리스: 맞아요, 정확합니다. 그것은 **규칙** 1뿐만 아니라 이 책의 전체적인 주제인 '최대한 단순하게, 그러나 너무 단순하지 않게'에도 부합합니다. 이 방식의 장점 중 하나는 코드를 최적화하기 쉬워진다는 거죠.

반대론자: 하지만 그 사실을 고려하더라도, 당신은 단순한 코드를 작성할 때 더 빨라야 한다면 어떻게 빨라질 수 있을지를 계속 고민합니다. 제가 당신 코드를 리뷰할 때 그랬어요. 당신이 제 코드를 리뷰할 때도 그랬고요. 사실 우리 둘 다 그랬죠.

크리스: 정확해요. 우리 모두는 성능에 대해 생각합니다. 성능이 최우선순위가 아니라 정확성과 단순성이 우선이죠. 하지만 최적화에 대비한 탈출로를 미리 정찰해두는 것은 좋은 습관입니다. 꼭 필요하지 않다 해도 말입니다. 그리고 최적화는 대체로 필요하지 않고요.

반대론자: 많은 경우에 최적화는 공짜가 아니에요. 만약 최적화가 코드를 더 복잡하게 만들거나, 더 많은 메모리를 사용하거나, 전처리 단계를 추가한다면 그만한 성능 향상이 있어야 합니다. 빠르게 동작하는 코드가 반드시 더 나은 코드는 아니죠. 이 부분에 대해서는 우리 모두 동의합니다.

크리스: 좋습니다!

반대론자: 또한 단순한 코드는 최적화하기 쉬울 수 있지만, 느리다고 해서 코드가 단순해지는 것은 아니라는 점을 말씀드리고 싶군요. 물론 코드를 너무 복잡하게 만드는 것은 코드를 느리게 만드는 가장 쉬운 방법 중 하나지만요.

크리스: 그렇고 말고요!

반대론자: 제 생각은 이렇습니다. 이 **규칙**은 제가 주로 하는 최적화 작업을 제대로 반영하지 못하는 것 같아요. 일반적으로 저는 새로운 코드를 최적화하지 않습니다. 이미 최적화된 코드를 더 쥐어짜서 성능을 끌어냅니다. 훨씬 더 어려운 작업이죠.

크리스: 맞아요. 이 장은 새로운 코드 작성에 관한 내용입니다.

반대론자: 하지만 그럼에도, 성능이 중요한 시스템에 새 코드를 추가할 때 저는 시작 단계부터 성능을 고려해야 해요. 그저 단순한 코드를 작성하고 잘되기만을 바랄 수만은 없어요.

크리스: 그럴 수 있습니다. 적어도 그것을 합리적인 첫 단계로 간주할 정도로 충분한 시간 동안은요. 처음부터 성능을 너무 고려하다 보니 필요보다 더 최적화된 코드를 작성한 적이 있지 않나요?

반대론자: 인정하기 싫지만 그 부분은 동의합니다. 하지만 그건 좀 드문 경우인 것 같아요. 저는 즉시 최적화가 필요한 코드를 작성하지 않기 때문에 전체적인 시간을 절약한다고요.

크리스: 서도 그렇게 생각해요. 커누스의 법칙도 97%에서 멈추니까요. 당신이 3%에 해당하는 과거의 경험에 근거해 자신감을 갖고 있다면 첫 구현부터 성능을 고려하는 것이 합리적입니다. 단, 코드의 성능을 측정하고 문제를 발견하기

전까지는 흥분하지 마세요. 당신 팀 전체가 바로 그 3%에 해당하는 작업을 하고 있다면 팀원 모두는 코드 프로파일링을 더 잘해야 해요.

반대론자: 최적화된 코드에서 작업하는 것에 관한 또 한 가지는, 얻는 것이 적다는 점입니다. 적은 노력으로도 대개는 새 코드를 5~10배 빨라지게 만들 수 있다는 말에는 동의합니다. 하지만 어떤 시점에 이르면 손쉬운 방법이 소진되고 성능 향상을 끌어내기가 훨씬 더 어려워지죠.

크리스: 맞습니다. 어느 시점에는 규칙이 바뀝니다. 큰 변경 하나보다는 작은 변경 다섯 개가 실행 시간을 절반으로 단축시킬 가능성이 높아요. 하지만 그 경우에도 더 큰 규모의 알고리즘적인 수정이 있을 수도 있다는 데 주의해야 합니다. 예를 들면 우리는 〈슬라이 쿠퍼〉 초기작에서 주요 그리기 루프를 최적화하기 위해 몇 주 동안 노력을 쏟았고, 한 번에 아주 조금씩의 성능 향상만 얻을 수 있었죠. 공간 분할 시스템으로의 전환이 성능을 5배 향상한다는 것을 알게 되기 전까지는요.

반대론자: 제가 입사하기 전의 일이군요. 그래도 멋진 이야기네요.

크리스: 다섯 단계 최적화 과정에 대해서는 어떻게 생각해요?

반대론자: 꽤 좋던데요. 그 부분은 괜찮았어요.

크리스: '2단계: 버그 없음 확인하기'의 탁월한 통찰을 아무도 언급하지 않았다는 게 믿기지 않아요. 저는 그 단계에 자부심이 있거든요.

반대론자: 비판하지 않는 것이 제 칭찬입니다. 많은 찬사를 바라지 마세요, 크리스. 지금보다 더 자신감에 찬 당신을 보고 싶은 사람은 아무도 없어요.

크리스: 인정합니다.

06

코드 리뷰의 세 가지 장점

제가 30년간 프로그래머로 일하면서 겪은 변화 중 가장 큰 것은 다양한 형태의 코드 리뷰가 점차 받아들여지고 있다는 점입니다. 1990년대 초반까지만 해도 코드 리뷰에 대해 들어본 적도 없었습니다. 당시에 코드 리뷰가 없었다는 것이 아니라, 버그 때문에 사람이 죽는[38] 의료 기기 펌웨어나 로켓 제어 코드와 같이 실패가 용납되지 않는 곳을 제외하고는 널리 받아들여지지 않았습니다.

30년 전에는 누가 내 코드를 살펴본다는 것에 대해 대부분의 프로그래머가 간섭으로 느꼈습니다. 물론 다른 사람과 같이 작업할 때는 팀원이 작성한 코드의 인터페이스를 살펴보고, 어떻게 내 코드를 연결할지 고민할 필요가 있었습니다. 다른 사람의 코드를 디버거로 한 줄씩 확인해야 할 때도 있지만, 실제로 그 코드를 자세히 살펴보고 이에 대한 의견을 말한다는 것이 무척 이상하게 느껴졌습니다. 마치 누군가의 일기를 훔쳐보거나, 다른 사람의 인터넷 검색 기록을 우연히 열람하는 것처럼요.

아무튼 1990년대 초에 저는 코드 리뷰 정책이 있는 마이크로소프트의 팀으로 이직했습니다. 제가 맡은 프로젝트는 운 좋게도 팀 입장에서 보면 너무 하찮았기 때

---

38 가상 인간이 아닌 진짜 사람을 말합니다. 저는 비디오 게임 프로그래머이고, 가상 인간은 제 버그 때문에 늘 사망하죠.

문에 저와 프로젝트 팀은 관심 밖에 있었습니다. 우리는 팀의 코드 리뷰 프로세스를 정립하는 역할을 맡게 됐습니다. 저는 큰 팀의 공식 코드 리뷰 프로세스가 어때야 하는지 몰랐기 때문에 합리적이라고 생각되는 방향으로 일을 추진했고, 어느 누구도 우리의 작업을 점검하지 않았습니다. 물론 저 또한 끔찍한 업무 프로세스를 강요받을까 봐 지침을 물어보지 않았고요. 허락보다는 용서가 쉬운 법이니까요.

놀랍게도 저는 코드 리뷰가 확실히 유용하다는 것을 곧바로 알 수 있었습니다. 그후로 팀원들과 계속해서 코드 리뷰를 해왔지만, 제가 기대했던 이유에서 그런 것은 아닙니다.

코드 리뷰를 하는 가장 명백한 이유는 코드가 프로젝트에 병합되기 전에 버그를 찾기 위해서입니다. 코드 리뷰 프로세스가 조금이라도 합리적이라면 리뷰어는 검토 대상 코드를 이해할 준비가 잘돼 있을 것입니다. 리뷰어는 관련 코드를 구현했거나, 새 코드가 의존하는 다른 코드의 전문가이거나, 검토 대상 코드를 자주 사용하는 사람일 수 있습니다. 이 모든 유형의 리뷰어는 리뷰이가 어떤 가정을 놓치거나 잘못했을 때 혹은 다른 코드를 잘못 호출하거나 리뷰어가 작업 중인 코드를 망가뜨릴 수 있는 시스템의 변경과 같은 문제를 찾아낼 수 있습니다.

정말 이러한 일이 일어나냐고요? 코드 리뷰가 실제로 버그 발견을 도와주냐고요? 적어도 우리 팀에서 코드 리뷰를 수행하는 방식을 따른 제 경험에 의하면 버그를 몇 개 발견합니다.

중요한 주의 사항입니다. 코드 리뷰를 통해 얻을 수 있는 효과는 코드 리뷰에 투자하는 시간과 노력, 수행하는 방법에 달렸습니다. 다음은 서커펀치의 코드 리뷰에 대한 간략한 설명입니다.

- 실시간입니다. 같은 컴퓨터에 두 사람이 나란히 앉아서 진행합니다.

- 비공식적입니다. 자신의 코드가 리뷰를 받을 준비가 됐다면 적절한 리뷰어의 사무실에 가서 리뷰를 부탁하면 됩니다. 누군가가 리뷰를 부탁하면 아주 중요한 일이 있지 않은 한 응하는 것이 우리의 불문율입니다.

- 리뷰어가 디프^{diff} 도구를 이용해 변경 사항을 하나씩 살펴보는 동안 리뷰이는 변경 사항을 설명합니다. 코드 리뷰는 일종의 대화입니다. 리뷰어는 충분히 이해될 때까지 질문을 하고, 수정을 제안하고, 테스트 필요 항목을 식별하고, 대안을 논의합니다. 리뷰이가 리뷰를 주도하는 것은 대체로 잘못된 일이라고 할 수 있습니다. 리뷰어가 리뷰이의 말을 그대로 받아들이는 것이 스스로 깊이 생각하는 것보다 훨씬 쉽기 때문입니다.

- 리뷰이는 리뷰어가 말하는 수정 사항과 추가 테스트에 관한 제안을 모두 메모해야 합니다. 기본적으로 모든 제안을 반영하는 것이 우리의 불문율입니다.

- 수정 범위에 따라 코드 리뷰는 5분이 걸릴 수도 있고 5시간이 걸릴 수도 있습니다. 프로젝트에 통합해 넣기 전에 수정 제안이 한두 개뿐인 코드 리뷰는 드뭅니다. 코드 리뷰의 결과에 따라 반영해야 할 메모가 몇 페이지가 될 수도 있습니다.

- 일반적으로 코드 리뷰는 한 번이면 됩니다. 적절한 수정이 이뤄지고 추가 테스트가 수행되면 리뷰이는 코드를 커밋합니다. 가끔 리뷰 메모가 엄청나게 많아서 리뷰어가 수정 사항을 다시 리뷰해야 하는 경우도 있습니다. 리뷰어가 변경 사항을 명확히 이해하지 못한다면 다른 팀원이 해당 코드를 리뷰하도록 추천할 수 있습니다. 하지만 대부분의 경우 코드 리뷰→변경 사항 통합→커밋 순으로 작업이 이뤄집니다.

우리는 이러한 코드 리뷰 프로세스를 통해 버그를 발견합니다. 그러나 여러분이 예상하는 방식과는 다릅니다. 다음은 코드 리뷰에서 버그를 발견하는 세 가지 주요 방법입니다. 버그 발견 빈도에 따라 가장 흔한 것부터 가장 드문 것 순으로 정렬했습니다.

- 코드 리뷰를 요청하기 전에 스스로 디프를 자세히 살펴보면서 남들에게 보여주기 부끄러운 부분을 모두 확실히 정리하세요. 이러한 자가 리뷰를 통해 누락된 에러 케이스와 같은 버그를 찾게 됩니다. 남들이 보기 전에 버그를 고치세요.

- 리뷰 중에 리뷰어에게 코드의 특정 부분을 자세히 설명하고 자신의 접근법을 밝히는 과정에서 코드의 결함을 깨닫게 됩니다. 리뷰어에게 해당 버그를 찾아 보여주고, 논의하고, 메모를 하고, 다음으로 넘어갑니다. 발견한 결함이 제법 크다면 코드 리뷰를 멈추고 대대적인 수정을 거친 다음 코드 리뷰를 다시 진행하는 것이 더 나을 수도 있습니다.

- 리뷰어는 리뷰이가 놓친 문제를 발견합니다. 또는 리뷰이의 작업에 대한 설명을 듣고, 리뷰이가 호출한 코드를 잘못 이해하고 있었다는 사실을 분명히 알게 됩니다. 리뷰이는 발생할 수 있는 이슈에 대해 논의하고, 문제가 있다는 데 동의하면 메모를 작성합니다.

리뷰어가 의심스러운 코드를 대화 없이 그냥 바라보다가 깊은 통찰을 적용해 버그를 찾는 경우는 드뭅니다. 코드 리뷰 프로세스 자체가 버그를 수면 위로 드러내는 경향이 있습니다. 준비 과정 중에 또는 변경 사항을 설명하는 과정 중에 버그를 찾아내죠. 대화로 진행되는 코드 리뷰가 유용한 이유가 여기에 있습니다. 무언가를 설명하고 그 설명을 이해하는 과정에서 리뷰어와 리뷰이 사이에 존재하는 가정의 불일치가 명확하게 드러납니다. 이것은 버그를 발견하는 데에도 유용하지만, 주석이 필요하거나 명칭 변경이 필요한 곳을 찾는 데에도 유용합니다.

그러나 우리의 코드 리뷰 프로세스가 지닌 분명한 한계를 이해할 필요가 있습니다. 현재 우리의 코드 안에 있는 모든 버그는 코드 리뷰로도 잡을 수 없었는데, 이렇게 잡지 못한 버그가 수천 개나 됩니다. 우리는 코드 리뷰 요구 사항에 예외를 두지 않습니다. 따라서 프로젝트에 통합된 코드의 모든 행은 리뷰를 거쳤다고 할 수 있습니다. 다시 말해 버그가 있는 코드 역시 통합되기 전에 여러 사람의 리뷰를 거친 것입니다. 코드 리뷰는 버그를 찾는 데 도움을 주기는 하지만 모든 버그를 찾지는 못합니다.

사실 코드 리뷰는 버그를 찾는 데 비효율적인 방법입니다. 그럼에도 우리는 여전히 코드 리뷰를 수행합니다. 버그 발견은 우리가 코드 리뷰를 하는 수많은 이유 중 하나일 뿐이고, 심지어 가장 중요한 이유도 아닙니다.

코드 리뷰는 지식 공유다

코드 리뷰를 해야 하는 더 중요한 이유가 있습니다. 제대로 진행되는 코드 리뷰는 팀 내에 지식을 전파하는 탁월한 수단이라는 것이 비로 그 이유입니다.

이것은 서커펀치의 팀에 특히 중요한 부분입니다. 코더가 코드베이스의 이곳저곳을 자유롭게 옮겨 다니면서 유연하게 작업할 수 있기 때문이죠. 모든 코더가 코드베이스의 각 부분이 어떻게 동작하는지에 대한 기본 지식을 갖고 있다면 우리의 업무 방식은 더 효율적으로 작동합니다. 코드 리뷰는 이러한 지식을 전파하기에 좋은 방법입니다.

코드베이스의 대략적인 친숙도를 기준으로 팀의 프로그래머들을 '주니어'와 '시니어' 그룹으로 나눈다고 생각해봅시다. 시니어 코더는 코드베이스를 잘 알고 있고, 주니어 코더는 아직 구석구석을 익히는 중입니다. 우리의 코드 리뷰에는 두 사람이 필요합니다. 따라서 리뷰어와 리뷰이의 숙련도에 따라 네 가지 조합이 있을 수 있으나, [표 6-1]에서 보듯이 그중 세 가지만이 유용합니다.

표 6-1 코드 리뷰의 분류

구분	시니어 리뷰어	주니어 리뷰어
시니어 리뷰이	유용	유용
주니어 리뷰이	유용	금지

시니어 코더가 주니어 코더의 작업물을 리뷰한다면 문제를 더 잘 발견할 수 있습니다. 리뷰 대상 코드의 버그뿐만 아니라 주니어 코더가 갖고 있는 일반적인 오해도 알아챌 수 있죠. 주니어 코더는 팀의 형식 표준을 제대로 따르지 않았을 수도 있고, 솔루션을 너무 빨리 일반화했을 수도 있고, 간단한 문제에 대해 복잡한 솔루션을 작성했을 수도 있습니다. 이 중 어느 것도 그 자체로는 버그가 아닙니다. 하지만 **프로그래밍의 규칙**을 위반함으로써 코드의 품질을 떨어뜨립니다. 따라서 코드 리뷰 과정에서 시니어 코더는 이러한 부분이 수정되게끔 지적해야 합니다.

반대로 주니어 코더가 시니어 코드의 작업물을 리뷰한다면 문제를 덜 발견하겠지만, 어떻게 동작하는지 알기 위해 질문을 할 가능성이 더 높습니다. 이 질문에 답하는 과정에서 리뷰이는 리뷰어가 코드의 맥락을 이해할 수 있도록 코드베이스의 모든 조각이 어떻게 맞물려 돌아가는지를 잘 설명합니다. 이때 리뷰어는 올바르게 형식화되고, 적절히 설계되고, 명확하게 구조화 및 명명된 좋은 코드의 예시를 보고 배우며 질문을 던질 수 있습니다.

앞서 언급한 두 가지 주니어–시니어 조합은 팀의 신입 코더를 위한 교육 과정의 일부라고 생각하세요. 새로운 구성원이 효과적으로 일하려면 모든 조각이 어떻게 합쳐지는지, 팀이 어떻게 코드를 작성하는지, 왜 그렇게 작업했는지를 알아야 합니다. 코드 리뷰는 새로운 구성원에게 이러한 비공식적 지식을 전수할 수 있는 탁월한 방법입니다.

유용한 세 번째 조합은 시니어 코더가 다른 시니어 코더의 코드를 리뷰하는 것입니다. 이는 버그를 찾고, 해당 작업이 전체 작업 범위에 어떤 영향을 미칠지에 대한 가정을 서로 확인하고, 해당 영역의 미래 작업을 논의하고, 수행해야 할 추가 테스트를 파악하고, 적어도 프로젝트에 통합되는 코드의 모든 부분을 두 사람이 이해하고 있는지 확인할 수 있는 좋은 기회입니다.

금지된 코드 리뷰

마지막 조합으로 주니어 코더가 다른 주니어[39] 코더의 작업을 리뷰하는 것은 유용하지 않습니다. 오히려 프로젝트를 망쳐버릴 수도 있습니다. 두 코더가 모두 주니어일 때는 앞서 언급한 코드 리뷰의 이점이 모두 물거품이 됩니다. 지식이 전수되지도 않고, 버그를 찾을 수 있는 맥락도 충분치 않고, 코드 리뷰를 발판으로 삼아

---

39 옮긴이_앞서 저자가 언급했듯이, 여기서의 주니어는 경력 연차가 낮은 프로그래머가 아니라 코드베이스에 대한 친숙도가 낮은 프로그래머를 말합니다.

향후 방향에 대해 논의할 수도 없습니다. 최악의 경우에는 두 주니어 코더가 주고받은 반쪽짜리 의견이 공식적인 팀 정책처럼 보이게 됩니다. 갖은 노력에도 서커펀치의 코드에 이상한 패러다임과 컨벤션이 나타나는 것은 십중팔구 주니어 코더 둘이 핑퐁하듯이 리뷰를 주고받은 결과입니다. 그래서 우리는 주니어-주니어 조합의 코드 리뷰를 금지합니다.

코드 리뷰의 진정한 가치

우리는 코드 리뷰를 통해 버그를 발견하고 지식을 전수합니다. 아마 이 정도만 해도 우리가 코드 리뷰에 에너지를 쏟는 것을 정당화하기에 충분할 것입니다. 통상적으로 코드 리뷰에 드는 시간은 코드를 처음 작성하는 시간의 5~10% 정도입니다. 또한 코드 리뷰에는 더 중요한 이점이 있습니다. 어쩌면 가장 중요할지도 모르겠는데, 그 이점은 다음과 같이 사회적인 측면에 있습니다.

누군가가 보고 있다는 것을 안다면 모두가 더 좋은 코드를 작성한다.

프로그래머들은 코드 형식과 명명 규칙을 더 잘 따를 것입니다. 지름길을 선택하지 않고, 작업을 뒤로 미루지 않을 것입니다. 주석이 더 명확해질 것입니다. 문제를 해결할 때 대충 풀거나 우회하지 않고 제대로 해결할 것입니다. 문제 진단을 위해 넣어놓은 임시 코드를 제거하는 일을 잊지 않을 것입니다.

이 모든 일이 코드 리뷰 전에 일어납니다. 이는 프로그래머로서 자부심을 갖고 일하려는 압박에 따른 결과이며, 우리는 이 결과를 기꺼이 동료들에게 보여주고자 합니다. 이것은 건강한 형태의 피어 프레셔peer pressure죠. 우리는 더 나은 코드를 작성하고, 시간이 지날수록 더 건강한 코드베이스와 더 생신적인 팀을 만듭니다.

코드 리뷰는 본질적으로 사회적 활동이다

코드 리뷰가 잘 이뤄지면 좋은 점은 다음과 같이 요약할 수 있습니다.

- 버그를 발견할 수 있습니다.

- 모든 사람이 코드를 더 잘 이해할 수 있습니다.

- 다른 사람들과 기꺼이 공유할 수 있는 코드가 작성됩니다.

코드 리뷰도 엄연히 하나의 업무 프로세스입니다. 코드 리뷰에 시간을 투자한다면 코드 리뷰의 생산성이 높아야 합니다. 즉 코드 리뷰를 통해 무엇을 얻고자 하는지, 왜 코드 리뷰를 하는지를 면밀히 검토해야 합니다. 코드 리뷰 프로세스에서 도움이 되지 않는 부분은 없애고, 효과가 있는 부분은 2배로 강화하세요. 그러면 같은 시간을 투자해 더 많은 것을 얻을 수 있고, 더 적은 시간을 투자해 같은 효과를 얻을 수 있습니다.

페어 프로그래밍이 아니라면 보통은 혼자서 코드를 작성하고 디버깅하게 됩니다. 키보드 앞에서 버그와 난폭한 라이브러리를 이겨내는 고독한 전사처럼요. 하지만 코드 리뷰는 혼자 하는 작업이 아닙니다. 코드 리뷰의 가치는 상당 부분 리뷰어와 리뷰이 간의 사회적 상호작용을 통해 창출됩니다. 코드를 설명하는 중에 버그를 발견하거나, 리뷰이의 설명을 통해 리뷰어가 해당 코드를 올바르게 사용할 수 있거나, 다른 사람에게 보여주고 싶지 않은 엉성한 코드를 리뷰 요청 전에 정리하거나, 리뷰이가 사용하는 기법에 대한 설명을 들으면서 무언가를 더 간단하게 처리하는 방법을 배우기도 합니다.

코드 리뷰의 가치가 사회적 상호작용, 즉 두 사람이 변경 사항에 대해 이야기하는 과정에서 나온다는 것을 이제 이해하셨죠? 그럼 코드 리뷰 프로세스가 이러한 상호작용을 장려하도록 해야 합니다. 코드 리뷰가 조용히 진행되고 있다면, 예를 들어 리뷰어가 조용히 디프를 넘기면서 가끔씩 불편한 듯한 헛기침을 하고 리뷰이는 조용히 지켜보고만 있다면 문제가 있는 깃입니다. 이 또한 코드 리뷰이기는 하지만 코드 리뷰가 제공하는 진정한 가치를 얻지는 못할 것입니다.

그리고 여러분의 모든 코드 리뷰가 논쟁으로 치닫는다면 코드 리뷰를 잘못하고 있는 것입니다. 열린 마음으로 리뷰어의 의견을 받아들이지 않는 리뷰이는 아무것도 배울 수 없고, 리뷰이가 왜 코드를 그렇게 작성했는지 이해하려고 하지 않는 리뷰어 역시 아무것도 배울 수 없습니다. 어떤 경우든 코드 리뷰는 프로젝트의 방향성이나 팀의 컨벤션, 철학에 대해 논의하는 자리가 아닙니다. 이러한 주제는 팀 수준에서 논의해야 하며, 둘이 승강이를 벌여서 해결할 수 있는 것이 아닙니다.

건전한 코드 리뷰는 코드베이스를 강화하는 동시에 팀의 결속력을 다져줍니다. 전문적이고 개방적인 대화인 코드 리뷰에 참여한 사람들은 모두 무언가를 배울 수 있습니다.

실패 케이스를 제거하라

제목이 낙관적이지 않나요? 그런데 실패 케이스를 제거하라는 것은 무슨 의미일까요?

어떤 실패 케이스는 피할 수 없습니다. 파일을 열려고 할 때 해당 파일이 존재하지 않을 수도 있고, 다른 사용자가 파일에 잠금을 설정했을 수도 있습니다. 아무리 세심하게 인터페이스를 설계하더라도 파일 열기에 실패할 가능성을 없애지는 못합니다. 파일 연산 고유의 문제보다는, 파일 핸들을 닫은 후 파일에 기록하려고 하거나, 객체를 완전히 초기화하기 전에 메서드를 호출하려고 하는 것처럼 피할 수 있는 실패를 제거하는 것이 더 중요합니다.

사용 도중 실수가 일어나지 않는 시스템을 설계할 수도 있겠지만 이는 쉽지 않은 일입니다. 오용을 막을 수 있는 시스템을 설계하기란 매우 어렵거든요. 한 가지 기능을 사용자에게 공개하면 사용자는 그 기능을 이용하는 온갖 기괴한 방법을 찾아내어 결국에는 모든 것을 무너뜨리죠. 〈마인크래프트〉 블록만으로 동작하는 8비트 프로세서를 만드는 것처럼 말입니다. [40]

---

40 농담이 아닙니다(https://www.youtube.com/watch?v=FDiapbD0Xfg).

또한 같은 팀의 동료 프로그래머에게 이런 기능을 노출하면 그는 반드시 그 기능을 오용할 것입니다. 동료는 무언가를 작동하려는 절박한 시도로 그 기능을 의도적으로 오용할 수도 있습니다. 예를 들어 파일 시스템 종료 루틴을 호출한 다음 파일 핸들을 닫는 것이 원치 않는 콜백 호출을 막을 수 있는 유일한 방법인 것처럼요. 하지만 오용이 일어나는 경우는 대부분 인터페이스의 사용법을 잘못 이해 또는 해석해서 일어나는 실수입니다.

자신의 설계에 대해 스스로 던져야 하는 핵심 질문은 바로 이것입니다. "이 기능이나 인터페이스를 사용하는 사람들이 제 무덤을 파는 것을 얼마나 어렵게 만들어야 할까?" 그리고 이 질문에 대한 적절한 답은 당연히 "아주 어렵게"입니다.

그러나 우리는 부주의하게 사용하기 쉬운 기능이나 인터페이스를 만들곤 합니다. 게다가 오용하기 쉬운 기능이나 인터페이스라면 필연적으로 실수가 따릅니다. 어떤 의미에서는 실수가 그 기능이나 인터페이스의 설계에 녹아들었다고 볼 수도 있죠. 우리가 하고자 하는 것은 실수를 포함하는 것이 아니라 실수를 제거하는 설계를 하는 것입니다. 그러기 위해 일단 실패를 허용하는 설계가 포함된 함수 예제를 몇 개 살펴봅시다.

잘못 사용하면 제 무덤 파기 쉬운 함수

모든 C 프로그래머가 잘못 사용하기 쉬운 함수의 예를 하나 꼽자면 바로 printf 입니다. printf 설계에는 근본적인 문제가 있습니다. 이 함수는 전달받는 인수 타입과 일치하는 형식 문자열을 입력받아야 하는데, 인수와 형식 문자열의 타입이 일치하지 않으면 예기치 않은 아수라장이 벌어집니다.

다음 코드는 인수와 형식 문자열의 타입이 일치하기 때문에 잘 동작합니다.

```
void showAuthorRoyalties(const char * authorName, double amount)
{
    printf("%s is due $%.2f this quarter.\n", authorName, amount);
}
```

하지만 다음과 같이 형식 문자열을 조금 비틀면 문제가 생깁니다.

```
void showAuthorRoyalties(const char * authorName, double amount)
{
    printf("remit $%.2f to %s this quarter.\n", authorName, amount);
}
```

쉽게 말해 printf는 authorName 문자열을 float로 해석하려고 하는데(어머나!), 이 시도는 예측 불가한 결과로 이어집니다. 모든 2^{64}비트 조합이 'NaN'을 비롯한 어떤 값으로든 double로 해석돼 형식화가 가능하기 때문에 아마도 크래시로 이어지지는 않을 것입니다. 하지만 다음에는 printf가 double인 amount를 문자열로 해석하려 하는데(아이고!), 이때는 크래시가 일어날 가능성이 큽니다.

사실 제가 앞의 코드를 컴파일하고 실행했을 때는 그런 일이 일어나지 않았습니다. 인수 간의 불일치 같은 실수는 아주 흔한 일이라 오늘날의 C 컴파일러에는 printf를 위해 특별한 인수 점검 기능이 추가됐습니다. 문제의 코드를 컴파일하려고 시도하면 두 인수 모두에 대해 컴파일 오류가 발생합니다. printf의 형식 문자열이 상수인 경우에는 컴파일러가 인수 간의 타입 일치 여부를 검사할 수 있고, 또 실제로 그렇게 합니다.

이 추가 점검 기능이 바로 제 주장을 뒷받침하는 근거입니다. printf의 설계가 너무 나빠서 컴파일러가 문제를 감추기 위해 추가 점검을 해야 했습니다. 물론 이러한 추가 점검은 우리가 작성하는 코드에서는 실행되지 않습니다. 가령 printf 스타일의 형식 문자열을 이용히는 자신만의 형시화 함수를 작성한다면 컴파일러는 인수 간의 타입 일치를 점검하지 않습니다.[41]

나도 모르게 내 무덤 파기

실제로 크래시를 발생시키려면 컴파일러의 타입 일치 검사 기능을 다음과 같이 회피하면 됩니다.

```cpp
void showAuthorRoyalties(const char * authorName, double amount)
{
    printf(
        getLocalizedMessage(MessageID::RoyaltyFormat),
        authorName,
        amount);
}
```

형식 문자열을 직접적으로 명시하는 대신 리스트로부터 추출합니다. 우리 게임은 다양한 언어로 번역되기 때문에, 사용자에게 표시되는 모든 문자열을 지역화 문자열 데이터베이스에서 가져옵니다. 컴파일러는 그 문자열이 무엇인지 알 길이 없고, 문자열 리터럴에 대해 했던 것과 같은 타입 일치 검사를 수행할 수 없습니다.

결과는 재앙입니다. 나쁜 아이디어 속에 더 나쁜 아이디어가 포함되고 말았습니다. printf의 타입 불안정성으로 시작해, 매개변수 순서에 대한 숨겨진 의존성을 유지하는 동시에 형식 문자열을 그 사용으로부터 완전히 분리했습니다. 결국 어떤 번역가는 자국 언어의 어순 때문에 해당 대사를 번역하는 과정에서 두 매개변수의

---

41 아주 제한적인 경우에 한해서는 사실이 아닙니다. printf 형식 문자열과 정확히 일치하는 형식 문자열을 사용하고 컴파일러 문서를 자세히 들여다볼 준비가 돼 있다면 컴파일러의 printf 지원을 자신의 코드에 활용하는 방법을 찾을 수 있을 것입니다. 하지만 저는 이 방법을 추천하지 않습니다. 쏟는 노력에 비해 소득이 형편없을 테니까요.

순서를 바꾸게 되고,[42] 우리 코드는 크래시를 일으킬 것입니다.

태고에 설계됐음을 고려해[43] printf의 나쁜 설계를 용서할 수 있을지는 몰라도, 여러 인수가 특정한 방식으로 일치되게 하는 나쁜 아이디어가 만연해 있다는 점은 문제입니다. 가령 다음과 같이 두 배열 인수의 길이가 같아질 것을 기대하는 루틴을 작성하는 것처럼 말입니다.

```
void showAuthorRoyalties(
    const vector<string> & titles,
    const vector<double> & royalties)
{
    assert(titles.size() == royalties.size());

    for (int index = 0; index < titles.size(); ++index)
    {
        printf("%s,%f\n", titles[index].c_str(), royalties[index]);
    }
}
```

또한 어떤 인수의 해석을 다른 인수에 의존하게 만들 수도 있습니다. 예를 들어 다음과 같이 행렬 역변환과 몇 차례의 행렬곱에 드는 비용을 절감하려는 (오해의 소지가 있는) 시도로 좌표 공간 변환 함수에서 단위 행렬임을 표시하는 인수를 넣을 수 있습니다.

```
Point convertCoordinateSystem(
    const Point & point,
    bool isFromIdentity,
```

---

42 이 예문은 아일랜드어로, 어떤 번역 애플리케이션에 입력하면 'Tá $%.2f dlite do %s an ráithe seo'로 번역됩니다.

43 말 그대로 C 언어와 printf는 유닉스 타임 값이 0이 된 직후에 만들어졌습니다. 50년이 지난 지금까지도 printf가 사용되고 있는데, 제가 작성한 어떤 코드도 이렇게 오래 사용되기는 어려울 것입니다.

```
    const Matrix & fromMatrix,
    bool isToIdentity,
    const Matrix & toMatrix)
{
    assert(!isFromIdentity || fromMatrix.isZero());
    assert(!isToIdentity || toMatrix.isZero());

    Point convertedPoint = point;
    if (!isFromIdentity)
        convertedPoint *= fromMatrix;
    if (!isToIdentity)
        convertedPoint *= Invert(toMatrix);

    return convertedPoint;
}
```

이러한 종류의 문제는 컴파일 단계에서 걸러지지 않습니다. 잘해봐야 코드를 실행할 때 그 문제를 발견할 수 있을 뿐이죠. 문제를 발견한다 해도 썩 좋은 대안이 있는 것도 아닙니다. 인수가 일치하지 않을 때 오류를 반환하면 호출하는 쪽에서 오류 처리 코드를 작성해야 합니다. 이미 저지른 실수를 수습하기 위해 해당 함수를 호출하는 코드에 오류 처리 코드를 작성하는 것은 무언가 심각하게 잘못됐다는 신호입니다.

또 다른 방법으로, 인수가 일치하는지를 assert하는 코드를 넣을 수도 있습니다. assertion을 어떻게 사용하는지에 따라 그 효과는 즉각적인 크래시부터 여러분이 위험을 감수하고 무시할 수 있는 메시지까지 다양합니다. 그러나 어떤 것도 만족스럽지 않습니다.

컴파일러의 도움 받기

잘못 사용할 가능성이 없도록 인터페이스를 설계하는 것이 더 좋습니다. 적어도
컴파일러가 거부하도록 만들든가요. 다음과 같이 두 배열 인수를 결합하면 길이가
달라질 가능성을 제거할 수 있습니다.

```
void showAuthorRoyalties(const vector<TitleInfo> & titleInfos)
{
    for (const TitleInfo & titleInfo : titleInfos)
    {
        printf("%s,%f\n", titleInfo.m_title.c_str(), titleInfo.m_royalty);
    }
}
```

또한 관련 인수를 합쳐서 단일 인수로 만드는 것도 가능합니다.

```
Point convertCoordinateSystem(
    const Point & point,
    const Matrix & fromMatrix,
    const Matrix & toMatrix)
{
    Point convertedPoint = point;
    if (!fromMatrix.isIdentity())
        convertedPoint *= fromMatrix;
    if (!toMatrix.isIdentity())
        convertedPoint *= Invert(toMatrix);

    return convertedPoint;
}
```

printf의 지역화 악몽은 고치기가 까다롭습니다. 타입 안정성을 확보하고, 번역

과정에서 인수의 순서가 바뀌었을 때의 정확한 결과도 얻고 싶다면, 형식화 함수에 모든 인수를 문자열로 전달하는 간단한 해결책만으로는 충분치 않습니다. 다음과 같이 필드 이름과 형식화된 인수를 반환하도록 단일 인수를 형식화하는 헬퍼 함수를 작성하면 두 가지 문제를 한 번에 해결할 수 있습니다.

```
void showAuthorRoyalties(const char * authorName, double amount)
{
    // 예: 이번 분기에 {AuthorName}에게 {Amount}를 지불해야 한다.

    printMessage(
        MessageID::RoyaltyFormat,
        formatStringField("AuthorName", authorName),
        formatCurrencyField("Amount", "#.##", amount));
}
```

이제 적어도 지역화된 형식 문자열과 전달하는 인수 사이의 불일치를 탐지해낼 수 있게 됐습니다. 컴파일 시에는 탐지할 수 없다는 점이 아쉽긴 하지만요. 형식 문자열은 대상 언어에 맞게 어떤 순서로든 인수를 지정할 수 있습니다. printMessage 가 이를 정리해줄 것입니다. 형식 문자열이 우리가 제공하지 않는 필드의 이름을 언급하거나 우리가 제공하는 필드의 이름을 언급하지 않으면 실행 중에 로그를 남길 것입니다. 더 좋은 점은, 지역화 팀이 사용하는 도구에도 불일치가 표시돼 코드가 실행되기 전에 해당 팀이 문제를 바로잡을 수 있다는 것입니다.

타이밍이 전부다

실패 방지 인터페이스를 만들 때의 핵심은 사용 실수를 최대한 빨리 발견하는 것입니다. 최악의 경우에는 해당 기능이 잘못된 결과를 내놓아도 사용 실수를 전혀 발견할 수 없습니다. 사용자(호출자)가 자신의 실수를 발견하고 검토해야 사용 실수가 발견되기 때문입니다. 하지만 사용자는 그렇게 하지 않습니다. 사용자는 자신이 누울 만한 크기의 구덩이가 어떻게 갑자기 자기 발밑에 생겼는지를 궁금해 할 뿐이죠.

코드가 실행될 때 이러한 실수를 발견한다면, 그다지 좋은 상황은 아니지만 문제를 인지하지 못한 채 계속 살아가는 것보다는 낫습니다. 이때 가급적이면 사용자가 무시할 수 없게끔 오류를 알리는 것이 좋습니다.

컴파일러가 실수를 감지해준다면 더욱 좋습니다. 컴파일에 실패하는 코드는 잘 놓치지 않으니까요. 아니면 시스템 설계 자체가 잘못된 아이디어를 표현하지 못하도록 만드는 것이 가장 이상적이겠죠.

더 복잡한 예제

설계에서 실패가 배제되지 않고 포함되곤 하는 또 다른 부분은 복합 객체의 생성 코드입니다. 예를 들어보겠습니다. 서커펀치에서는 디버깅을 돕기 위해 게임 세계 안에 데이터를 시각화하는 코드를 많이 작성합니다. 가령 캐릭터가 걸어 다닐 수 있는 장소의 와이어프레임 윤곽선을 표시하는 코드가 있습니다. 또한 플레이어를 인식한 NPC의 머리 위에 작은 마커를 그리는 코드도 있는데, 이는 NPC가 플레이어의 위치를 정확히 알고 있다고 AI 시스템이 판단했음을 알려줍니다. 전투 중에 적이 이동을 고려하는 다양한 위치에 작은 점수를 표시하는 코드도 있습니다.

디버그 드로잉debug drawing은 보기보다 훨씬 복잡합니다. 우리의 디버그 렌더링 debug rendering 기술은 30가지의 독립적인 표시 옵션을 지원하며, 이 30가지 옵션은 디버그 드로잉 컨텍스트 객체에 모두 반영됩니다. 30가지 옵션은 주어진 세 점을 이용해 삼각형 그리기와 같은 간단한 그리기 명령을 어떻게 실제 기본 도형으로 변환할지를 결정합니다. 점들이 어떤 좌표 공간에 속해 있는지, 삼각형은 와이어프레임으로 표시돼야 하는지 아니면 불투명해야 하는지, 그 삼각형이 벽 뒤에 있을 때는 보이지 않아야 하는지를 비롯해 그 외의 모든 옵션이 반영됩니다.

30가지 옵션을 생성자에 전달할 수는 있지만, 그렇게 하면 상당히 불편합니다. 우리의 실제 디버그 드로잉 매개변수 구조체를 조정하고 단순화한다면 다음과 같은 코드를 얻을 수 있습니다.

```
struct Params
{
    Params(
        const Matrix & matrix,
        const Sphere & sphereBounds,
        ViewKind viewKind,
        DrawStyle drawStyle,
        TimeStyle timeStyle,
        const Time & timeExpires,
        string tagName,
        const OffsetPolys & offsetPolys,
        const LineWidth & lineWidth,
        const CustomView & customView,
        const BufferStrategy & bufferStrategy,
        const XRay & xRay,
        const HitTestContext * hitTestContext,
        bool exclude,
        bool pulse,
        bool faceCamera);
};
```

이 모든 옵션이 서커펀치 코드에서 사용되고 있지만, 호출자는 대개 그중에서 한두 개 정도의 옵션만 명시합니다. 대부분의 경우 기본값이면 충분합니다. 예컨대 우리는 대부분의 디버그 드로잉을 게임이 사용하는 것과 동일한 3D 좌표 공간에서 수행합니다.

플레이어를 인식하는 NPC의 경우처럼 캐릭터 머리 위에 간단한 구체를 표시하려 한다면 다음과 같이 코드를 작성할 수 있습니다.

```
void markCharacterPosition(const Character * character)
{
    Params params(
        Matrix(Identity),
        Sphere(),
        ViewKind::World,
        DrawStyle::Wireframe,
        TimeStyle::Update,
        Time(),
        string(),
        OffsetPolys(),
        LineWidth(),
        CustomView(),
        BufferStrategy(),
        XRay(),
        nullptr,
        false,
        false,
        false);

    params.drawSphere(
        character->getPosition() + Vector(0.0, 0.0, 2.0),
        0.015,
        Color(Red));
}
```

진짜 문제가 있군요. 사용하기 불편한 설계이고, 문제가 발생하는 곳이 너무 많네요. 열여섯 개 인수의 순서를 기억하는 것은 불가능에 가깝습니다. 어떤 인수가 어디에 들어가는지를 알려면 IDE의 자비를 바라야 합니다. 독특한 타입을 가진 인수의 경우에는 우리가 잘못 추측하더라도 컴파일러가 도와줄 수 있겠지만, 목록 끝에 무작위로 배치된 불^{Boolean} 인수 네 개 중 어느 것이 무엇을 하는지 추적하는 것은… 잘해보시길 바랍니다. markCharacterPosition을 단순히 읽어봤을 때 이 인수들은 미스터리 그 자체입니다.

그리고 생성자에 인수를 추가하거나 삭제하는 일이 절대 일어나지 않기를 기도해야 합니다. 서커펀치의 코드베이스를 간단히 살펴보니 대략 850곳에서 디버그 렌더링 매개변수를 생성하고 있더군요. 저라면 850곳에서 매개변수를 하나하나 삭제하는 일을 맡고 싶지는 않을 것입니다.

매개변수가 많은 함수는 사용하기가 번거롭고, 이 번거로움은 시간이 지날수록 심해집니다. 긍정적 피드백 루프[44]에 맞서 싸우기 때문입니다. 이미 매개변수를 많이 가진 함수는 더 많은 매개변수를 갖게 될 가능성이 높습니다. 이미 인수 여덟 개를 취하는 함수가 있다면 어느 시점에는 아홉 번째 인수를 추가해야 할 아주 강력한 근거가 생길 것입니다. 최악의 문제는 더 악화되는 경향이 있죠. 함수의 매개변수가 많다고 느끼면 탈출로를 계획하는 것이 가장 좋습니다.

매개변수가 많은 생성자에 대한 가장 일반적인 차선책은 생성 과정을 여러 단계의 호출로 나누는 것입니다. 실제 생성자는 기본값으로 설정하고, 기본값이 아닌 값을 설정하기 위해 별도의 메서드를 호출하는 거죠. 모든 설정이 끝나면 commit 같은 함수를 호출해 마무리합니다.

만약 캐릭터 마커가 벽 너머에서도 보이되 50% 정도로 흐리게 하고 싶다면, 단계

---

44 옮긴이_시스템에서의 변화나 결과가 그 원인을 강화하는 현상을 의미합니다. 예를 들어 어떤 주식의 가격이 하락하면 손해를 본 투자자들의 매도를 유도하게 되고, 이 매도는 다시 주식의 가격 하락을 가속화합니다.

별 호출을 적용한 생성자는 다음과 같은 모습이 될 것입니다.

```
void markCharacterPosition(const Character * character)
{
    Params params;
    params.setXRay(0.5);
    params.commit();

    params.drawSphere(
        character->getPosition() + Vector(0.0, 0.0, 2.0),
        0.015,
        Color(Red));
}
```

인수가 열여섯 개인 경우보다 훨씬 나아졌지만 한 가지 새로운 실패 지점을 설계에 내포하게 됐습니다. 바로 순서에 관한 요구 사항을 도입한 것입니다. 예컨대 setXRay와 같은 메서드는 params를 구성해나가는 과정에서 호출됩니다. drawSphere와 같은 메서드는 params 구축을 완전히 끝내고 난 후에 호출하고요. 우리는 예상된 순서에서 벗어나 이러한 메서드를 호출하는 경우에 어떻게 해야 할지 정의하지 않았습니다. 예를 들면 commit 다음에 setXRay를 호출하거나, commit 이전에 drawSphere를 호출하는 경우처럼요. 에디터와 컴파일러는 우리를 도와줄 수 없습니다. 실행 중에 setXRay와 drawSphere 안의 assertion이 실행되기 전까지는 이러한 실수가 발견되지 않습니다.

그렇게 늦은 타이밍에 실수를 잡아내는 것은 최선이 아닙니다. 실수를 전혀 발견하지 못하는 것보다는 낫겠지만, 우리는 더 일찍 실수를 발견하거나, 실수할 가능성을 설계에서 배제하고 싶습니다.

순서에 관한 실수를 피하기 위해 컨벤션을 사용할 수도 있을 것입니다. 여러분의 팀은 다단계 생성자를 만드는 방법에 관한 컨벤션을 정의할 수 있습니다. 예를 들면 생성자에는 절대 어떤 인수도 있어서는 안 되며, commit 메서드가 있어야 하고, 사용 실수를 표시하기 위해 assertion이 사용된다고요. commit 메서드를 보면 해당 패턴을 인지하고 객체를 구축해 사용하는 방법을 파악할 수 있겠지만 최선의 방법은 아닙니다.

이상적인 경우라면 컨벤션에 의지하는 대신 컴파일러가 올바른 사용법을 강제하도록 할 것입니다. 잘못된 사용을 그냥 회피할 수 있게 하는 것보다는 아예 불가능하게 만드는 것이 더 좋습니다.

순서 실수를 불가능하게 만들기

순서 실수가 일어나지 않게 만드는 한 가지 방법은 두 단계를 별도의 객체로 나누는 것입니다. 매개변수를 구축한 다음 이 매개변수를 이용해 그리기를 하는 거죠. 재미 삼아 몇 가지 추가 매개변수를 더해보겠습니다. 우리는 기본 와이어프레임 대신 입체적으로 구체를 그릴 것입니다. 눈에 더 잘 띌 수 있게 구체의 크기를 주기적으로 조절하겠습니다. 각 단계를 객체로 분리하는 코드는 다음과 같습니다.

```cpp
void markCharacterPosition(const Character * character)
{
    Params params;
    params.setXRay(0.5);
    params.setDrawStyle(DrawStyle::Solid);
    params.setPulse(true);

    Draw draw(params);
    draw.drawSphere(
        character->getPosition() + Vector(0.0, 0.0, 2.0),
```

```
            0.015,
            Color(Red));
}
```

이러한 구조에서는 순서가 암시됩니다. Draw 객체를 만들려면 Params 객체가 필요하기 때문에 자연스레 Params 객체를 먼저 만들게 됩니다.

이것을 더 간결하게 만들 수 있는 관용적인 C++ 트릭이 있습니다. set 함수가 객체 자신에 대한 참조를 반환하도록 해서 set 함수를 연쇄적으로 호출하는 것입니다. 결벽증이 있는 독자라면 다음 코드가 불편할 수도 있겠네요.

```
void markCharacterPosition(const Character * character)
{
    const Params params = Params()
                            .setXRay(0.5)
                            .setDrawStyle(DrawStyle::Solid)
                            .setPulse(true);

    Draw draw(params);
    draw.drawSphere(
        character->getPosition() + Vector(0.0, 0.0, 2.0),
        0.015,
        Color(Red));
}
```

이 관용적 표현에 익숙지 않은 사람에게는 위 코드가 C++ 코드처럼 보이지 않기 때문에 사용하지 않는 것이 좋을 것입니다. 놀람 최소화 원칙Principle Of Least Astonishment(POLA)[45]을 지지하는 사람이라면, 문법적으로는 문제가 없지만 실제로 보기에 이상한 코드를 사용하는 것은 바람직하지 않습니다.

....

[45] 이 맥락에서는 알고리즘의 놀라운 표현을 최소화하는 것이 최고의 표현이라는 믿음을 말합니다.

그럼에도 여기에는 큰 장점이 있습니다. Params와 관련된 모든 조작이 우리의 메서드 체이닝에서 발생하기 때문에, C++의 const 키워드를 이용해 Params 객체를 상수로 만들 수 있습니다. 이는 우리가 그 객체를 생성한 후에 변경하는 것을 컴파일러가 방지함을 뜻합니다. 그 덕분에 Draw 객체를 Params 객체로부터 생성한 후 Params 객체를 변경하는 경우의 결과가 불분명했던 부분이 해결됩니다. Params 객체를 const로 지정하면 이 문제를 더 이상 고려할 필요가 없으니까요.

하지만 두 객체를 정의하는 것이 여전히 번거롭습니다. 클래스를 분리함으로써 draw 함수 다음에 set 함수를 호출하면 안 된다는 것을 서커펀치 개발자에게 더 명확하게 알려주지만, 단순히 명확해지는 것을 넘어서 진짜로 불가능하게 만드는 편이 더 나을 것입니다. 앞에서 작성한 코드를 고려했을 때 다음 코드로 딱 그렇게 할 수 있습니다.

```
void markCharacterPosition(const Character * character)
{
    Draw draw = Params()
                .setXRay(0.5)
                .setDrawStyle(DrawStyle::Solid)
                .setPulse(true);

    draw.drawSphere(
        character->getPosition() + Vector(0.0, 0.0, 2.0),
        0.015,
        Color(Red));
}
```

이제 독특한 '메서드 체이닝' 관용구가 납득됩니다. 우리는 Params 객체를 코드의 다른 부분에 전혀 노출시키지 않습니다. Params 객체는 Draw 객체를 생성하는 데 필요한 시간 동안에만 잠깐 존재하고, 우리가 실수로 참조할지도 모를 복사본도 없습니다. 정말로 완벽한 코드죠. 이렇게 작성함으로써 우리는 실패의 여지를 설계에서 완전히 제거했습니다.

독특하고 작은 모든 관용구처럼 이것 역시 여러분의 프로젝트에 광범위하게 사용하는 것이 가장 좋습니다. 그러면 그 관용구는 더 이상 독특하게 여겨지지 않을 테니까요. 팀원 모두가 해당 관용구를 알아본다면 여러분은 '놀람 최소화 법칙'을 위반하지 않는 셈이 됩니다. 여러분의 팀이 이 관용구를 아직 사용하고 있지 않다면, 단 하나의 객체 생성 문제를 해결하기 위해 도입해서는 안 됩니다. 제가 코드 리뷰 중 이 코드를 봤다면 원칙적으로 반대했을 것입니다. 서커펀치에서는 메서드 체이닝 관용구를 사용하지 않기 때문이죠. 하지만 멀티버스 어딘가에는 이러한 문제를 풀기 위해 메서드 체이닝을 표준 해법으로 이용하는 또 다른 서커펀치가 있을지도 모릅니다.

메서드 체이닝 대신 템플릿 사용하기

서커펀치에서 실제로 사용하는 독특한 관용구는 타입 안정성을 가진 선택적 인수 지원을 위한 C++ 템플릿입니다. 대부분의 호출자가 많은 매개변수 중 일부만 사용하는 문제 말고도 여러 가지 문제가 있습니다. 그래서 이러한 종류의 문제에 대한 컨벤션을 정했습니다. 이 컨벤션을 바탕으로 Params 객체를 위해 실제로 작성할 코드는 다음과 같습니다.

```
struct Draw
{
    template <class... TT>
    Draw(TT... args)
        { addArgs(args...); }

    void addArgs()
```

```
        { ; }
    template <class T, class... TT>
    void addArgs(const T & arg, TT... remainingArgs)
        {
            addArg(arg);
            addArgs(remainingArgs...);
        }

    void addArg(const XRay & xRay)
        { ; }
    void addArg(const Pulse & pulse)
        { ; }
    void addArg(const DrawStyle & drawStyle)
        { ; }

    void drawSphere(
        const Point & point,
        double radius,
        Color color)
        { ; }
};

void markCharacterPosition(const Character * character)
{
    Draw draw(XRay(0.5), DrawStyle::Solid, Pulse());

    draw.drawSphere(
        character->getPosition() + Vector(0.0, 0.0, 2.0),
        Color(Red));
}
```

이 코드가 메서드 체이닝 모델보다 좋거나 나쁜 것은 아닙니다. 그냥 다를 뿐이고,
우리에게 익숙한 관용구라 이 코드가 더 낫습니다. 메서드 체이닝을 사용하는 팀

의 눈에는 이 코드가 불투명하고 이상해 보일 수 있습니다. 하지만 프로그래머가 제 무덤을 파게 만드는 사용 오류를 제거하는 모든 관용구는 사용자 스스로 모든 세부 사항을 챙겨야 하는 관용구보다 큰 발전이라 할 수 있습니다.

상태 제어 조율하기

이번 **규칙**에서는 지금까지 두 가지 일반적 예시, 즉 인수의 일치와 복잡한 생성자를 살펴봤습니다. 그리고 이러한 문제에 관해 어떻게 인터페이스를 설계해 사용 오류를 없앨 수 있는지도 다뤘습니다. 이제 서커펀치의 게임에서 자주 마주치는 세 번째 예시를 들어보겠습니다. 이는 게임의 캐릭터 상태를 관리하고자 하는 다양한 코드를 어떻게 조율하는지에 관한 것입니다.

예를 들어 캐릭터가 화살에 맞는 것과 같은 어떤 대미지 이벤트에 반응하게 할지를 결정한다고 합시다. 일반적으로 캐릭터는 화살에 맞으면 반응해야 하지만, 항상 그런 것은 아닙니다. 만약 게임이 플레이어가 NPC에게 말을 걸기 위해 걸어가는 컷신cut scene을 실행했다면, 플레이어에게 날아와 꽂히는 화살은 그냥 무시하는 것이 낫습니다. 바보처럼 보일지 몰라도 다른 대안보다 낫거든요. 제어하지 못하는 상태에서 플레이어에게 대미지를 주는 것은 게임 설계에서 초보적인 실수입니다. 또한 컷신은 잘 깨지기 때문에, 플레이어가 대미지를 입으면 컷신에서 일어나야 하는 모든 것이 날아갈 수 있습니다. 그러니 플레이어에게 맞은 화살이 튕겨나가는 것이 좋습니다.

하지만 캐릭터가 일시적으로 무적이 돼야 하는 이유가 상당히 많다는 것이 까다로운 부분입니다. 컷신만이 아닙니다. 캐릭터가 막 무적 포션을 마셨을 수도 있고요. 우리는 애니메이션 문제를 피하기 위해 화살에 맞은 다음 짧은 시간 동안 무적으로 만들 수도 있습니다. 어쩌면 새로운 공격을 테스트하는 동안 플레이어를 무적으로 만드는 것이 편할지도 모릅니다. 그래서 플레이어의 무적 상태를 위한 디버그 메뉴 옵션을 추가하죠. 이렇게 해서 캐릭터가 일시적으로 무적이 되는 장소가 여기저기 생깁니다.

가장 확실한 방법은 캐릭터의 무적 상태에 초점을 맞추는 것입니다. 캐릭터는 무적이거나 무적이 아닐 테니 해당 상태를 노출하지 않을 이유가 없어 보입니다. 다음과 같이 간단하게 말입니다.

```
struct Character
{
    void setInvulnerable(bool invulnerable);
    bool isInvulnerable() const;
};
```

이제 컷신이 실행되는 동안 플레이어를 무적으로 만듭니다.

```
void playCelebrationCutScene()
{
    Character * player = getPlayer();
    player->setInvulnerable(true);
    playCutScene("where's chewie's medal.cut");
    player->setInvulnerable(false);
}
```

이 코드는 동작하지만, 다음과 같이 한 번에 한 가지 코드가 플레이어의 무적 상태를 조작할 때만 그렇습니다. 무적 포션의 구현에도 비슷한 코드가 있을 것입니다.[46]

....

46 코루틴을 통해 기본적으로 비동기 프로그래밍을 지원하는 스크립트 언어로 작성된 동등한 코드에서 이 예제를 가져왔습니다. sleepUntil에 대한 호출은 다른 코드의 실행을 블로킹하지 않으며, 마지막 예제의 playCutScene도 마찬가지입니다. 곧 살펴보겠지만 복잡한 문제를 야기할 수 있습니다.

```
void chugInvulnerabilityPotion()
{
    Character * player = getPlayer();
    player->setInvulnerable(true);
    sleepUntil(now() + 5.0);
    player->setInvulnerable(false);
}
```

사용 오류가 발생하도록 설계됐기 때문에 이러한 현상은 쉽게 일어납니다. 컷신이 실행되는 도중에 플레이어가 무적 포션의 뚜껑을 열면 문제가 생깁니다. 컷신이 시작되면 setInvulnerable을 통해 플레이어를 무적으로 만들고, 포션을 마시면 setInvulnerable을 다시 호출하게 됩니다. 하지만 플레이어가 이미 무적이라 아무런 효과가 없죠. 5초 후에 포션의 효과가 사라질 때 setInvulnerable(false)가 호출됩니다. 컷신이 여전히 돌고 있는 중에 말입니다. 좋지 않군요.

하나의 예시에 근거해 일반화하는 경우에는 다음과 같이 문제를 고치려 할 수도 있습니다.

```
void playCelebrationCutScene()
{
    Character * player = getPlayer();
    bool wasInvulnerable = player->isInvulnerable();
    player->setInvulnerable(true);
    playCutScene("where's chewie's medal.cut");
    player->setInvulnerable(wasInvulnerable);
}

void chugInvulnerabilityPotion()
{
    Character * player = getPlayer();
    bool wasInvulnerable = player->isInvulnerable();
```

```
    player->setInvulnerable(true);
    sleepUntil(now() + 5.0);
    player->setInvulnerable(wasInvulnerable);
}
```

이 코드는 얽힘을 피하기 위해 플래그의 원래 상태를 복원하려 시도하고, 어느 정도는 동작합니다. 실제로 서커펀치가 출시한 게임에도 이러한 솔루션을 사용했습니다. 그러나 엄격하게 중첩하지 않으면 문제가 발생합니다. 예를 들어 컷신이 시작되기 바로 전에 플레이어가 무적 포션을 마시면 컷신이 시작된 후에 포션의 효과가 사라지며, 이때 해당 문제가 나타날 수 있습니다.

이러한 사용 오류는 어떻게 제거할 수 있을까요? 무적 코드를 여러 부분으로 나누는 방식을 생각해볼 수 있습니다. 관련 코드마다 독립적인 무적 플래그를 따로 관리한다면 코드 간의 얽힘을 방지할 수 있을 것입니다.

```
void playCelebrationCutScene()
{
    Character * player = getPlayer();
    player->setInvulnerable(InvulnerabilityReason::CutScene, true);
    playCutScene("it's anti-fur bias, that's what it is.cut");
    player->setInvulnerable(InvulnerabilityReason::CutScene, false);
}

void chugInvulnerabilityPotion()
{
    Character * player = getPlayer();
    player->setInvulnerable(InvulnerabilityReason::Potion, true);
    sleepUntil(now() + 5.0);
    player->setInvulnerable(InvulnerabilityReason::Potion, false);
}
```

이러한 접근법에서는 단일 플래그가 아니라 모든 무적 플래그를 점검합니다. 그 중 어느 하나라도 설정돼 있으면 플레이어는 무적이 됩니다. 각 플래그를 설정하는 코드가 하나씩만 있는 경우, 각 코드가 서로 방해되는 일을 걱정하지 않아도 됩니다.

이 방법은 작동하기는 하지만 절제가 필요합니다. 게으른 누군가가 다른 코드에서 InvulnerabilityReason을 재사용하면 모든 것이 망가질 수 있습니다. 뿐만 아니라 무적 상태를 변경하려는 새 코드가 생길 때마다 InvulnerabilityReason 열거형에 새로운 값을 추가하는 일도 금방 귀찮아질 것입니다.

무적 카운트를 추적해 얽힘을 제거하는 방법을 생각해볼 수 있겠군요. 단일 플래그 대신에 무적 상태를 원하는 코드의 개수를 세는 것입니다. 캐릭터를 무적으로 만들길 원하는 코드가 하나라도 있으면 캐릭터는 무적 상태가 됩니다. 이 과정은 간단한 푸시팝push-pop 모델로 이어집니다.

```
void playCelebrationCutScene()
{
    Character * player = getPlayer();
    player->pushInvulnerability();
    playCutScene("I'm getting my own ship.cut");
    player->popInvulnerability();
}

void chugInvulnerabilityPotion()
{
    Character * player = getPlayer();
    player->pushInvulnerability();
    sleepUntil(now() + 5.0);
    player->popInvulnerability();
}
```

이러한 푸시팝 모델은 잘 동작하고, 이 패턴에 익숙해지면 이해하기 쉽습니다. 피해를 다루는 새로운 코드가 있을 때 이 모델은 쉽게 확장될 수 있고, 다른 부분을 망가뜨리지 않으면서도 무적 카운트를 독립적으로 푸시하고 팝할 수 있습니다.

그럼에도 실수할 수 있는 부분이 여전히 있습니다. 코드가 popInvulnerability 호출 부분을 잊어버리면 캐릭터는 계속 무적 상태가 됩니다. 이와 같은 실수는 흔히 일어나는 일이죠. 어쩌면 함수에서 조기 종료를 추가하면서 해야 할 정리 작업을 잊어버릴 수도 있습니다. 또는 조기 종료 상황에서 팝을 사용해 문제를 해결하려고 시도하다가 실수로 팝을 두 번 해서 더 미스터리한 결과를 초래할 수도 있습니다.[47]

사용 실수를 완전히 제거하는 것이 좋습니다. 이를 해내는 가장 쉬운 방법은 생성자 안에서 푸시를 호출하고, 소멸자 안에서 팝을 호출하는 것입니다.[48] 이렇게 하면 컴파일러는 우리의 동맹이 됩니다.

```
void playCelebrationCutScene()
{
    Character * player = getPlayer();
    InvulnerableToken invulnerable(player);

    playCutScene("see you later, losers.cut");
}

void chugInvulnerabilityPotion()
{
    Character * player = getPlayer();
    InvulnerableToken invulnerable(player);
```

---

47 참고로 저는 이 두 가지 실수를 두 번 이상 저질렀습니다.

48 옮긴이_C++의 경우 스택에 선언한 객체는 해당 객체의 범위가 종료될 때 소멸자가 호출됩니다.

```
        sleepUntil(now() + 5.0);
}
```

이 코드는 아주 탄탄합니다. 잘못될 여지를 최대한 줄였죠. 물론 아직도 문제가 발생할 여지가 있지만요. 가령 InvulnerableToken 객체를 즉시 소멸되지 않을 곳 (예: 힙에 저장된 구조체 내부)에서 생성한다면 일이 예상치 못한 방향으로 흘러갈 수 있습니다. 그럼에도 우리는 경험을 통해 대부분의 프로그래머들이 객체의 생명 주기를 잘 관리한다는 것을 알게 됐고, 이 사실을 활용해 공유 상태를 견고하게 관리했더니 매우 큰 효과가 있었습니다.

실수를 발견하는 것도 좋지만, 실수를 방지하는 것이 더 좋다

앞의 예제에서는 주로 컴파일러의 도움을 받아 실수의 여지를 대부분 제거할 수 있었습니다. 컴파일러가 실수를 감지하면 프로그래머의 일이 쉬워집니다. 우리가 사용한 기법은 복잡하지 않습니다. 서커펀치에서는 그 기법을 다양한 문제에 성공적으로 적용했습니다. 오류를 표현할 수조차 없는 구조를 갖게 된다면 더욱 좋아질 것입니다. 한편 더글러스 애덤스Douglas Adams[49]는 이 문제에 대해 다음과 같은 생각을 갖고 있습니다.

> 사람들이 실수 방지 설계를 할 때 저지르는 흔한 실수는 완전한 바보의 창의력을 과소평가하는 것이다.

맞는 말입니다. 완벽한 해답은 없죠. 모든 사용 오류를 방지할 수는 없습니다. 사용자가 직접 제 무덤을 파는 것을 막는 것까지는 가능하지만, 세상의 구덩이를 모

---

[49] 옮긴이_『은하수를 여행하는 히치하이커를 위한 안내서』를 쓴 작가입니다.

두 메울 수는 없습니다. 우리의 목표는 완벽한 실수 방지 설계가 아니라, 정상적인 사용은 쉬우면서도 잘못 사용하기는 아주 어려운 설계를 하는 것입니다.

우리는 완벽한 실수 방지 설계를 할 수 없지만, 실수를 막으려는 모든 노력으로 시스템을 더욱 견고하게 만들 수 있습니다. 따라서 설계 시작 단계에서부터 실패 케이스를 제거하는 기회를 찾아야 합니다.

08

실행되지 않는 코드는
작동하지 않는다

상당히 오랜 기간 유지된 모든 대형 코드베이스에는 보통 여러 사각지대가 존재합니다. 실행되지 않는 코드 몇 줄, 함수, 하위 시스템 같은 것 말입니다. 이러한 코드는 예전에 이유가 있어서 코드베이스에 추가되고 호출됐을 것입니다. 하지만 상황이 바뀌면서 호출할 필요가 없어져 고아가 되고 말았습니다.

프로그램에서 더 이상 호출되지 않는 함수의 경우, 고아인 코드를 프로그래머가 명확하게 인지할 때가 있습니다. 언어나 툴체인이 충분히 견고하다면 특정 부류의 죽은 코드에 대한 경고가 나타날 수도 있습니다.

하지만 대개는 고아 코드를 명확하게 인지하지 못합니다. 가령 상속 때문에 자동적으로 고아 코드가 생기는 경우도 있습니다. 기반 클래스에 정의된 가상 메서드가 특정 파생 클래스에서는 전혀 호출되지 않는 것처럼요. 정적 분석으로는 이러한 문제를 찾을 수 없습니다. 또는 특별한 조건부 처리를 요구하는 시나리오를 위해 특수한 에지 케이스를 처리하는 코드가 함수에 포함될 수도 있고요. 시간이 지나 상황이 바뀌고 그러한 시나리오가 발생하지 않더라도 에지 케이스 코드는 그 자리에 계속 남아 있습니다. 그리고 아무도 그것을 호출하지 않죠.

성숙한 코드베이스를 자세히 들여다볼수록 더 많은 고아 코드를 찾을 수 있을 것입니다. 더 이상 사용되지 않는 열거형, 최근 몇 년 동안 사용되지 않은 예전 버전 라이브러리를 대상으로 하는 특수 케이스 코드 같은 것 말입니다.

이러한 코드의 진화는 자연스러운 일이자 필연적입니다. 코드베이스는 강과 같습니다. 범람원을 거쳐 앞뒤로 굽이치다 보면 오래된 강줄기의 일부분이 끊깁니다. 겉으로는 강처럼 보이지만 이제는 호수가 된 것입니다.

코드 진화의 단순한 사례를 살펴봅시다. 게임에서 모든 캐릭터를 추적하는 코드가 있다고 가정하죠. 게임 개발 과정에서 캐릭터 추적에 대한 요구 사항이 진화하고, 그에 따라 코드가 진화합니다. 그 진화 과정을 네 단계로 나눠 살펴보겠습니다.

1단계: 단순한 시작

단순하게 시작합니다. 게임에서는 게임 내의 각 캐릭터에 대해 객체를 생성합니다. 그리고 이러한 객체는 다음과 같이 해당 캐릭터가 다른 캐릭터를 적으로 생각하는지, 동맹으로 생각하는지와 같은 간단한 질의 메서드를 노출합니다.

```cpp
struct Person
{
    Person(Faction faction, const Point & position);
    ~Person();

    bool isEnemy(const Person * otherPerson) const;

    void findNearbyEnemies(
        float maxDistance,
        vector<Person *> * enemies);
    void findAllies(
        vector<Person *> * enemies);
```

```
    Faction m_faction;
    Point m_point;

    static vector<Person *> s_persons;
    static bool s_needsSort;
};
```

그리고 게임 내 모든 캐릭터의 리스트를 다음과 같이 관리합니다.

```
Person::Person(Faction faction, const Point & point) :
    m_faction(faction),
    m_point(point)
{
    s_persons.push_back(this);
    s_needsSort = true;
}


Person::~Person()
{
    eraseByValue(&s_persons, this);
}
```

각 캐릭터에는 진영[^faction]이 할당되고, 다른 진영의 캐릭터는 적으로 간주됩니다.

```
bool Person::isEnemy(const Person * otherPerson) const
{
    return m_faction != otherPerson->m_faction;
}
```

그렇다면 근거리에 있는 적을 찾는 기능이 자주 사용되겠죠? 다음은 그것을 위한
메서드입니다.

```
void Person::findNearbyEnemies(
    float maxDistance,
    vector<Person *> * enemies)
{

    for (Person * otherPerson : Person::s_persons)
    {

        float distance = getDistance(m_point, otherPerson->m_point);
        if (distance >= maxDistance)
            continue;

        if (!isEnemy(otherPerson))
            continue;

        enemies->push_back(otherPerson);
    }
}
```

캐릭터의 동맹이 누군지도 알아야 합니다. 다음은 그 기능을 수행하는 메서드로, 이 메서드는 약간의 트릭을 사용합니다. 캐릭터를 진영별로 정렬해 해당 캐릭터의 동맹을 모두 모아놓고, 동맹 목록의 끝에 도달하면 바로 메서드가 종료됩니다.

```
bool compareFaction(Person * person, Person * otherPerson)
{
    return person->m_faction < otherPerson->m_faction;
}

void Person::findAllies(vector<Person *> * allies)
{
    if (s_needsSort)
    {
        s_needsSort = false;
        sort(s_persons.begin(), s_persons.end(), compareFaction);
```

```
    }

    int index = 0;

    for (; index < s_persons.size(); ++index)
    {
        if (!isEnemy(s_persons[index]))
            break;
    }

    for (; index < s_persons.size(); ++index)
    {
        Person * otherPerson = s_persons[index];
        if (isEnemy(otherPerson))
            break;

        if (otherPerson != this)
            allies->push_back(otherPerson);
    }
}
```

이 코드는 모두 잘 동작합니다. 따라서 단순한 진영 기반의 적대 관계 모델로 게임을 진행하게 됩니다. 게임의 경우 이렇게 단순한 모델로도 꽤 많은 것을 할 수 있습니다. 여기에 한 진영이 어떤 진영에 대해 적인지를 결정하는 함수를 하나 추가하면 서커펀치의 〈인퍼머스〉 시리즈에 사용된 것과 똑같은 적대 관계 모델을 얻게 됩니다.

하지만 이러한 적대 관계 모델이 충분해 보일지 몰라도, 초기에 사용했던 함수 findNearbyEnemies와 findAllies의 한계를 곧 느끼게 될 것입니다. 둘 다 유용하기는 하지만 이 두 함수로는 해결할 수 없는 새로운 문제가 나타나거든요. 플레이어의 시야 내에 들어온 모든 동맹을 찾고 싶다면 다음과 같이 플레이어의 모든 동맹을 찾은 후 플레이어가 볼 수 없는 캐릭터를 필터링해 이 문제를 해결할 수 있습니다.

```
vector<Person *> allies;
player->findAllies(&allies);

vector<Person *> visibleAllies;
for (Person * person : allies)
{
    if (isClearLineOfSight(player, person))
        visibleAllies.push_back(person);
}
```

또한 Person 안에 이러한 케이스를 다루는 메서드를 더 만들고 싶을 수도 있습니다. findVisibleAllies 메서드를 추가하는 것은 꽤 쉽죠? 그러면 allies와 같은 중간 리스트가 필요 없고, 바로 visibleAllies를 얻을 수 있습니다. 그러나 이 접근법은 탐색 함수의 개수가 증가할수록 다루기 불편해집니다. Person에 특화된 탐색 함수를 여러 개 추가하면 그중 대부분은 딱 한 곳에서만 호출될 것이고, 이는 좋은 일이 아닙니다.

2단계: 대표적인 패턴 일반화하기

이제 이 패턴(일정한 기준에 부합하는 캐릭터를 탐색하라)을 일반화해도 될 정도로 관련 사례를 충분히 모았으니[50] 다음과 같이 Person 클래스에 템플릿 함수를 하나 추가합니다.

----

50 **규칙** 4: 일반화에는 세 가지 사례가 필요하다'에 따르면 '충분한'의 기준은 '최소 세 개'를 말합니다.

```
template <class COND>
void Person::findPersons(
    COND condition,
    vector<Person *> * persons)
{
    for (Person * person : s_persons)
    {
        if (condition(person))
            persons->push_back(person);
    }
}
```

이 코드는 가독성이 좋은 동시에 추가적인 메모리 사용도 피할 수 있게 합니다.[51]

```
struct IsVisibleAlly
{
    IsVisibleAlly(Person * person) :
        m_person(person)
        { ; }

    bool operator () (Person * otherPerson) const
    {
        return otherPerson != m_person &&
                isClearLineOfSight(m_person, otherPerson) &&
                !m_person->isEnemy(otherPerson);
    }

    Person * m_person;
};

player->findPersons(IsVisibleAlly(player), &allies);
```

----

51 물론 여기서 람다를 사용할 수도 있습니다. 여러분의 팀이 람다 세대에 합류했다면 말입니다.

템플릿이 완성되면 코드베이스에 존재하는 Person::findNearbyEnemies와 Person::findAllies에 대한 호출을 모두 검토하세요. 시야 관련 예제의 첫 번째 줄에서 사용했던 다단계 필터링 관용구를 찾으면 새 findPersons 템플릿을 사용하도록 변경하세요.

이러한 검토 과정에서 findAllies를 호출했던 모든 코드가 추가적인 필터링을 수행하고 있었음을 발견할 것이며, 따라서 이러한 부분을 모두 findPersons로 바꾸게 될 것입니다. 이는 좋은 변화입니다. 코드가 더 단순해지고, 빨라지며, 가독성도 좋아집니다. 여러분은 이 단계의 결과에 만족할 것입니다. 다단계 필터링이 사라진 코드베이스는 쉽게 읽을 수 있습니다. 이제 findNearbyEnemies 호출은 조금, findPersons 호출은 많이, findAllies 호출은 하나도 남지 않은 코드로 작업을 계속하게 됩니다.

그렇지만 결국 단순한 적대 관계 모델이 충분히 좋지 못하다는 결론에 도달하게 될 것입니다. 플레이어가 위장을 할 수 있어야 하니까요. 이제 목표는 플레이어가 경비원 유니폼을 입고 보안 구역을 통과할 때 총에 맞지 않게 하는 것입니다.

3단계: 위장 추가하기

위장 기능을 추가하는 것 또한 지금까지 사용해온 단순한 적대 관계 모델의 단점을 드러냅니다. 세계를 동맹과 적으로만 나누는 것은 잘 작동하지 않습니다. 캐릭터들이 서로에 대해 갖는 양가감정을 반영하려면 적과 동맹 사이의 무언가를 추가할 필요가 있습니다. 경비원은 다른 경비원을 동맹으로 간주하지만, 낯선 여행가는 동맹과 적 사이의 어딘가에 위치합니다.

이렇게 한층 미묘한 적대 관계 모델은 다음과 같은 가상 인터페이스로 쉽게 추상화할 수 있습니다.

```
enum class Hostility
{
    Friendly,
    Neutral,
    Hostile
};

struct Disguise
{
    virtual Hostility getHostility(const Person * otherPerson) const = 0;
};
```

캐릭터의 현재 위장을 설정하는 새로운 메서드를 Person에 추가합니다. 이때 아무런 위장을 하지 않았음을 나타내기 위해 nullptr을 사용합니다.

```
void Person::setDisguise(Disguise * disguise)
{
    m_disguise = disguise;
}
```

당연히 isEnemy 메서드는 약간 변경될 것입니다.

```
bool Person::isEnemy(const Person * otherPerson) const
{
    if (otherPerson == this)
        return false;

    if (m_disguise)
    {
        switch (m_disguise->getHostility(otherPerson))
        {
```

```
        case Hostility::Friendly:
            return false;

        case Hostility::Hostile:
            return true;

        case Hostility::Neutral:
            break;
        }
    }

    return m_faction != otherPerson->m_faction;
}
```

진짜 이게 끝입니다. 우리가 작성한 다른 모든 코드는 잘 동작하는 것 같군요. 새로운 버그도 없고 위장 기능이 예상대로 잘 작동합니다.

하지만 문제가 하나 숨어 있습니다. 예전의 Person::findAllies 메서드가 이제는 동작하지 않는데, 우리는 그 사실조차 모릅니다. 아무도 이 메서드를 호출하지 않기 때문이죠. 위장 기능을 추가함으로써 findAllies의 사소한 가정이 망가졌습니다. findAllies는 해당 진영의 전체 캐릭터 리스트가 정렬돼 있으며, 모든 동맹이 배열 안에 인접해 위치한다는 가정 말입니다. 위장을 할 때는 대개 이 가정이 사실이지만 항상 그런 것은 아닙니다.

이 같은 문제를 찾아낼 때 코드 리뷰에 기댈 수는 없습니다. 코드 리뷰는 변경된 코드에 초점을 맞추기 때문에 변경된 코드의 문제를 찾는 데에는 유용하지만, 변경되지 않은 코드의 문제를 찾을 때는 쓸모가 없답니다. 리뷰어는 변경되지 않은 모든 코드를 대체로 건너뛰거든요.

이러한 버그는 다루기가 까다롭습니다. 일단 위장을 생성하고 사용하면 버그가 나타난다는 보장이 없기 때문입니다. 동맹이 캐릭터 리스트 안에 연속된 형태로 위치하는 한, 모든 것이 잘 동작할 것입니다. 게다가 findAllies가 작동하지 않을 때도 여전히 동맹의 일부 리스트를 반환하므로 고장이 뚜렷이 나타나지 않습니다.

이 버그는 영원히 숨어 있을 수 있습니다. 저는 25년 전에 작성한 코드에서 이따금씩 버그를 발견하며, 그러한 버그가 또 있다는 사실 또한 잘 알고 있습니다. 오래된 코드에는 발현될 수 있는 변화가 생기기를 기다리는 잠복 버그가 늘 존재합니다. 하지만 잠복 중인 버그가 모습을 드러낼 변화가 전혀 없을 수도 있는데… 그럼 이것은 정말 문제일까요?

4단계: 뿌린 대로 거둔다

그렇습니다. 시간이 지나면서 코드가 진화하기 때문에 잠재된 문제가 드러납니다. 누군가가 플레이어의 동맹 전체를 확인하는 디버깅 코드를 추가했습니다. Person ::findAllies 메서드는 이러한 작업에 적합하므로 다음과 같이 해당 메서드를 간단히 호출합니다.

```
vector<Person *> allies;
player->findAllies(&allies);

for (Person * ally : allies)
{
    cout << ally->getName() << "\n";
}
```

이 코드는 꽤 괜찮아 보이는군요. 위장이 설정되지 않은 상태에서는 완벽하게 동작합니다. 위장을 사용하고 있을 때도 눈에 띄는 오류가 발생하지는 않을 것입니다. 완벽하게 작동하지는 않더라도 어쨌든 동맹을 열거힙니다. 플레이어의 전체 동맹을 열거하지 못할 때도 동맹이 누락됐다는 사실을 알아차리기 어려울 것입니다. 동맹 목록에 적군이 포함돼 있다면 눈에 더 잘 띄겠지만요. 코드 리뷰 과정도 아무 문제 없이 통과할 수 있을 것입니다.

하지만 누구도 findAllies를 호출하지 않았던 몇 달 동안, findPersons가 반환한 결과가 안정된 순서일 것이라고 가정한 상태에서 일부 코드가 작성됐습니다. 이렇게 가정하기는 쉽죠. 결국 그 순서는 완벽하게 안정적이었으니까요. 따라서 새로운 코드는 근처의 동맹을 일부 찾아 플레이어 뒤에 일렬 종대로 따르게 했고, 모든 것이 훌륭하게 작동했습니다. 이제 기괴한 어떤 이유로 희소하고 예상 불가능한 상황에서, 뒤따르는 동맹들이 일렬 종대 순서 안에서 자리를 변경하는 공황 상태에 빠지게 됩니다. 이 코드는 배포할 수 없습니다.

당연히 문제는 무해한 것처럼 보였던 findAllies 호출에 있습니다. 새로운 캐릭터가 추가되면 findAllies는 캐릭터의 리스트를 재정렬하고, findPersons의 호출 결과를 예측 불가한 순서로 뒤섞습니다. 문제를 찾기 위해 findPersons가 호출되는 모든 코드를 검토하는 것은 매우 번거로운 일입니다.

책임 따지기

어디서 잘못됐을까요? 명백한 실수를 했던 3단계를 지목하기가 쉽겠죠. 3단계에서 위장 기능을 추가했지만 findAllies를 수정하지 않았습니다. 이 같은 실수는 흔히 일어납니다. 작성한 코드가 완벽하게 동작했고 아무 문제도 없는 것처럼 보였으니까요. 어디서도 findAllies를 호출하지 않았으니 아무리 제품 시험을 많이 해도 findAllies의 문제를 발견할 수 없었을 것입니다. findAllies 자체를 리뷰하는 것도 별 도움이 되지 않았을 것입니다. findAllies가 근거하는 가정이 미묘

하니까요.**52**

4단계를 원흉으로 지목할 수도 있을 것입니다. 사용되지 않는 findAllies의 사용을 부활시킨 새 코드를 작성했으니 말입니다. 여기서 이번 **규칙**의 제목, 즉 '실행되지 않는 코드는 작동하지 않는다'가 등장합니다. findAllies가 어디서도 호출되지 않는다는 사실을 알고 있다면, 이 코드는 제대로 작동하지 않는다고 간주해야 합니다.

하지만 프로그래머는 그러한 가정을 잘 하지 않습니다. 적어도 건강한 코드베이스 상에서 작업하고 있다면 말이죠. 새로운 코드를 작성하거나 어떤 문제를 고칠 때 우리는 나머지 코드베이스가 잘 동작한다고 가정해야 합니다. 우리는 어떤 기능을 보면 그 기능이 의도대로 동작하리라고 기대합니다. 이러한 가정 없이는 진도를 나갈 수가 없거든요.

이 예제에서의 진짜 실수는 2단계에서 발생했습니다. findAllies를 사용하지 않게 됐을 때 문제가 시작됐죠. 우리가 호출을 멈췄을 때 findAllies가 작동하지 않기 시작한 것입니다.

이상하게 들릴 수도 있지만, findAllies 사용을 멈춘 시점에도 해당 함수는 정확히 의도대로 작동했습니다. 그때까지 열심히 일해서 완벽하게 동작하도록 만든 코드를 군이 폐기할 이유가 있을까요? 3단계 전까지는 잘 동작하지 않았나요?

그럴지도 모르죠. 2단계를 거친 이후로 해당 코드는 더 이상 동작하지 않으니 우리는 그 코드가 작동하는지, 작동하지 않는지 모릅니다. 완전 슈뢰딩거의 고양이 아닌가요? 이 예제에서는 실수를 찾아내는 것이 간단해 보입니다. 우리가 사용을 멈춘 함수는 3단계에서 동작을 멈췄으며, 4단계에서 (꽤 비싼 대가를 치르고) 해당 문제를 발견했습니다. 그러나 현실에서는 2단계와 4단계 사이에 수많은 단계

---

52 방금 책에다 대고 "유닛 테스트는 어디에 갖다 팔았지?!?"라고 외쳤다면 조금만 기다리세요. 그것도 곧 다룰 테니까요.

가 있습니다. 영향이 없는 부분은 모두 생략했지만, 그중 무엇이 고아 함수를 망가 뜨렸는지 우리는 알 수 없을 것입니다.

사용을 멈춘 코드는 그 즉시 해당 코드가 작동하지 않는다고 가정하는 것이 더 간단합니다. 시간이 지날수록 이 명제는 거의 항상 참일 것입니다. 그러한 일이 언제 일어났는지 우리가 모를 뿐이죠.

이렇게 가정하면 2단계의 실수는 findAllies의 사용을 중단한 것이 아닙니다. findAllies의 사용을 멈췄을 때 findAllies를 지우지 않은 것이 바로 실수였습니다. 해당 함수의 호출을 멈췄을 때 그 함수는 작동을 멈췄습니다. 2단계에서 저지른 실수 때문에 3단계와 4단계로 이어진 것입니다. 실행되지 않는 코드는 결국 고장을 일으키고, 누군가가 그 함수를 호출하게 됩니다. 따라서 사용하지 않는 코드는 즉시 삭제하는 것이 바람직합니다.

테스트의 한계

물론 이것은 이 문제의 표준적인 해답이 아닙니다. 테스트 중심적인 팀에서 일한다면 여러분은 왜 유닛 테스트가 이 문제를 바로잡지 못했는지 궁금할 것입니다. 전체적이고 완전한 유닛 테스트를 갖췄다면 findAllies는 진정한 의미의 고아가 되지 않았을 것입니다. 유닛 테스트가 findAllies를 호출하므로 우리는 findAllies가 즉시 작동을 멈췄다고 여기지 않아도 됩니다.

유닛 테스트는 완벽하지 않습니다. 모든 코드에 대해 유닛 테스트를 하지 않는 이유 중 하나는, 다른 수단보다 테스트가 특정 부류의 코드에 훨씬 효과적이라는 것입니다. 상태를 포함하지 않는 간단한 함수를 테스트하는 것이 더 복잡한 상태를 포함하는 함수를 테스트하는 것보다 쉽습니다. 표준 C 라이브러리를 테스트한다면 malloc보다는 strcpy를 테스트하는 것이 훨씬 쉽습니다.[53] 코드가 상태를 한

번 갖게 되면 유닛 테스트는 코드베이스가 실제로 실행됐을 때의 결과를 그대로 정확히 재현하기가 훨씬 어려워집니다. 사용 사례는 유닛 테스트를 그대로 통과할 것입니다.

우리는 findAllies를 작성했을 때 findAllies에 대한 테스트 케이스도 작성했습니다. Person 클래스에 위장 기능을 추가하려고 하기 한참 전에요. 결과적으로 그 테스트 케이스는 위장 기능을 실행시키지 않습니다. findAllies 함수는 위장이 활성화되지 않는 한 잘 작동하며, 아무런 문제도 발생하지 않습니다. 위장 기능을 추가하는 사람이 findAllies의 업데이트가 필요하다는 사실을 깨닫고, findAllies를 깨뜨리는 특정 위장과 관련된 테스트를 추가하며, 모든 순서의 문제를 드러나게 할 수도 있겠지만… 이는 너무 무리한 기대입니다.

게다가 비용도 발생합니다. findAllies에 대한 유닛 테스트를 최신으로 유지하려면 비용이 듭니다. 그런데 아무도 사용하지 않는 함수가 잘 작동한다는 것을 보장하기 위해 왜 이런 지출을 해야 하죠?

(findAllies를 고아로 만드는) 2단계가 (findAllies를 깨뜨리는) 3단계와 (깨진 코드에 발목을 잡히는) 4단계가 필연적으로 이어진다고 말하지 않았냐고요? 2단계에서 해당 코드를 고아로 만들었을 때, 우리는 고아가 된 코드 안에서 버그가 생기고, 결국 누군가가 해당 코드를 호출했을 때 버그가 발현되게 한 것입니다. 그럼 견고한 유닛 테스트를 작성해 버그를 탐지할 가능성을 높이고, 언젠가 누군가가 그 코드를 호출했을 때 잘 작동할 가능성을 높이는 것이 좋지 않냐고요?

아니요. 이것이 바로 2단계에서 고아가 된 코드를 삭제해야 하는 이유입니다. 해당 코드가 삭제됐으니 거기서 버그가 싹틀까 봐 걱정하지 않아도 되고, 따라서 3단

---

53 C 스타일 문자열을 다른 주소로 복사하는 표준 함수 strcpy는 간단하며 상태가 전혀 없습니다. 반면에 표준 함수 malloc은 C용 범용 메모리 할당자로, 코드에서 동적으로 할당된 (거의) 모든 객체를 관리합니다. 매우 복잡하며 상태 그 자체라고 할 수 있습니다.

계는 필요 없습니다. 프로그래머가 그 코드를 호출할까 봐 걱정하지 않아도 되죠. 그 코드는 존재하지 않으니까요. 그래서 호출할 것도 없고, 4단계도 존재하지 않습니다.

대신에 프로그래머는 다음과 같이 완벽하게 동작하는 findPersons를 호출할 것입니다.

```
struct IsAlly
{
    IsAlly(Person * person) :
        m_person(person)
        { ; }

    bool operator () (Person * otherPerson) const
    {
        return otherPerson != m_person &&
                !m_person->isEnemy(otherPerson);
    }

    Person * m_person;
};

vector<Person *> allies;
player->findPersons(IsAlly(player), &allies);
```

고아가 된 코드를 안전하게 제거할 수 있다는 사실을 알게 되면 기쁨이 샘솟을 것입니다.[54] 정말이지 일주일 중 가장 행복한 순간이 될 거예요. 프로젝트에서 코드의 양을 줄이면 기능의 저하 없이 모든 것이 더 쉬워집니다. 빠르고, 쉽고, 모두가 더 행복해집니다.

....

54 삭제된 코드를 언제든지 리포지토리에서 검색할 수 있다는 사실을 기억하세요. 아마 그럴 필요는 없겠지만, 그 사실 덕분에 여러분이 옳은 일을 하게 될지도 모르죠.

요약 가능한 코드를 작성하라

저는 코드의 역할을 파악하기 위해 코드를 살펴보는 시간이 많습니다. 그 대상은 디버깅 중인 코드일 수도 있고, 작성 중인 코드가 호출하는 코드의 일부일 수도 있고, 제가 책임지고 있는 코드를 호출하는 코드일 수도 있죠. 코드 작성자가 의도한 것과 실제로 수행하는 것이 다른 경우가 많아서 이 과정이 흥미롭기도 합니다.

최상의 경우에는 다른 언어를 읽는 것처럼 순탄하게 코드가 읽힙니다. 이야기의 순서대로, 위에서 아래로, 구불구불한 플롯을 열심히 따라가다 코드의 끝에 도달하면 해당 코드가 무엇을, 왜 하는지 완전히 이해하게 됩니다.

다음과 같이 쉬운 코드는 새로운 악보를 처음 본 그 자리에서 바로 연주하는 것처럼 코드를 초견sight-read으로 읽을 수 있습니다.

```
int sum = 0;
```

다음 코드도 마찬가지고요.

```
sum = sum + 1;
```

이 두 예제에는 별도의 생각이나 추론이 필요 없습니다. 코드를 잠깐 훑어봐도 충분히 이해할 수 있습니다. 코드가 일반적인 패러다임에 깔끔하게 맞춰져 있다면 다음과 같이 좀 더 큰 코드 조각도 같은 방식으로 이해할 수 있습니다.

```cpp
Color Flower::getColor() const
{
    return m_color;
}
```

또한 다음과 같은 루프 전체도 초견이 가능할 것입니다.

```cpp
int sum = 0;
for (int value : values)
{
    sum += value;
}
```

그러나 이것은 과장된 사례입니다. 코드는 커질수록 단번에 알아보기가 쉽지 않습니다. 저처럼 오래되고 시니컬한 프로그래머는 코드를 잠깐 훑어보고는 다 이해했다고 믿는 실수를 너무 많이 저질러왔기 때문에 초견 능력은 신뢰하기가 어렵습니다.

코드를 한눈에 파악할 수 없으면 우리는 추론을 하기 시작합니다. 다음 코드를 볼 때 여러분의 뇌가 어떤 일을 하는지 생각해보세요.

```cpp
vector<bool> flags(100, false);  ·········❶
vector<int> results;  ·········❷

for (int value = 2; value < flags.size(); ++value)  ·········❸
```

```
{
    if (flags[value])          ┄┄┄┄┐
        continue;                   ┈━❹

    results.push_back(value);   ┄┄┄┄┄❺

    for (int multiple = value;  ┄┄┄┐
         multiple < flags.size();   ┈┈━❻
         multiple += value)     ┄┄┄┘
    {
        flags[multiple] = true; ┄┄┄┄┄❼
    }
}
```

이 코드를 처음 봤을 때 '에라토스테네스의 체'라는 것을 바로 알아차리지 못했을 것입니다. 우리는 위에서 아래로 코드를 읽으면서, 한 줄 또는 그 이상을 바로 이해하려고 노력하면서, 각 줄을 따라 읽으며 앞줄의 코드와 어떻게 연결돼 있는지를 추론합니다.

여러분의 사고 과정은 아마도 다음과 같았을 것입니다.

❶ flags는 100개의 false로 채워진 벡터군.

❷ 이 배열 안에 결과를 수집해 넣을 것으로 보여.

❸ 그냥 flags를 순회하는 루프잖아? 첨자가 2로 시작되는 것은 좀 재미있어 보이네. 무슨 의미인지는 확실히 모르겠지만.

❹ 흠, flags 배열이 현재 value에 대해 0이 아닌 값이 설정돼 있으면 건너뛰는군. 이것도 무슨 뜻인지 잘 모르겠어.

❺ 건너뛰지 않는 value는 results 배열에 넣네? 결괏값이 틀림없군.

❻ 다른 루프가 나타났어. 이번에는 value의 배수에 대해 반복하네.

❼ 아, 알았어. 모든 배수(multiple)에 대해 flags를 true로 마킹하는군. 이건… 뭐더라…

에라토스테네스의 체구니! 0이나 1이 아니라 2로 시작한 이유가 이거였네. 이제 이해했어. results 벡터는 소수의 목록이 되는구나.

이 추론 과정은 정신적 저글링을 수반합니다. 완전히 이해되지 않는 부분을 잠시 미루면서, 다음 코드와 어떻게 연결되는지 파악할 때까지 기다리죠. 저글러가 공을 공중에 던져 올릴 때, 나중에 다시 받아야 한다는 사실을 알고 있는 것처럼요. 앞의 예제에서는 두 가지 미스터리(루프가 왜 2에서 시작하는지, 외부 루프가 true인 value를 왜 건너뛰는지)에 부딪혔으나 배수에 관한 루프에 의해 의문이 풀렸습니다. 공중에 던져진 공을 잘 받아내 코드를 완전히 이해했습니다.

저글러가 한 번에 다룰 수 있는 공의 개수에는 한계가 있습니다. 저는 세 개가 최대치입니다. 여러분이 정신적으로 저글링할 수 있는 공의 개수는 이것보다 더 많겠지만, 한계가 있기는 마찬가지입니다. 사람이 동시에 생각할 수 있는 것의 개수는 놀랍게도 그다지 많지 않습니다. 한 번에 너무 많은 것을 다루려고 하면 머릿속에서 좇던 것 중 일부가 무작위로 잊힐 것입니다.

이것은 '정신적 저글링' 혹은 '인지 부하'가 사실 단기 기억[55]이기 때문입니다. 간단히 말해 장기 기억, 즉 영구적으로 기억하는 것과 단기 기억은 차이가 있습니다. 쇼핑 목록을 기억하는 것은 단기 기억을 활용하는 예입니다. 목록에 두세 개 항목만 있다면 그냥 기억할 수 있겠지만 열두 개 항목이라면 메모할 필요가 있을 것입니다.

이는 단기 기억에 담을 수 있는 것이 제한적이기 때문입니다. 단기 기억에 담을 수 있는 생각의 개수는 대략 일곱(±2) 개 정도라고 합니다. 그 이상을 기억하려고 하면 새로운 생각이 오래된 생각을 밀어냅니다. 마트에서 쇼핑 목록의 모든 항목을 기억하려고 할 때처럼 코드를 읽을 때도 그렇습니다.

---

55 작업 기억이라고도 합니다. 사실 우리는 작업 기억 팀이라고 할 수 있지만, 널리 알려진 단기 기억이라는 용어를 사용했습니다.

대부분의 사람들에게 이 7(±2)이라는 숫자는 대체로 확고한 한계입니다.[56] 코딩에 관한 세 가지 생각을 저글링하기는 쉽습니다. 읽고 있는 코드에 관한 몇 가지 미스터리를 머릿속에 유지하는 데 큰 노력이 필요하지 않죠. 반면에 열두 가지 생각을 동시에 추적하는 것은 거의 불가능합니다. 어떤 코드를 읽을 때 이해하지 못하는 것이 열두 가지라면 큰 문제에 직면한 것입니다. 프로그래밍 용어로 표현하자면, 캐시가 오버플로돼 여러분이 알아내려고 하는 것 중 일부에 대한 생각의 실마리를 잃은 셈이죠.

실패란 이런 느낌이다

모든 프로그래머는 복잡한 코드가 어떻게 동작하는지 알아내려고 애쓰다 실패한 경험을 갖고 있습니다. 코드를 읽다 이해가 안 되는 부분을 발견하고 이해하려고 시도하다 보면 코드의 다른 부분을 살펴보게 됩니다. 호출되는 함수를 찾거나, 정의된 구조체를 찾거나, 최소한 맥락에 관한 정보를 얻을 수 있는 주석을 찾기 위해서요. 그런데 코드에 대해 무언가를 알아낼 때쯤이면 어디서부터 시작했는지를 잊어버리고 맙니다. 알게 된 만큼 잊어버리는 거예요. 짜증 나네요!

단기 기억의 역할

좋은 코드는 그러한 낭패를 겪지 않게 합니다. 코드는 한 번만 작성되지만 결국 여러 번 읽힙니다. 그러므로 좋은 코드를 작성하려면 나중에 그 코드를 읽을 독자의 입장에서 생각해야 합니다. 독자가 한 번에 너무 많은 생각을 하게 만들어서는 안 됩니다.

----

56 저는 커피가 이 한계에 영향을 미치지 못한다는 사실을 실험을 통해 확인했습니다.

독사가 일곱(±2) 개 이상의 공을 동시에 다루게 만들면 결국 어떤 공은 떨어집니다. 독자의 단기 기억 속에 들어 있는 모든 정보는 저글링을 할 때의 공과 같습니다. 단기 기억이 다뤄야 하는 정보에는 해결되지 않은 미스터리만 있는 것이 아닙니다. 누적된 사실과 해결되지 않은 미스터리의 관련성을 찾고자 기대하면서 관리하고 있는 연결도 여기에 포함됩니다. 그런데 미스터리와 사실, 연결의 총합이 독자의 한계를 초과한다면 일부가 땅으로 떨어지겠죠.

이렇게 되면 코드를 읽기가 어려워집니다. 미스터리를 해결하는 데 필요한 사실 하나를 놓치면 독자는 그 미스터리를 해결할 수 없습니다. 프로그래머도 독자도 어떤 생각이 땅으로 떨어질지 통제할 수 없으며, 따라서 미스터리를 풀 수 있는 핵심 사실을 놓쳐 그 미스터리를 해결할 수 없게 됩니다.

다음 코드를 읽으면서 필요한 생각의 개수를 세어봅시다.

```
vector<bool> flags(100, false);  ……… ❶
vector<int> results;  ……… ❷

for (int value = 2; value < flags.size(); ++value)  ……… ❸
{
    if (flags[value])  ┐
        continue;      ┴── ❹

    results.push_back(value);  ……… ❺

    for (int multiple = value;     ┐
         multiple < flags.size();  ├── ❻
         multiple += value)        ┘
    {
        flags[multiple] = true;  ……… ❼
    }
}
```

❶ flags는 100개의 bool 타입으로 이뤄진 벡터이고 모두 false로 초기화됐어(+1). Count = 1.

❷ results는 루프의 결과로 보이는군(+1). Count = 2.

❸ 2로 시작하는 value를 첨자로 이용하는 루프네(+1). Count = 3.

❹ 어떤 이유로 특정 value에 대해서는 건너뛰잖아(+1). Count = 4.

❺ 아, value를 results에 저장하네. 가설이 검증됐어(+0). Count = 4.

❻ 새로운 루프야. 이번에는 value의 배수(multiple)만큼 반복하는군(+1). Count = 5.

❼ 모든 것이 'results 벡터는 이제 소수로 채워졌다'는 결론으로 요약돼. Count = 1.

생각의 개수를 보수적으로 세어봐도 안전한 한계 내에 있기 때문에 독자의 추적 능력을 초과하는 위험이 없습니다. 생각의 개수는 늘어나기만 하는 것이 아니라 줄어들 수도 있습니다. 예를 들어 변수가 스코프scope에서 벗어나면 그 변수에 대해 더는 생각할 필요가 없습니다. 더 중요한 것은 여러 생각이 하나의 생각으로 합쳐지는 순간입니다.

앞의 예제에서는 코드가 소수의 목록을 만들고 있다는 사실을 깨달았을 때 그러한 일이 일어났습니다. 여러분은 코드에 대한 여러 가지 세부 사항을 저글링하다가 어느 순간 그것들이 어떻게 맞물리는지를 깨닫게 됐습니다. 어떻게 맞물리는지를 일단 알고 난 다음에는 세부 사항에 대한 걱정을 멈추고 결과만을 붙잡았습니다. 모든 세부 사항이 한 가지 생각으로 요약됐습니다.

좋은 코드는 이 과정을 용이하게 만듭니다. 코드는 한 가지 생각으로 요약 가능하고, 단기 기억의 한계를 넘어서지 말아야 합니다. 좋은 코드는 아이디어를 작고 서로 관련된 조각으로 나타내며, 각 조각은 독자의 단기 기억 용량에 맞게 신중하게 작성돼야 합니다. 이렇게 작성된 코드 조각들은 결국 하나의 생각으로 요약됩니다. 이러한 코드를 작성할 수 있는 손쉬운 기법이 여럿 있습니다.

좀 더 긴 다음 예제를 살펴봅시다.

```
void factorValue(
    int unfactoredValue,
    vector<int> * factors)
{
    // 소수의 배수임을 나타내는 플래그를 지운다.

    vector<bool> isMultiple;
    for (int value = 0; value < 100; ++value)
        isMultiple.push_back(false);

    // 소수의 배수를 건너뛰어 소수를 찾는다.

    vector<int> primes;

    for (int value = 2; value < isMultiple.size(); ++value)
    {
        if (isMultiple[value])
            continue;

        primes.push_back(value);

        for (int multiple = value;
            multiple < isMultiple.size();
            multiple += value)
        {
            isMultiple[multiple] = true;
        }
    }

    // 소인수를 찾는다.

    int remainder = unfactoredValue;

    for (int prime : primes)
```

```
        {
            while (remainder % prime == 0)
            {
                factors->push_back(prime);
                remainder /= prime;
            }
        }
    }
```

이 함수의 중간 부분은 앞의 예제와 정확히 같은 논리를 구현합니다.[57] 하지만 요약이 훨씬 용이한 이 버전이 보다 이해하기 쉽습니다.

좋은 이름은 정말 큰 도움이 됩니다. primes와 isMultiple 같은 이름은 루프의 개념을 더 빨리 파악할 수 있게 도와줍니다. 그러한 이름의 배열이 소수를 담게 된다는 것은 놀라운 일이 아니죠. 첫 예제의 배열 이름이 primes였다면 여러분은 에라토스테네스의 체를 훨씬 빨리 알아챘을 것입니다. 이것이 바로 좋은 이름의 힘입니다.

primes라는 이름은 해당 배열이 소수를 담고 있다는 것을 잘 나타내는 참조 장치입니다. 이 변수가 xx 같은 이름이었다면 xx가 소수의 배열이라는 것을 기억하는 데 귀중한 단기 기억 슬롯 하나를 소비했을 것입니다. primes에 소수가 저장된다고 기억하는 데에는 아주 약소한 비용이 듭니다. 최악의 경우라도 이 이름은 단기 기억 예산을 7+2로 증가시키며, 최상의 경우에는 그 자체로 너무나 명확해서 단기 기억에 아무런 부담을 주지 않습니다.

각 코드 블록의 목적 등 세부 사항이 요약된 주석은 코드를 이해하는 데 도움이 됩니다. 또한 코드의 각 구역을 명확히 표시하는 중요한 기능도 합니다. 각 주석 사이에는 단기 기억에 맞는 크기의 작은 코드 퍼즐이 있고, 이것은 한 가지 생각으로

---

[57] 그나저나 이것은 영리한 인수분해 방법이 아닙니다. 그냥 참고만 하세요. 더 영리한 버전은 **규칙** 19에 있습니다.

요약됩니다. 각 구역의 시작 부분에 있는 주석은 해당 구역의 코드가 어떻게 요약될지 알려줍니다. 그리고 해당 구역의 코드를 읽는 것은 주석이 밝힌 내용을 확인하는 과정에 지나지 않습니다.

이것이 추상화의 진정한 힘입니다. 복잡한 것들을 이해하는 방법이 바로 추상화입니다. 물론 새로운 것은 한 번에 일곱(±2) 개 정도만 기억할 수 있지만, 그것들을 통합해 새로운 개념을 형성하고 통합된 개념을 바탕으로 더 큰 구조를 만들 수 있습니다. 모든 세부 사항을 기억하는 것이 아니라, 그 세부 사항의 추상화된 형태를 기억하는 것입니다. 그리고 간단한 추상화 정보를 기억하는 데에는 단기 기억 슬롯 하나만 있으면 됩니다.

경계선을 그어야 하는 곳

함수의 경계를 사용해 추상화를 표시하는 것도 가독성에 도움이 됩니다. 다음과 같이 factorValue의 세 주석이 달린 구역을 각각 별도의 함수로 나누는 것을 의미합니다.

```cpp
void clearFlags(
    int count,
    vector<bool> * flags)
{
    flags->clear();
    for (int value = 0; value < count; ++value)
        flags->push_back(false);
}

void getPrimes(
    vector<bool> & isMultiple,
    vector<int> * primes)
```

```
{
    for (int value = 2; value < isMultiple.size(); ++value)
    {
        if (isMultiple[value])
            continue;

        primes->push_back(value);

        for (int multiple = value;
             multiple < isMultiple.size();
             multiple += value)
        {
            isMultiple[multiple] = true;
        }
    }
}

void getFactors(
    int unfactoredValue,
    const vector<int> & primes,
    vector<int> * factors)
{
    int remainder = unfactoredValue;

    for (int prime : primes)
    {
        while (remainder % prime == 0)
        {
            factors->push_back(prime);
            remainder /= prime;
        }
    }
}
```

이제 세 가지 함수를 이용해 factorValue 함수를 다음과 같이 재작성할 수 있습니다.

```
void factorValue(
    int unfactoredValue,
    vector<int> * factors)
{
    vector<bool> isMultiple;
    clearFlags(100, &isMultiple);

    vector<int> primes;
    getPrimes(isMultiple, &primes);

    getFactors(unfactoredValue, primes, factors);
}
```

더 읽기 쉬워졌나요? 그렇기도 하고 아니기도 합니다. 함수에는 명확한 개념이 정의돼 있기 때문에, 우리가 일단 함수의 역할을 이해하고 나면 함수의 이름은 머릿속에 그 개념이 명확히 자리잡도록 도와줍니다.

하지만 단순히 코드를 위에서 아래로 순차적으로 읽는 것이 아니라 이제 한 함수에서 다른 함수로 넘나들게 됩니다. 만약 factorValue부터 살펴보기 시작한다면 처음 마주치는 것은 clearFlags 함수 호출이고, 이 함수가 무슨 일을 하는지 알기 위해 해당 함수를 찾아서 읽어야 합니다. clearFlags를 조사하는 동안에는 factorValue의 어디서 왔는지 기억하고 있어야 하고요. 그리고 어떤 변수가 어떤 인수와 대응하는지 파악한 후, clearFlags 조사를 마치고 나서 모든 것을 제자리에 돌려놔야 합니다.

따라서 관리해야 할 내용이 늘어났고, 그로 인해 개념 요약이 더 어려워졌습니다. 모든 문맥상의 세부 사항을 기억하려면 단기 기억 슬롯을 거의 다 사용하게 됩니다. 게다가 슬롯은 일곱(±2) 개밖에 없습니다. 중첩된 호출 체인에서의 위치를 계속 기억하는 것만으로도 단기 기억에 부담을 줄 수 있습니다.

프로그래머들은 추상화가 항상 좋은 것이라고 생각합니다. 그래서 함수로 만들 수 있는 것은 가능한 한 모두 함수로 만들어야 한다고 생각하죠. 또한 함수가 많을수록 좋다고 생각합니다. 물론 복잡한 것을 이해하는 데 사용하는 도구가 추상화이므로, 추상화가 가능한 것은 모두 추상화해야 한다고 생각할 수 있습니다.

추상화의 비용

하지만 터무니없죠. 추상화에도 비용이 들고, 로직을 함수로 분리하는 데에도 비용이 드니까요. 때로는 이러한 비용이 그 혜택을 상회하기도 합니다. 예를 들어보겠습니다.

```
int sum = 0;
for (int value : values)
{
    sum += value;
}
```

values가 정수의 벡터라는 사실을 이미 알고 있다면 이해할 수 있는 아주 간단한 코드입니다. 이는 다음과 같이 쉽게 요약됩니다. values를 순회하며 각 값을 더해 총합(sum)을 얻습니다. 그런데 다음과 같은 코드가 이를 대신할 수도 있습니다.

```
int sum = reduce(values, 0, add);
```

확실히 간결하군요. sum과 add라는 이름으로부터 무언가의 총합을 계산한다는 것을 추론할 수 있지만 어디까지나 추측일 뿐입니다. 확실히 알려면 조사를 시작해야 합니다.

우선 reduce 함수(또는 함수 같은 것)가 무엇을 하는지가 분명하지 않습니다. add가 무엇인지도 분명하지 않고, 인수로 전달되는 0 또한 미스터리입니다. 코드 베이스에서 reduce를 검색해보니 많은 결과가 나오지만 특히 다음 코드가 중요해 보입니다.

```
template <class T, class D, class F>
D reduce(T & t, D init, F func)
{
    return reduce(t.begin(), t.end(), init, func);
}
```

좋아요. 이제 시작입니다. reduce의 첫 번째 인수는 컨테이너 클래스로 보입니다. begin과 end는 C++ 이터레이션에서의 표준 요소니까요. 이제 인수가 네 개인 reduce 버전을 찾아야 합니다.

```
template <class T, class D, class F>
D reduce(T begin, T end, D init, F func)
{
    D accum = init;
    for (auto iter = begin; iter != end; ++iter)
    {
        accum = func(accum, *iter);
    }
    return accum;
}
```

좀 더 명확해진 것 같네요. reduce 함수는 컬렉션을 순회하며, 각 요소와 누적된 값에 함수(또는 함수 같은 것)를 연속적으로 적용합니다. 다시 몇 단계 뒤로 돌아가서 add의 코드를 봤는데, 기대했던 바대로 다음과 같이 add가 두 값을 더하도록 동작하고 있습니다.

```
int add(int a, int b)
{
    return a + b;
}
```

이제 마지막 조각이 맞춰졌습니다. reduce를 이렇게 사용하면 배열 내 모든 값의 총합이 계산됩니다. 처음에 봤던 간단한 루프처럼요. 하지만 그 간단한 루프가 훨씬 쉽게 읽히고 잘 이해됩니다. 또한 처음 버전은 쉽게 요약할 수 있었던 반면, 해당 알고리즘을 더 추상화한 이 버전은 요약하는 데 상당한 노력이 필요합니다. 추가적인 추상화가 도움이 되지 않고 동작 과정을 더 불투명하게 만들었습니다. 동작 과정을 이해하기 위해 별도의 네 개 함수를 찾아서 해석해야 하니 단기 기억을 극한까지 사용하게 됩니다.

이해하기 쉽도록 추상화를 사용하라

저는 추상화를 결정하는 데 도움이 되는 경험칙이 여기에 숨어 있다고 생각합니다. 로직을 함수로 분리하는 것이든, 특정 문제를 해결하기 위해 일반적인 추상화를 사용하는 것이든 간에요. 그 규칙은 단순합니다. 변경함으로써 코드가 더 단순해지고 이해하기 쉬워지는가? 코드가 더 간결하게 요약되는가? 만약 그렇다면 함수를 만들거나 추상화를 적용하세요. 반대로 그렇지 않을 때는 추상화를 사용하면 안 됩니다.

장기 기억의 역할

이 장은 지금까지 상당히 음울한 분위기였습니다. 생각을 일곱(±2) 개로 제한하는 단기 기억의 예산은 정말 인색하죠. 이렇게 제한된 사고의 예산으로는 절반 수준으로 복잡한 것조차도 어려워 보입니다. 심지어 모든 상황에서 생각을 더 추상적인 생각으로 간결하게 만드는 데 집중한다 해도요.

이게 다가 아닙니다. 저는 서커펀치의 엔진에 대해 일곱(±2) 개 이상의 것을 확실히 알고 있습니다. 메인 서커펀치 클래스에는 수백 개의 메서드가 존재하지만 저는 모든 메서드가 어떤 역할을 하는지 알고 있죠. 어떻게 그럴 수 있냐고요?

간단합니다. 제가 우리 게임에 대해 알고 있는 모든 세부 사항이 저의 장기 기억에 저장돼 있거든요. 그리고 장기 기억의 예산에는 제한이 없습니다. 저는 여러분도 프로젝트에 대해 놀라운 양의 정보를 즉시 떠올릴 수 있을 것이라고 확신합니다. 콘셉트, 사실, 이름, 개발 이력, 문제가 생겼을 때 의논한 사람, 어떤 함수에서 고쳐야 했던 버그에 관한 재미있는 이야기까지도요. 이 모든 것은 여러분의 장기 기억 안에 생생히 있습니다.

우리는 무언가를 파악하기 위해 단기 기억을 사용합니다. 단기 기억은 우리가 하는 모든 종류의 추론에 사용되는 작업 공간으로, 조각들이 어떻게 맞물리는지 우리가 알아내려 할 때 그 조각들이 임시로 보관됩니다. 일단 퍼즐 조각이 맞춰지거나, 결론이 정착할 시간이 지나거나, 세부 사항을 요약해 추상화하면 그 결과는 우리의 장기 기억으로 이동합니다. 장기 기억에는 프로젝트와 관련된 모든 세부 사항이 저장돼 있습니다. 우리는 매번 그 세부 사항을 처음부터 파악하는 것이 아니라 이전에 도출한 결론을 기억하는 것입니다.

이는 곧 다음의 두 코드가 아무리 유사해 보여도 큰 차이가 있다는 것을 의미합니다.

```
sort(
    values.begin(),
    values.end(),
    [](float a, float b) { return a < b; });
```

```
processVector(
    values.begin(),
    values.end(),
    [](float a, float b) { return a < b; });
```

저는 sort가 어떻게 동작하는지 알고 있습니다. 해당 추상화를 알고 있는 데다 이 정보는 제 장기 기억 안에 있거든요. 저는 거의 한눈에 이 코드를 알아볼 수 있죠. 정렬 순서가 어떻게 될지 파악하기 위해 비교 함수만 확인하면 됩니다. 결과적으로 sort를 읽는 데 새로운 단기 기억 슬롯이 필요하지 않습니다. 저는 values가 float 타입의 벡터라는 것을 압니다. 이제 저는 values가 정렬된 float 타입의 벡터라는 사실을 알죠. 제 캐시에는 여전히 한 가지 생각만 존재합니다.

하지만 processVector에 관한 제 반응은 완전히 다릅니다. 저는 이 함수를 본 적이 없기 때문에 어떻게 동작하는지 모릅니다. processVector라는 이름도 도움이 되지 않습니다. 나쁜 이름의 힘을 보여주는 예로군요. 어쩔 수 없이 저는 processVector 코드를 찾아보고, 어쩌면 디버깅을 통해 함수 내부로 들어가볼 것입니다.[58] 아프게 느껴질 만큼 제한된 일곱(±2) 개의 예산으로 다시 돌아가게 됩니다.

---

58 디버거를 이용해 코드를 단계별로 살펴보는 것은 코드를 더 잘 이해할 수 있는 탁월한 방법이라 저는 강력히 추천합니다. 디버거는 단기 기억의 필요성을 근본적으로 바꾸지는 않지만, 각 변수가 어떤 역할을 하고 어떤 값이 저장됐는지 등을 기억하거나 재빨리 다시 떠올리는 데 도움을 줄 수 있습니다.

상식은 공짜지만 새로운 지식은 비싸다

코드를 작성할 때의 목표는 코드를 이해하기 쉽게 만드는 것입니다. 그래서 sort 와 processVector의 차이를 명심하는 것이 중요합니다. sort에 대한 참조는 독자의 단기 기억에 부담을 주지 않습니다. 이미 sort의 역할을 알고 있기 때문입니다. 그러나 processVector에 대한 참조는 다릅니다. 이 코드를 이해하려면 해당 코드를 요약하기 위해 processVector 안으로 들어가야 하며, 이는 독자의 캐시에 부담을 줍니다.

팀원 모두가 알고 있는 추상화나 패턴이 사용된 코드는 새로운 추상화나 패턴이 도입된 코드보다 훨씬 이해하기 쉽습니다. 여기서 얻을 수 있는 교훈은 분명합니다. 코드를 작성할 때는 팀에서 통용되는 표준 추상화와 패턴을 사용하세요. 새로운 것을 발명하지 마세요. 팀에서 표준으로 인정될 만큼 충분히 강력하다는 확신이 없다면 말입니다.

예를 들면 에라토스테네스의 체 예제에서 저는 어떤 정수가 다른 수의 배수이기 때문에 소수가 아님을 표시하는 flag의 배열(상상력을 발휘해 isMultiple이라고 명명)을 유지했습니다. isMultiple은 구식 C 스타일의 bool 값 배열이었습니다. 이것을 '비트의 벡터'로 추상화할 수 있다는 사실은 쉽게 알 수 있습니다. 스토리지를 절약하고 메모리 액세스 패턴을 조금 개선할 수 있죠. BitVector 클래스[59]를 이용하는 체 코드는 다음과 같을 것입니다.

```cpp
vector<int> primes;
BitVector isMultiple(100);

for (int value = 2; value < isMultiple.size(); ++value)
{
```

----

[59] 이 장의 BitVector 클래스는 (최소한 정신적으로는) C++ vector<bool>의 단순화된 버전입니다.

```
        if (isMultiple[value])
            continue;

    primes.push_back(value);

    for (int multiple = value;
            multiple < isMultiple.size();
            multiple += value)
    {
        isMultiple[multiple] = true;
    }
}
```

읽기 쉬운가요? 만약 BitVector 클래스를 팀에서 표준으로 사용한다면 그렇죠.
이 flag들을 단순한 bool 배열로 저장했던 버전보다도 더 쉬울 거예요. 하지만
BitVector를 모르는 사람이라면 이야기가 다릅니다. 경솔한 프로그래머는 그냥
비트의 벡터라고 가정하고 나아갈 수도 있습니다. 이처럼 경솔한 프로그래머는 집
단에서 소외되는 경향이 있습니다. 반면에 신중한 프로그래머는 완전히 이해하기
위해 BitVector 클래스를 깊이 조사할 것입니다. 이 조사 작업은, 앞서 언급된 사
용 패턴에 맞는 가장 단순한 형태라 할지라도 간단한 일이 아닙니다.

```
class BitVector
{
public:

    BitVector(int size) :
        m_size(size),
        m_values()
    {
        m_values.resize((size + 31) / 32, 0);
    }
```

```
int size() const
{
    return m_size;
}

class Bit
{
    friend class BitVector;

public:

    operator bool () const
    {
        return (*m_value & m_bit) != 0;
    }

    void operator = (bool value)
    {
        if (value)
            *m_value |= m_bit;
        else
            *m_value *= ~m_bit;
    }

    unsigned int * m_value;
    unsigned int m_bit;
};

Bit operator [] (int index)
{
    assert(index >= 0 && index < m_size);
    Bit bit = { &m_values[index / 32], 1U << (index % 32) };
    return bit;
}
```

```
protected:

    int m_size;
    vector<unsigned int> m_values;
};
```

진짜 BitVector 클래스는 이것보다 기능이 많습니다. 당연히 더 크고 더 복잡하죠. 기능이 이 정도라도 까다로운 부분이 존재합니다. 가령 단일 비트를 읽고 쓸 수 있는 능력이 포함된 임시 객체를 만들거나, 값을 설정하고 가져오기 위해 C++ 연산자에 의존하는 것처럼요.[60]

굉장히 기발하군요.[61] 이는 훨씬 복잡한 형태로 컴파일되더라도 코드를 단순한 배열 접근처럼 작성하게 해줍니다. 그러나 이 트릭을 이해하려면 독자의 단기 기억 용량을 소모하게 됩니다. 독자가 원하는 것은 BitVector 클래스의 복잡한 세부 사항을 파악하는 것이 아니라 체 코드를 이해하는 것입니다. BitVector의 기능을 내재화하지 않은 프로그래머나 BitVector의 추상화를 장기 기억에 담아두지 않은 프로그래머에게는 이것이 체 코드를 더 이해하기 어렵게 만들어버렸습니다.

만약 여러분이 체 코드를 작성하고 있다면[62] flag 배열을 관리하기 위해 새로운 BitVector 클래스를 도입하는 것이 의미가 있을까요? 그것은 불필요한 작업일 뿐만 아니라 코드를 더 읽기 어렵게 만듭니다.

BitVector를 도입할 유일한 이유는, 코드베이스에서 널리 사용되리라 예상돼 모든 팀원이 그것을 장기 기억에 담을 것이며, 그것을 사용함으로써 기존의 해결책

---

60 가끔 C++의 주요 기능이 코드의 작은 빗방울마다 복잡한 우주를 담게 하는 것이 아닌가 하는 생각이 듭니다. 본론으로 돌아가시죠.

61 칭찬이 아닙니다.

62 이 방법을 이용해 소수를 생성하지 마세요. 2,250년 사이에 인류는 소수를 생성하는 훨씬 좋은 방법을 여럿 발명했습니다. 그래도 에라토스테네스에게 존경을 표합니다. 체는 그의 이력서에서 세 번째나 네 번째 정도로 인상적인 이력이고, 저는 이 체가 무엇인지 알고 있습니다.

보다 중요한 이점이 있으리라는 깃을 아는 경우입니다. 이를 알 수 있는 유일한 방법은, 코드베이스에서 비트 배열이 사용되는 위치를 파악하고 그 이점을 식별(가능하면 측정도)했으며, 일반적인 vector<bool>을 사용하는 대신 그럴 만한 타당한 이유가 있을 때입니다. 정말 이럴 때만 BitVector를 도입하는 것이 의미가 있습니다.

도움이 될지는 모르겠지만 서커펀치도 비트 벡터 클래스를 갖고 있습니다. 이 클래스는 상당히 큰 코드베이스에서 대략 120군데에 사용되고 있습니다. 대부분의 팀원들은 이 기술에 익숙합니다. 우리 프로그래머들은 그것이 어떤 역할을 하는지 잘 알고 있기 때문에, 비트 벡터 클래스를 참조하더라도 따로 조사할 필요가 없습니다. 그것은 우리 공통 지식의 일부라 안전하게 사용할 수 있습니다. 그럼에도 이 클래스는 한 가지 사용 사례를 바탕으로 도입된 것이 아닙니다. 우리는 큰 비트 배열과 함께 작동하는 여러 예제 코드를 기반으로 작성했습니다.

단기 기억과 장기 기억을 함께 활용하라

최고의 코드는 단기 기억과 장기 기억을 잘 활용해 쉽게 읽고 이해할 수 있도록 작성된 코드입니다. 이러한 코드는 팀이 사용하는 표준과 컨벤션을 활용합니다. 그 내용이 팀원의 장기 기억 안에 있기 때문입니다. 새로운 아이디어가 도입되면 그것은 독자의 단기 기억에 들어갈 수 있는 크기의 조각 형태가 됩니다. 이러한 조각은 단순하고 쉽게 추상화된 기능, 손쉽게 요약해 장기 기억에 넣을 수 있도록 신중하게 지어진 이름을 갖고 있습니다.

결과요? 읽기도 쉽고 익히기도 쉬운 코드베이스가 만들어지죠. 이러한 코드베이스는 새로운 아이디어를 쉽게 요약할 수 있는 단순한 추상화를 낳으며, 그 추상화를 대상으로 재귀적으로 같은 과정을 반복해 코드베이스 전체가 더욱 명료해집니다.

복잡성을 격리하라

## 10

복잡성은 확장성의 적입니다.

우리는 단순한 코드가 더 낫다는 것을 알고 있습니다. **규칙** 1에 따르면 최대한 단순하게, 그러나 너무 단순하지 않아야 합니다. 하지만 이 **규칙**은 프로젝트가 커질수록 지키기가 어려워집니다.

단순한 문제의 경우 코드를 단순하게 유지하는 일이 쉽지만, 코드가 커지고 성숙해지면 자연스레 복잡해집니다. 그리고 코드가 복잡해지면 다루기가 어렵게 마련입니다. 우리 머릿속의 모든 세부 사항을 유지할 수 있는 능력을 잃게 되죠. 버그를 수정하거나 새로운 기능을 추가하려 할 때마다 우리는 예기치 못한 부작용 때문에 방해를 받게 됩니다. 일보 전진했다 싶었는데 예상치 못하게 일보 후퇴하는 셈입니다.

이때 부분적인 해결책은 코드를 단순하게 만들거나 유지하는 기회를 모색하는 것입니다. **규칙** 1이 바로 이에 대한 것이었죠. 하지만 복잡성이 완전히 제거될 수는 없습니다. 평범한 기능이 내장되고 장기간 사용된 모든 소프트웨어는 해당 소프트웨어가 해결하는 문제에 내재된 복잡성을 잘 헤쳐나가야 합니다. 그러나 복잡성은 제어될 수 있습니다. 스포츠 클리셰를 빌리자면, 복잡성은 멈출 수 없고 최대한 막

아보기를 바라는 것 말고는 할 수 있는 것이 없습니다.[63]

같은 맥락에서, 제거할 수 없는 복잡성을 격리하는 것은 유용한 전략입니다. 어떤 코드의 내부적인 세부 사항이 복잡해도 그 외부 인터페이스가 단순하다면 복잡성은 크게 문제 되지 않습니다. 해당 코드 내부에서는 그 안의 복잡성을 다뤄야 하지만 코드 밖에서는 그 복잡성을 걱정할 필요가 없습니다.

간단한 예제

자신이 선호하는 프로그래밍 언어의 사인 함수와 코사인 함수를 생각해보세요. 외부 인터페이스는 단순합니다. 함수를 호출하면, 인수로 넘긴 각도에 대한 사인값이나 코사인값을 얻게 됩니다. 내부적인 세부 사항은 복잡하지만요.

이러한 함수가 실제로 어떻게 구현됐는지 제가 궁금해하기까지는 꽤 오랜 시간이 걸렸습니다. 그 전에는 함수가 그저 마법처럼 답을 만들어낸다고 생각했습니다.[64] 하지만 저의 더없이 행복한 무지는 아무런 문제가 없었습니다. 사인 함수와 코사인 함수의 구현 내부에 존재하는 복잡성이 무엇이든 제가 그것을 사용하는 데 전혀 영향을 끼치지 않았죠. 이 함수들은 제가 예상한 대로 동작했으니까요.

사인과 코사인의 구현에 대한 세부 사항을 몰라도 여러분은 다음과 같이 원을 그릴 수 있습니다.

---

63 옮긴이_뛰어난 선수의 플레이에 찬사를 보낼 때 사용하는 표현입니다. 예를 들어 마이클 조던이 도저히 뚫지 못할 것 같은 상황에서 득점을 하면 해설자가 이렇게 말합니다. "마이클 조던을 멈출 수 없습니다! 최대한 막아보기를 바라는 것 말고는 할 수 있는 것이 없군요!(You can't stop him, you can only hope to contain him!)"

64 제가 기억하기로는, 호기심이 처음 동했을 때 제가 생각했던 것은 '커다란 테이블과 선형 보간(linear interpolation)'이었습니다. 당시에 저는 테일러 급수를 알고 있었기 때문에 이렇게 생각했다는 것이 지금은 좀 창피합니다. (옮긴이_테일러 급수는 삼각함수 계산에 사용됩니다.)

```
void drawCircle(Point center, float radius, Color color)
{
    int count = int(ceil(pi / acos((radius - 1.0) / radius)));
    Point previousPoint = center + Vector(radius, 0.0, 0.0);
    for (int index = 1; index <= count; ++index)
    {
        float angle = 2.0 * pi * index / count;
        Point nextPoint = center +
                          radius * Vector(cosf(angle), sinf(angle), 0.0);

        drawLine(previousPoint, nextPoint, color);

        previousPoint = nextPoint;
    }
}
```

sinf와 cosf(32비트 부동 소수형을 위한 C 표준 라이브러리의 사인 함수와 코사
인 함수) 내부에 복잡성이 존재하지만, 함수를 단순하게 추상화했으므로 이 복잡
성이 다른 코드로 번져나가지 않습니다.[65] 복잡성이 안전하게 격리됐습니다.

내부 세부 사항 숨기기

같은 규칙이 여러분의 코드에도 적용됩니다. 가능하다면 항상 복잡성을 격리해 명
확하게 정의된 코드 구역 안에만 존재하게 해야 합니다.

....

65 sinf와 cosf는 구현에 의존적이며, 놀랍도록 복잡할 수 있습니다. 여기에 간단한 설명을 적으려고 시도했지만 실패했
습니다. 명심해야 할 중요한 사실은, 이 함수들은 정확한 값을 계산할 필요가 없고, 부동 소수형 값의 해상도 수준 정도
의 정확한 값만 계산하면 되며, 입력받은 각도를 나머지 연산을 사용해 근사치 계산에 편리한 범위로 변환할 수 있다는
것입니다. 재미있는 사실 한 가지는, x86 프로세서는 사인과 코사인을 계산하는 명령어를 지원하지만 현대 컴파일러는
명시적으로 지시하지 않는 한 그것을 사용하지 않는다는 것입니다. 1987년에 도입된 이 명령어들은 알려진 결함이 있
지만 하위 호환성을 위해 수정되지 않습니다.

고객 정보의 목록을 갖고 있고, 최근 구매 이력이 있는 고객의 목록을 반환하는 함수를 작성한다고 생각해봅시다. 고객 정보는 다음과 같습니다.

```
struct Customer
{
    int m_customerID;
    string m_firstName;
    string m_lastName;
    Date m_lastPurchase;
    Date m_validFrom;
    Date m_validUntil;
    bool m_isClosed;
};
```

여기서의 복잡성은 목록 안에 있는 모든 고객 정보가 유효하지는 않다는 것입니다. 어떤 고객 계정은 만료되거나 아직 활성화되지 않았고, 어떤 계정은 고객에 의해 종료됐습니다. 여러분의 함수는 이렇게 유효하지 않은 고객 정보를 제외해야합니다.

```
void findRecentPurchasers(
    const vector<Customer *> & customers,
    Date startingDate,
    vector<Customer *> * recentCustomers)
{
    Date currentDate = getCurrentDate();

    for (Customer * customer : customers)
    {
        if (customer->m_validFrom >= currentDate &&
            customer->m_validUntil <= currentDate &&
            !customer->m_isClosed &&
```

```
                customer->m_lastPurchase >= startingDate)
        {
                recentCustomers->push_back(customer);
        }
    }
}
```

유효하지 않은 고객 정보에 의한 복잡성은 한 곳에 국한되지 않았습니다. 관련이 없어야 할 이 함수에도 그 복잡성이 끼어들었습니다. 이제 고객 목록을 순회하는 모든 루프에서 유효하지 않은 고객 정보를 확인해야 합니다. 그리고 유효성을 판단하는 규칙이 바뀐다면 그러한 루프도 모두 수정해야 할 것입니다.

앞의 예제는 솔직히 별로 좋은 설계가 아닙니다. 모든 루프에서 고객의 유효성 검사를 반복적으로 수행할 필요는 없습니다. 객체 지향 설계의 약속 중 하나는 바로 이러한 복잡성을 감추기가 쉽다는 것이었습니다. 유효성 판단 규칙은 최소한 다음과 같이 캡슐화돼야 합니다.

```
struct Customer
{
    bool isValid() const
    {
        Date currentDate = getCurrentDate();

        return m_validFrom >= currentDate &&
               m_validUntil <= currentDate &&
               !m_isClosed;
    }

    int m_customerID;
    string m_firstName;
    string m_lastName;
```

```
    Date m_lastPurchase;
    Date m_validFrom;
    Date m_validUntil;
    bool m_isClosed;
};
```

위 코드는 다음과 같이 루프를 더 단순하게 만듭니다.

```
void findRecentPurchasers(
    const vector<Customer *> & customers,
    Date startingDate,
    vector<Customer *> * recentCustomers)
{
    Date currentDate = getCurrentDate();

    for (Customer * customer : customers)
    {
        if (customer->isValid() &&
            customer->m_lastPurchase >= startingDate)
        {
            recentCustomers->push_back(customer);
        }
    }
}
```

하지만 이것만으로는 충분치 않습니다. findRecentPurchasers를 호출하는 코드를 개선하면 더 나은 솔루션을 만들 수 있습니다. findRecentPurchasers가 모든 고객을 순회하는 것이 아니라 유효한 고객에 대해서만 순회하도록 하는 것입니다. 고객의 목록을 제공하는 코드는 전체 고객의 목록에서 유효한 고객의 목록을 추출해 세공해야 합니다. 그러면 여러분의 코드는 다음과 같이 적절하게 단순해질 것입니다.

```
void findRecentPurchasers(
    const vector<Customer *> & validCustomers,
    Date startingDate,
    vector<Customer *> * recentCustomers)
{
    Date currentDate = getCurrentDate();

    for (Customer * customer : validCustomers)
    {
        if (customer->m_lastPurchase >= startingDate)
        {
            recentCustomers->push_back(customer);
        }
    }
}
```

이렇게 수정하면 모든 복잡성은 유효한 고객의 목록을 반환하는 함수 안에 격리됩니다. findRecentPurchasers와 같은 코드는 고객의 유효성을 염려하지 않아도 되며, 결과적으로 작성하기도 쉽고 이해하기도 쉬운 코드가 됩니다.

상태 분산과 복잡성

객체 지향 설계는 복잡성을 격리하는 데 도움을 줄 수 있지만 만병통치약은 아닙니다. 특히 객체 하나에 상태를 집중해 격리하지 않고 여러 객체에 상태를 분산하면 문제가 일어날 소지가 큽니다.

상태를 분산하는 것 자체는 문제가 아닙니다. 가끔은 시스템의 상태를 공동 관리하는 복수의 객체를 생성하는 것이 시스템을 모델링하는 가장 자연스러운 방법일때가 있습니다. 객체 지향 설계는 객체 간의 상호작용을 잘 정의해 각 객체가 자신의 상태를 관리하게 함으로써 복수의 객체가 일관성을 유지할 수 있다고 약속합니다.

하지만 일관성을 유지하는 객체 지향 설계는 어느 정도의 신중한 코딩 없이는 지킬 수 없습니다. 여러 객체의 현재 상태에 의존하는 작업을 할 때 불안정한 코드를 작성하기 쉽습니다.

가상의 예를 들어보겠습니다. 적에게 들키지 않고 숨어 다니는 재미가 있는 스텔스 게임을 만들고 있다고 합시다. 가족 친화적인 이 게임에서 플레이어는 '나를 차세요'라는 표지판을 다른 캐릭터의 등에 붙이기 위해 등 뒤로 몰래 다가갑니다. 이때 사용자의 플레이를 돕기 위해 작은 '눈' 아이콘을 표시하고자 합니다. 적이 플레이어를 볼 수 없을 때는 눈이 감겨 있고, 적이 플레이어를 볼 수 있을 때는 눈이 뜨여 있습니다. 감긴 눈은 플레이어가 안전하다는 것을 나타내고, 뜨인 눈은 들킬 위험에 처해 있음을 나타내죠.

여러분에게는 이 게임을 모델링하기 위한 객체와 클래스가 주어졌습니다. 플레이어를 위한 객체 하나, 다른 모든 캐릭터를 위한 여러 객체, 눈 아이콘을 위한 객체 하나, 어느 캐릭터가 다른 캐릭터를 볼 수 있는지 추적하는 객체 하나입니다. 마지막 객체, 즉 '인식 관리자awareness manager'는 특정 캐릭터가 다른 캐릭터에게 발각될 때마다 호출되는 콜백 함수, 다른 캐릭터가 등록된 캐릭터를 볼 수 없게 됐을 때 호출되는 또 다른 콜백 함수를 등록할 수 있게 해줍니다.

이러한 객체를 고려하면 이 기능을 구현하는 가장 명확한 방법은 플레이어 객체를 중심에 놓는 것입니다. 플레이어 객체는 인식 콜백 함수를 구현하고, 이 콜백 함수를 사용해 플레이어를 발견한 다른 캐릭터의 수를 파악합니다. 만약 이 수가 0이면 플레이어 객체는 눈 아이콘을 '닫은 상태'로 만듭니다. 반대로 0이 아니면 눈 아이콘은 '열린 상태'가 되고요.

인식 관리자는 다음과 같은 모습을 하고 있습니다.

```cpp
class AwarenessEvents
{
public:

    virtual void OnSpotted(Character * otherCharacter);
    virtual void OnLostSight(Character * otherCharacter);
};

class AwarenessManager
{
public:

    int getSpottedCount(Character * character);
    void subscribe(Character * character, AwarenessEvents * events);
    void unsubscribe(Character * character, AwarenessEvents * events);
};
```

눈 아이콘 코드는 더 간단합니다.

```cpp
class EyeIcon
{
public:

    bool isOpen() const;
    void open();
    void close();
};
```

이러한 객체를 활용하면 플레이어 코드를 쉽게 작성할 수 있습니다. 플레이어 객체가 생성될 때 인식 관리자로부터 초기 카운트를 가져오고, 변경 사항을 추적하기 위해 AwarenessEvents 인터페이스를 구현하면 됩니다. 플레이어를 볼 수 있는 다른 캐릭터의 수를 정확히 알고 있으면 눈 아이콘을 적절히 열고 닫을 수 있습니다.

```cpp
class Player : public Character, public AwarenessEvents
{
public:

    Player();

    void onSpotted(Character * otherCharacter) override;
    void onLostSight(Character * otherCharacter) override;

protected:

    int m_spottedCount;
};

Player::Player() :
    m_spottedCount(getAwarenessManager()->getSpottedCount(this))
{
    if (m_spottedCount == 0)
        getEyeIcon()->close();

    getAwarenessManager()->subscribe(this, this);
}

void Player::onSpotted(Character * otherCharacter)
{
    if (m_spottedCount == 0)
        getEyeIcon()->open();
```

```
        ++m_spottedCount;
}

void Player::onLostSight(Character * otherCharacter)
{
        --m_spottedCount;

        if (m_spottedCount == 0)
                getEyeIcon()->close();
}
```

이것은 나쁜 코드가 아닙니다. 그다지 복잡하거나 길지 않고 코드 자체는 상당히 읽기 쉽습니다. m_spottedCount[66]를 언제 0과 비교해야 하는지에 대해서는 약간의 미묘함이 있지만, 이를 파악하는 것은 그렇게 어렵지 않습니다. 저는 이 코드가 괜찮다고 생각합니다.

능력 복원?

그러나 모든 설계가 그렇듯이 우리의 예제도 진화합니다. 플레이어에게 약간의 도전을 던져주기 위해 게임에 새로운 요소를 추가하겠습니다. 플레이어가 능력 상실 상태일 때는 눈 아이콘이 항상 열려 있어야 합니다. 즉 적이 플레이어를 발견하지 못한 동시에 플레이어가 능력 상실 상태가 아닐 때는 눈 아이콘이 닫혀야 합니다.

예제에서는 Player 클래스가 플레이어의 전체적인 체력 상태 변화를 표시하기 위해 호출되는 setStatus 메서드를 갖고 있습니다. 플레이어가 능력 상실 상태가 되거나 또는 음… '능력 복원capacitated'이라고 해야 하나 '능력 비상실unincapacitated'이라고 해야 하나, 아무튼 그러한 상태로 회복하는 경우를 포착하는 코드를

---

66 옮긴이_ spottedCount는 발각 횟수를 뜻합니다.

setStatus 안에 삽입하는 것은 어렵지 않습니다. 어쨌든 m_spottedCount가 0일 때만 플레이어의 상태에 주목해야 합니다. 다른 경우에는 눈 아이콘이 이미 열려 있기 때문이죠. 또한 m_spottedCount가 0이 아니면 플레이어가 능력 상실 상태가 아닐 때만 눈 아이콘을 고려하면 됩니다.

```cpp
enum class STATUS
{
    Normal,
    Blindfolded
};

class Player : public Character, public AwarenessEvents
{
public:

    Player();

    void setStatus(STATUS status);

    void onSpotted(Character * otherCharacter) override;
    void onLostSight(Character * otherCharacter) override;

protected:

    STATUS m_status;
    int m_spottedCount;
};

Player::Player() :
    m_status(STATUS::Normal),
    m_spottedCount(getAwarenessManager()->getSpottedCount(this))
{
    if (m_spottedCount == 0)
```

```
            getEyeIcon()->close();

    getAwarenessManager()->subscribe(this, this);
}

void Player::setStatus(STATUS status)
{
    if (status == m_status)
        return;

    if (m_spottedCount == 0)
    {
        if (status == STATUS::Normal)
            getEyeIcon()->close();
        else if (m_status == STATUS::Normal)
            getEyeIcon()->open();
    }

    m_status = status;
}

void Player::onSpotted(Character * otherCharacter)
{
    if (m_spottedCount == 0 && m_status == STATUS::Normal)
        getEyeIcon()->open();

    ++m_spottedCount;
}

void Player::onLostSight(Character * otherCharacter)
{
    --m_spottedCount;

    if (m_spottedCount == 0 && m_status == STATUS::Normal)
        getEyeIcon()->close();
}
```

코드에 복잡성이 더해졌습니다. 특히 체력 표시기를 나타내기 위한 두 중첩 조건이 서로 상호작용하는 방법에 관해서요. 그래도 큰 문제라고 할 정도는 아니네요. 발각 횟수가 0인 경우에 Player::setStatus 안에서 눈 아이콘을 업데이트하기만 하는 것과 같이 작업을 최소화하기 위해 코드의 가정이 이제 더 미묘해졌습니다. 상황 파악이 아주 어렵지는 않지만, 작은 효율 때문에 지불해야 하는 복잡성의 대가가 있군요.

안개가 끼기 시작하다

설계가 또다시 진화합니다. 이번에는 추가된 날씨 효과에 따라 안개가 끼면 눈 아이콘이 열려야 합니다. 플레이어가 발각되거나 능력 상실 상태일 때처럼요.

인식 시스템처럼 날씨 시스템도 간단한 질의 API와 콜백 API를 제공합니다.

```cpp
enum class WEATHER
{
    Clear,
    Foggy
};

class WeatherEvents
{
public:

    virtual void onWeatherChanged(WEATHER oldWeather,
                                  WEATHER newWeather);
};

class WeatherManager
{
```

```
public:

    WEATHER getCurrentWeather() const;
    void subscribe(WeatherEvents * events);
};
```

이 패턴은 여러분이 인식에 사용했던 패턴과 일치합니다. 날씨 콜백을 구현하고, 초기화 코드를 추가하고, 기존의 점검 로직에 새로운 로직을 섞으면 동작하는 시스템을 얻을 수 있습니다.

```
class Player :
    public Character,
    public AwarenessEvents,
    public WeatherEvents
{
public:

    Player();

    void setStatus(STATUS status);

    void onSpotted(Character * otherCharacter) override;
    void onLostSight(Character * otherCharacter) override;

    void onWeatherChanged(WEATHER oldWeather, WEATHER newWeather)
                          override;

protected:

    STATUS m_status;
    int m_spottedCount;
};
```

```
Player::Player() :
    m_status(STATUS::Normal),
    m_spottedCount(getAwarenessManager()->getSpottedCount(this))
{
    if (m_spottedCount == 0 &&
        getWeatherManager()->getCurrentWeather() != WEATHER::Foggy)
    {
        getEyeIcon()->close();
    }

    getAwarenessManager()->subscribe(this, this);
    getWeatherManager()->subscribe(this);
}

void Player::setStatus(STATUS status)
{
    if (status == m_status)
        return;

    if (m_spottedCount == 0 &&
        getWeatherManager()->getCurrentWeather() != WEATHER::Foggy)
    {
        if (status == STATUS::Normal)
            getEyeIcon()->close();
        else if (m_status == STATUS::Normal)
            getEyeIcon()->open();
    }

    m_status = status;
}

void Player::onSpotted(Character * otherCharacter)
{
    if (m_spottedCount == 0 &&
        m_status == STATUS::Normal &&
```

```
                getWeatherManager()->getCurrentWeather() != WEATHER::Foggy)
    {
            getEyeIcon()->open();
    }

    ++m_spottedCount;
}

void Player::onLostSight(Character * otherCharacter)
{
    --m_spottedCount;

    if (m_spottedCount == 0 &&
        m_status == STATUS::Normal &&
        getWeatherManager()->getCurrentWeather() != WEATHER::Foggy)
    {
            getEyeIcon()->close();
    }
}

void Player::onWeatherChanged(WEATHER oldWeather, WEATHER newWeather)
{
    if (m_spottedCount == 0 &&
        m_status == STATUS::Normal)
    {
        if (oldWeather == WEATHER::Foggy)
            getEyeIcon()->close();
        else if (newWeather == WEATHER::Foggy)
            getEyeIcon()->open();
    }
}
```

코드를 이렇게 작성한다면 합리적이라고 느낄 수 있습니다. 저도 이렇게 코드를
작성했고, 나쁘다고 느끼지 않았습니다.

이것은 첫 번째 버전이 취했던 접근법의 진화입니다. 플레이어 객체가 초기화될 때 세계의 상태를 보고, 눈 아이콘을 현행화하기 위해 세계의 상태에 일어나는 변화를 추적합니다.

최소한 개념적으로는 초기 구현에서 자라난 반복되는 공통 주제가 존재합니다. 상태가 변경되지 않아야 할 때는 눈 아이콘을 변경하지 말라는 것입니다. 날씨가 바뀌었을 때, 발각 횟수가 0인 동시에 플레이어가 능력 상실 상태가 아니면 눈 아이콘을 갱신하지 않아도 됩니다. 발각 횟수가 0이 아니거나 플레이어가 능력 상실 상태라면 눈 아이콘이 이미 열려 있고, 그렇게 유지돼야 합니다.

코드 안에는 이 아이디어의 세 가지 변형이 있습니다. 시야, 플레이어의 상태, 현재 날씨에 관한 코드가 그것입니다. 이 아이디어는 각 코드마다 조금씩 다르게 표현됐지만, 그래도 여전히 하나의 아이디어라 그렇게 복잡해 보이지 않습니다.

그래도 한발 뒤로 물러나서 생각해봅시다. 코드를 작성할 때는 코드 사이에 공유되는 아이디어가 눈에 잘 띕니다. 결국 자신의 아이디어니까요. 하지만 마지막 예제를 팀원이 본다고 상상해보세요. 기본 아이디어를 그 사람도 분명하게 볼 수 있을까요? 그렇지 않을 것 같군요.

아이디어(상태가 변경되지 않아야 할 때 눈 아이콘을 변경할 필요가 없다는 것)를 알고 있다면 그 아이디어가 각 코드에서 어떻게 표현됐는지가 잘 보입니다. 하지만 그 반대로 작업하는 경우, 즉 코드에서 기본 아이디어를 유추하려고 할 때는 그 아래에 깔린 아이디어가 잘 보이지 않습니다.

접근법 다시 생각해보기

그런데 여기에 더 큰 문제가 있습니다. 이 기능을 사용자에게 보여주기 위한 설계는 간단합니다. 다음 세 가지 조건이 모두 충족될 때 눈 아이콘을 닫으면 됩니다.

- 적이 플레이어를 발견하지 않았다.

- 플레이어는 능력 상실 상태가 아니다.

- 안개가 없다.

앞서 말했듯이 우리는 이 로직에 대해 다섯 개(!)에 이르는 별도의 구현을 갖고 있습니다. 혼란스럽게도 각 구현은 모두 세 가지 조건을 각기 다른 방식으로 표현합니다. 세 가지 조건을 모두 검사해 이 규칙을 간단하고 직관적으로 구현하는 부분이 없습니다. 다섯 개의 구현은 같은 로직의 변형이며, 모두가 컨텍스트를 사용해 작업을 최소화하고 있습니다.

설계가 변경된다면 여기에 맞게 다섯 가지 구현을 각각 수정해야 합니다. 예를 들어 날씨 시스템에 WEATHER::HeavyFog 상태를 추가한다면, WEATHER::Foggy를 확인했던 모든 곳에 해당 상태를 확인하는 코드를 추가해야 합니다.

더 큰 문제가 있을 수도 있습니다. 추가한 메서드가 다른 방식으로 바뀌면 어떻게 될까요? 예를 들어 적이 플레이어를 발견했을 때 플레이어가 그 적을 향해 머리를 돌려야 한다면 Player::onSpotted에 코드를 추가해야 할 수도 있습니다. 이제 여러분은 스텔스 표시기가 실수로 깨지는 것을 방지해야 합니다.

이 코드 이면에는 상당히 큰 문제가 존재합니다. 바로 설계의 복잡성을 격리하지 못했다는 문제죠. 여러분은 이 절 시작 부분에서 언급한 세 가지 조건에 따른 간단한 설계를 갖고 있지만, 다섯 개로 분리된 구현에 해당 설계의 구현을 흩뿌려놓았습니다. 게다가 모두 조금씩 다르게 구현했습니다. 각 조건은 복잡성을 조금씩 더하고 다른 복잡성과 상호작용합니다. 그리고 모든 복잡성은 매우 빠른 속도로 서로 얽히고설킵니다.

눈 아이콘을 열고 닫는 규칙과 같은 복잡한 아이디어의 경우, 그 아이디어를 한곳에 표현하는 것을 목표로 삼으세요. 예제에서 그 목표는 세 가지 조건을 다루는 단 하나의 직관적 구현을 뜻합니다. 그러면 여러분은 해당 구현을 둘러싸는 나머지 코드를 구현할 수 있습니다. 시스템의 나머지 부분을 그대로 놔둔다면 최종적으로 다음과 같은 코드가 될 것입니다.

```cpp
enum class STATUS
{
    Normal,
    Blindfolded
};

class Player :
    public Character,
    public AwarenessEvents,
    public WeatherEvents
{
public:

    Player();

    void setStatus(STATUS status);

    void onSpotted(Character * otherCharacter) override;
    void onLostSight(Character * otherCharacter) override;

    void onWeatherChanged(WEATHER oldWeather, WEATHER newWeather)
                        override;

protected:

    void refreshStealthIndicator();

    STATUS m_status;
```

```cpp
};

Player::Player() :
    m_status(STATUS::Normal)
{
    refreshStealthIndicator();

    getAwarenessManager()->subscribe(this, this);
    getWeatherManager()->subscribe(this);
}

void Player::setStatus(STATUS status)
{
    m_status = status;

    refreshStealthIndicator();
}

void Player::onSpotted(Character * otherCharacter)
{
    refreshStealthIndicator();
}

void Player::onLostSight(Character * otherCharacter)
{
    refreshStealthIndicator();
}

void Player::onWeatherChanged(WEATHER oldWeather, WEATHER newWeather)
{
    refreshStealthIndicator();
}

void Player::refreshStealthIndicator()
{
```

```
        if (m_status == STATUS::Normal &&
            getAwarenessManager()->getSpottedCount(this) == 0 &&
            getWeatherManager()->getCurrentWeather() != WEATHER::Foggy)
        {
            getEyeIcon()->close();
        }
        else
        {
            getEyeIcon()->open();
        }
    }
```

여기서 조건을 검사하는 다섯 가지 구현은 모두 하나의 refreshStealthIndicator 메서드 안에 요약됐습니다. 이 메서드는 검사 조건에 변화가 생길 때마다 호출됩니다. 여러분이 검사하는 조건과 이러한 조건에 관련된 변화를 감지하는 콜백 사이의 연결이 분명하지 않기 때문에 격리되지 않은 복잡성이 여전히 조금 남아 있습니다. 그래도 복잡성이 전보다 훨씬 줄어들었습니다.

그리고 이 구현은 조건의 가짓수에 대해 선형적입니다. 새로운 조건이 하나 추가되면 여러분은 refreshStealthIndicator 안에 검사를 하나 더 추가하고, 초기화 코드를 작성하고, 한두 군데에서 조건의 변화를 검사할 수 있습니다. 조건이 열 개로 늘어나면 코드도 열 배 늘어납니다.

이것은 복잡성을 격리하지 않았던 초기 예제에 비하면 훨씬 좋아진 결과입니다. 컴퓨터 과학 용어로 표현하자면, 예전 코드는 2차 복잡도quadratic complexity를 가졌습니다. 새로운 조건을 추가할 때마다 모든 조건을 검사하는 새 코드를 추가하고, 해당 로직을 구현하는 모든 기존 코드에도 새로운 조건 검사를 추가해야 했습니다. 직접적인 결과로, 여러분의 설계를 구현하는 코드가 설계 내 조건 가짓수의 제곱만큼 증가했을 것입니다. 심각한 일이죠. 코드의 복잡성이 지수적으로 증가한다면 곧 벽에 부딪히고 말 테니까요.

격리된 복잡성, 단순한 상호작용

어떤 경우에도 시스템 내 각 부분 간의 복잡한 상호작용을 피해야 합니다. 복잡성이 격리되는 한, 어느 정도의 복잡한 세부 사항을 감내할 수 있습니다. 간단한 인터페이스와 간단한 상호작용을 갖고 있지만 동시에 복잡한 내부 세부 사항이 있는 컴포넌트는 여러분의 프로젝트를 좌초시키지 않습니다. 하지만 복잡한 인터페이스와 복잡한 상호작용은 사망 플래그가 될 수 있습니다. 내부 세부 사항이 단순하다 해도 말입니다.

간단한 상호작용을 하는 컴포넌트로 이뤄진 시스템은 선형적인 복잡성을 갖는 경향이 있습니다. 각 컴포넌트가 시스템을 약간씩 복잡하게 만들지만 전체적인 복잡성은 여전히 관리 가능한 수준에 머물죠. 그러나 컴포넌트 간의 상호작용이 복잡하다면 복잡성이 삽시간에 통제 불능 상태가 될 수 있습니다.

새로운 기능 추가가 여러 곳의 코드를 손대게 만든다면 나쁜 신호라고 할 수 있습니다. 이는 아무리 잘해도 새로운 기능이 기존 코드와 어울릴 수 없다는 것을 의미합니다. 또한 기능을 추가할 때마다 여러 부분에 코드를 추가해야 한다면 복잡성을 격리하는 데 이미 실패했을 수도 있습니다. 그렇다면 프로젝트는 슬픈 결말을 맞이할 것입니다.

두 배 좋은가

모든 프로젝트는 결국 각자의 아키텍처가 가진 필연적인 한계에 부딪힙니다. 현재의 구조로는 해결하기 어려운 문제에 직면하게 되죠. 어떤 경우에는 현재 사용 중인 패러다임으로 표현할 수 없는 기능을 추가할 일이 생기기도 합니다. 가령 모두 충족돼야 하는 조건의 집합을 정의할 수 있는 필터링 메커니즘이 있는데, 어떤 조건에 대해서는 AND가 아닌 OR를 수행해야 하는 상황을 맞이할 수도 있습니다.

또는 데이터의 형태가 바뀔 수도 있습니다. 특정 규모의 문제를 해결하는 시스템을 구축했는데 시간이 지나면서 규모나 형태가 다른 문제에 적용돼 심각한 성능 문제에 부딪힐 수도 있죠.

문제가 복잡하게 얽혀 있을 수도 있습니다. 여러분의 패러다임은 특별한 경우에 시스템의 핵심 동작을 조정할 수 있게 해서 여태까지 시스템이 유지되도록 했습니다. 하지만 이제 확장 메커니즘이 특별한 경우뿐 아니라 모든 경우에 사용됩니다. 시스템을 사용할 때마다 다양한 예외 상황을 건너뛰게 되며, 이제는 새로운 것이 동작하는지를 파악하는 것도 어려운데, 그것이 어떻게 동작하는지를 파악하는 것은 더더욱 어려워집니다.

어쩌면 코드 중 일부가 너무 오래돼서 나머지 코드베이스와 어울리지 않을 수도 있습니다. 예를 들어 현대적인 C++ 프로젝트 안에 약간의 C 코드가 있는데, 그 안에 작성된 커스텀 포인터 구조체를 보고 뒷걸음치고 싶을 때죠. 그 코드는 오래되고 낯선 생각을 반영하며, 팀원 모두가 더 현대적인 패러다임으로 재작성하고 싶어 할 것입니다.

이는 모두 자연스럽고 불가피한 일이라 당황할 필요가 없습니다. 실제로 그것은 문제가 아니고, 그냥 일이 원래 그렇게 돌아가는 것뿐이랍니다.

만약 여러분의 아키텍처가 초기에 빈약하게 설계돼 이러한 한계에 부딪혔다고 생각한다면, 그리고 더 나은 설계로 이 문제를 피할 수 있었을 것이라고 생각한다면 **'규칙 4: 일반화에는 세 가지 사례가 필요하다'**를 상기하세요. 초기 설계가 열악했을 수도 있죠. 하지만 미래를 예측하려는 노력은 대개 비슷하게 열악하고 더 복잡한 설계로 이어질 가능성이 크며, 그러한 설계는 더 일찍 한계에 부딪힐 거예요.

프로젝트의 모든 부분에서 아키텍처의 한계에 부딪히지는 않습니다. 어떤 부분은 재작업 없이도 수년 동안 원활하게 동작하는데, 이는 단순한 우연이 아닙니다. 초기 설계에서 좋은 결정을 내리고, 해결하는 문제의 성격이 크게 변하지 않으며, 여러분과 팀원 모두가 꾸준히 코드를 정돈하고 발견되는 예외적 사례를 잘 격리해 쉽게 처리한다면 변경 없이도 잘 진행될 수 있습니다. 그래서 미래를 너무 미리 준비하는 것이 위험하다는 거죠. 어느 시기에는 그러한 대비가 필요 없고, 그 외의 시기에는 그러한 대비가 통하지 않으니까요.

앞으로 전진하는 세 가지 길: 무시, 미세 조정, 리팩터링

아무튼 여러분은 어떤 종류든 필연적인 한계를 맞이하게 돼 있습니다. 그렇다고 해서 코드를 내다버리고 바닥부터 다시 시작해야 한다는 것은 아닙니다. 예컨대 필연적인 한계를 그냥 받아들이고 살 수도 있습니다. 필터링에 OR를 허용하지 않거나, 성능 문제 해결을 위해 더 큰 하드웨어를 구입하거나, 약간의 부가적인 복잡성과 구식 코드를 그대로 사용하는 것도 방법입니다.

미세 조정과 예외적 사례도 효과적일 수 있습니다. 어쩌면 필터링이 대부분의 온라인 쇼핑몰 웹사이트에서처럼 OR의 AND 구조일지도 모르죠.[67] 이때는 UI에서 두 카테고리를 합쳐서 특별한 경우의 추가적인 OR 조건을 처리할 수 있습니다. 성능 문제는 주로 어떤 데이터의 재계산에서 비롯되는데, 약간의 캐싱만으로도 대부분 해결할 수 있습니다. 또한 시스템 사용의 대부분이 예외적인 메커니즘을 통해 이뤄지지만 대다수의 예외적 사례가 동일할 수도 있는데, 이때는 해당 예외를 핵심 코드 경로에 통합해 많은 예외적 사례를 제거할 수 있습니다. 아마도 가장 구식으로 느껴지는 부분은 C 배열 할당을 다루는 어설픈 매크로 기반 함수일 것입니다. 이러한 함수는 그리 어렵지 않게 std::vector로 전환할 수 있습니다.

실제로 큰 변화가 필요한 경우도 있습니다. 여러분의 아키텍처는 작업이 시작될 때 여러분이 이해했던 문제를 해결하기 위해 설계됐습니다. 하지만 문제가 바뀌거나 문제에 대한 인식이 더 깊어졌을 수 있습니다. 현재의 아키텍처로는 지금 이해하는 문제를 해결할 수 없기 때문에 더 나은 접근법이 필요하다고 느끼는 것입니다. 그렇다면 기본적인 세 가지 접근법 중 무엇을 선택하겠습니까? 문제를 무시하겠습니까? 문제를 해결하기 위해 미세 조정을 하겠습니까? 대규모 리팩터링을 진행하겠습니까?

점진적 진화 vs 지속적 재발명

프로그래머들은 이 문제를 잘 다루지 못하는 경향이 있습니다. 잘못된 이유로 잘못된 시기에 대규모 수정을 하는 것은 해결한 것보다 더 많은 문제를 일으키기 때

---

67 옮긴이_'타입은 노트북 OR PC' AND 'CPU는 Intel OR AMD'

문입니다.

구체적으로 말해서 세상에는 두 종류의 프로그래머가 있습니다. 첫 번째 유형의 프로그래머는 점진적으로 사고합니다. 이들은 이미 존재하는 솔루션의 관점에서 새로운 문제를 바라보고, 항상 현재의 설계를 조정함으로써 문제를 해결합니다. 두 번째 유형의 프로그래머는 문제와 솔루션을 함께 고려합니다. 현재 주어진 문제뿐 아니라 시스템의 모든 이슈를 함께 해결하는 데 관심이 있고, 새로운 설계로 다시 시작하려 합니다.

둘 중 어느 쪽이든 극단으로 치달으면 재앙이 됩니다. 모든 수정이 점진적이면 프로젝트의 개선을 위한 요청을 계속해서 미루다가 수년간의 미세 조정과 예외적 사례의 무게로 점점 매몰됩니다. 반대로 점진적인 수정을 전혀 하지 않는다면, 모든 변경이 근본적인 재작업이라면 제자리걸음을 하게 됩니다. 이전 아키텍처에 대해 학습한 것을 계속해서 버리게 되죠. 새로운 아키텍처가 새로운 문제를 야기하니 아무런 진전이 없습니다.

세상 모든 일이 그렇듯이 최고의 결과는 균형에서 비롯됩니다. 무시, 미세 조정, 리팩터링 중에서 올바른 접근법을 선택하는 일이 까다로울 수 있으나, 여러분과 팀원의 경향을 이해하면 더 나은 결정을 내리는 데 도움이 될 것입니다. 불확실성에 대한 반응으로 자기 자신에게 편안한 결정을 내린다면 앞으로도 매번 같은 선택을 할 위험이 있습니다. 첫 번째 유형의 프로그래머라면 점진적인 접근법이 편안한 결정일 것이며, 모든 문제가 미세 조정이나 무시로 해결되겠죠. 두 번째 유형의 프로그래머라면 재작업하는 것이 편안한 결정이며, 매번 그렇게 하게 됩니다. 하지만 둘 다 좋지 않습니다. 두 가지 접근법 사이의 균형을 잡아야 합니다.

첫 번째 유형의 프로그래머가 통제 불가가 될 수 있다는 경고 신호는 다음과 같습니다.

- 당면한 문제를 기존 아키텍처의 관점에서 묘사합니다. 이는 문제의 고유한 영역에서 설명하는 대신 내부 용어를 사용하는 것만큼 간단할 수 있습니다. 첫 번째 유형의 프로그래머는 때때로 기존 아키텍처의 관점을 배제하고 문제를 생각하는 것조차 어려워하는데, 이는 그들이 사용하는 언어에서 드러납니다.

- 문제를 설명할 때 '불가능'이라는 단어를 사용합니다. 불가능이라는 주장은 대개 사실이 아닙니다. 최악의 경우 시스템 아키텍처를 대대적으로 변경하지 않고는 문제를 해결하기 어렵습니다.

- 대화를 중단하는 수단으로 프로젝트 일정을 동원합니다. 이것은 일정에 대한 우려가 잘못됐다는 의미가 아닙니다. 그러한 우려는 당연히 타당합니다. 그러나 큰 변경에 반대하는 첫 번째이자 유일한 이유가 일정이라면 첫 번째 유형의 사고에 갇혀 있을 수 있습니다.

- 점진적인 다수의 수정이 있었으나 시스템의 대규모 변경이 마지막으로 이뤄진 지가 수년이 지났습니다.

두 번째 유형의 사고에 지배당하고 있다는 경고 신호는 다음과 같습니다.

- "우리는 진짜 그 코드를 정리해야 해요"가 시스템을 재작업하는 최고의 이유입니다.

- 구현하기 어려운 기능 하나 또는 성능을 떨어뜨리는 데이터 집합 같은 한 가지 특정 사례를 기반으로 시스템의 재작업을 결정합니다.

- 성능이나 자원 문제를 근거로 재작업을 주장하지만, 사실 병목 현상을 찾기 위해 시스템을 프로파일링하지는 않았습니다.

- 당면한 문제가 아닌 솔루션 관점에서 시스템을 재작업해야 한다고 주장합니다(문제를 근거로 하지 않은 모든 제안은 의심해야 합니다).

- 제안하는 재작업의 중심에 밝고 빛나는 것(새로운 프로그래밍 언어, 새 라이브러리, 프로그래밍 언어의 새로운 기능)이 있습니다.

위의 예시에서 자신의 사고 패턴을 발견했나요? 저는 두 번째 유형의 프로그래머이며, 변경에 대한 결정을 내릴 때 이를 잊지 않으려고 합니다. 다행히 우리 팀에는 첫 번째 유형의 프로그래머가 많아서 그들의 의견을 듣고 균형 잡힌 결정을 내릴 수 있습니다.

두 종류의 신호가 섞이는 경우도 흔합니다. 한 문제에 대해 첫 번째 유형과 두 번째 유형의 경고 신호가 함께 나타나기도 하죠. 예를 들면 수년 동안 근본적인 재작업을 하지 않은 시스템의 대규모 수정을 고려 중인데, 제안된 변경의 원동력이 멋진 데이터베이스 신기술의 배포에 따른 흥분인 경우입니다. 여기에는 첫 번째 유형의 신호(오랫동안 변하지 않은 시스템 아키텍처)와 두 번째 유형의 신호(우아! 새로운 데이터베이스다!)가 섞여 있습니다.

이러한 패턴을 인지하면 의사 결정 과정에 도움이 될 수 있지만 의사 결정을 대신해주지는 않습니다. 자신의 논리 안에 있는 보수적인 첫 번째 유형의 패턴을 발견할 수도 있으나, 이것은 점진적인 솔루션이 틀렸다는 의미가 아닙니다. 두 번째 유형의 신호가 시스템 재작업이 부적절함을 뜻하는 것도 아니고요. 이럴 때는 중대한 재작업에 나설지 또는 점진적인 수정을 계속할지에 관한 결정을 도와줄 무언가가 필요합니다.

간단한 기준 하나

제가 큰 변경에 관한 결정을 내릴 때의 간단한 기준을 공개하겠습니다. '그렇게 하면 두 배 좋은가'가 바로 그것입니다.

변경 후에 재작업된 시스템이 현재 시스템보다 두 배 좋아진다는 자신이 있다면, 시스템의 혼란과 재작업이 불가피하게 불러올 새로운 문제를 정당화할 수 있을 만큼 그 보상이 충분히 크다는 것을 뜻합니다. 그렇지 않다면, 즉 새 시스템이 현재보다 두 배 좋지 않다면 해당 이슈를 점진적으로 처리하는 것이 더 낫습니다.

가끔은 답이 명확하지 않을 때도 있습니다. 반드시 조치를 취해야 하는데 현재 아키텍처로는 대처가 절대 불가능할 때가 있죠. 예를 들어 법률적으로 강제된 개인정보 제한을 지원하기 위해 서버 코드를 재작업해야 한다고 가정합시다. 이러한 제한은 '잊힐 권리'를 요구하는데, 개인의 과거 데이터 삭제를 불가능하게 만드는 방식으로 데이터 이력을 서로 섞고 있는 현재 아키텍처로는 근본적으로 지원할 수 없는 기능입니다.

새 시스템이 현재 시스템보다 두 배 더 좋다면, 새 시스템은 지원하지만 현재 시스템은 지원할 수 없는 작업을 해야 합니다. 어떤 면에서 보면 재작업된 시스템이 구형 시스템보다 무한배 더 좋다고 할 수 있습니다. '무한배'는 '두 배'보다 훨씬 크니 어떤 결정을 내려야 할지는 불 보듯 뻔합니다. 즉 재작업을 시작하면 됩니다.

하지만 대부분의 경우 답이 분명하지 않으며, 새로운 답이 이전보다 두 배 더 좋은지를 판단하기 위해 (가능하다면) 측정하거나 (측정이 불가능하다면) 추정해야 합니다. 예를 들어 서커펀치는 〈고스트 오브 쓰시마〉 작업을 시작했을 때, 지형을 모델링한 방식이 새로운 게임의 규모에 맞지 않을 것이라는 사실을 깨달았습니다. 모든 전작 게임에서는 직접 구축한 삼각형으로 이뤄진 표면으로 지형을 표현했지만, 이 신작 게임에서는 40배 또는 그 이상 크기의 지형을 다뤘습니다. 쓰시마 섬[68]의 실제 지형은 높이 맵의 컬렉션을 이용해 생성하고, 각 512×512 비트맵이 200제곱미터의 영역을 커버하는 균일한 높이 격자로 표현됐습니다.

이를 위한 점진적인 솔루션은 높이 맵을 삼각형으로 변환하고 그 결과를 기존 물리 파이프라인에 적용하는 것이었습니다. 이 방법은 잘 동작하기는 했지만 그 규모가 정말 컸습니다. 삼각형이 50만 개에 달했고, 간단한 최적화 이후에도 그것들을 모두 관리하기 위해 수 메가바이트의 저장 공간을 사용해야 했습니다.

우리에게는 대안이 있었습니다. 높이 맵을 직접 지원하기 위한 물리 엔진을 다시 만들 수 있었는데, 이는 곧 엄청난 작업량을 의미했습니다. 다른 모든 물리 기본 타입[69]과의 높이 맵 상호작용 처리, 표면 타입에 대해 물리 엔진이 필요로 하는 부

---

68 옮긴이_우리말로는 '대마도'지만 게임 제목과의 관련성을 유지하기 위해 '쓰시마섬'으로 표기했습니다.

69 옮긴이_게임 프로그래밍에서 사용하는 타입으로, 예로는 구(Sphere), 상자(Box), 캡슐(Capsule), 평면(Plane) 등이 있습니다.

가 정보를 높이 맵 안으로 인코딩하는 방법 고안, 모든 디버깅 도구에 대한 높이 맵 지원 추가 등을 해야 했습니다. 이 모든 작업에 프로그래머 한 명이 3개월 동안 매달려야 했죠.

그럼 제 기준을 적용해보겠습니다. 재작업한 시스템이 두 배 좋아질까요? 몇몇 기준에서 보면 물론입니다! 우리는 이미 렌더링 엔진이 사용하는 높이 맵을 갖고 있었고, 나머지 필요한 것들을 유추할 수 있었습니다. 게임의 각 200m×200m 지역을 물리적으로 모델링하기 위해 사용해야 했던 20+ 메가바이트 대신, 높이 맵 통합에 수백 바이트만 사용하면 됐습니다.[70]

또한 (짧은 선분 테스트 같은) 기본 물리 연산은 더 자유로운 형태의 지형을 표현하기 위해 사용하는 이진 공간 분할 트리의 수십 개 레이어 사이를 거치는 대신, 높이 맵의 한두 개 셀만 조회하면 됐습니다. 이 방법은 두 배 이상 빠르게 동작했습니다.

제 기준을 적용하면 이 재작업은 타당했습니다. 새로운 시스템은 중요한 지표에서 두 배의 향상을 보였고, 우리는 이를 위한 구현과 변화된 작업 흐름, 새로운 버그에 따르는 비용을 치를 가치가 있다고 판단했습니다.

애매한 혜택 다루기

재작업의 혜택을 정량화하는 일이 늘 쉬운 것은 아닙니다. 하지만 이것이 '두 배 좋은가' 규칙을 피하려는 핑계가 될 수는 없습니다. 만약 프로그래머를 행복하게 만드는 변화나, 디자이너가 멋진 UX를 만들 수 있는 제작 파이프라인 재구축과 같은 소프트한 개선에 초점을 맞추고 있다면 그것을 정량화하는 방법을 고안해야

---

70 결국 복합적인 이유로 렌더링에 사용되는 높이 맵을 별도로 복사한 다음, 복사본의 일부로 부동 소수형으로 변환하는 작업을 수행했고, 200m×200m 정사각형당 약 1메가바이트의 비용이 발생했습니다.

합니다. 그렇지 않으면 자신의 성향에 따라 가장 편안한 결정을 내리도록 스스로를 합리화하게 됩니다. 하지만 편안한 결정을 너무 자주 내리면 문제가 생기게 마련입니다.

예를 들어 어떤 변경의 목표가 팀의 프로그래머들을 좀 더 행복하게 만드는 것이라고 가정합시다. 구식 코드를 최신화하는 이전 예시처럼요. 왜 프로그래머들이 행복해질까요? 현재 복잡하게 얽혀 있는 코드에서 튀어나오는 버그와 싸우지 않으니 더 생산적이게 될까요? 그렇다면 얼마나 더 생산적이게 될까요? 두 배 더 생산적이게 될까요?

아니면 UX 제작 파이프라인을 재구축할지 여부를 결정한다고 해봅시다. 새로운 UX는 얼마나 더 나아질까요? 새로운 UX는 왜 사용자에게 더 좋을까요? 어떤 방식으로 좋아질까요? 사용자가 제품을 즐기는 데 더 많은 시간을 쓰게 될까요? 우리가 게임을 만드는 목표가 그것이니까요. 여러분이 좀 더 전통적인 소프트웨어상에서 작업하고 있다면 여러분의 사용자가 더 빠르고 효율적으로 작업을 수행할 수 있게 될까요?

재작업은 작은 문제를 정리할 좋은 기회다

소스 코드를 다루는 장으로 돌아가기 전에 한 가지만 더 생각해봅시다. 시스템을 재작업하기로 한다면 그와 관련된 모든 작은 문제도 정리하는 것이 좋습니다. 단순히 유행이 지난 코드 몇 줄을 수정하기 위해 대규모 재작업을 시작하지는 않을 것입니다. 그런데 해당 코드 부분을 바꾸기로 결정했다면 변경에 드는 비용을 감당하는 상황이고 어차피 변경 사항을 철저히 테스트할 테니, 그 과정에서 좀 더 현대적인 코드로 교체하는 등의 작은 문제도 같이 해결하면 좋습니다.

이것은 꽤 생산적인 패턴입니다. 당장 고칠 수 없는 코드 내의 작은 문제를 기록해

두세요. 그 후 해당 영역에서 대규모 작업을 할 때 그 작은 문제도 한꺼번에 해결하세요.

점진적인 개선을 추구하지 말라는 것이 아닙니다. 제품 개선을 위해 점진적인 변경을 활용하세요. 시간이 지남에 따라 시스템을 개선할 수 있는 작은 아이디어를 충분히 모아 대규모 재작업을 정당화할 수 있게 될지도 모릅니다. 사실 이러한 일이 자주 발생합니다. 특히 문제의 패턴이 드러나기 시작할 때 그렇습니다. 현재 시스템의 작은 문제들이 동일한 재작업으로 해결될 수 있다면, 재작업이 가치 있다고 볼 수 있을 만큼의 기대 효과를 충분히 모은 상태일 수도 있습니다. 전체적으로 볼 때 그러한 개선은 큰 의미가 있고, 대규모 재작업을 정당화합니다.

'두 배 좋은가'는 큰 변화가 큰 개선을 필요로 한다는 것을 표현하는 간편한 방법입니다. 그저 약간 더 나은 것으로 교체하려고 기존의 것을 파괴하지 마세요. 그것은 나쁜 전략입니다. 훨씬 더 좋은 것, 즉 두 배 좋은 것으로 교체하기 위해 파괴하세요.

12

큰 팀에는 강력한
컨벤션이 필요하다

이 책의 가장 기본적인 생각은 프로그래밍이 복잡하다는 것, 그리고 이 복잡성에 따라 개인 또는 팀의 생산성이 결정된다는 것입니다. 여러분이 코드를 복잡하게 만들거나 코드가 복잡해지도록 방치한다면 성공 가능성이 줄어듭니다. 그러나 코드를 단순하게 유지하면 성공 가능성이 높아집니다. 그러니 코드를 단순하게 유지하세요.

이 조언은 어떤 프로젝트에든 적용할 수 있습니다. 특히 몇몇 프로젝트에서는 이 조언이 더욱 중요합니다. 필요 이상의 복잡성이 문제가 되지 않을 정도로 작고 단순한 프로젝트도 있습니다. 혼자서 오후 동안 수백 줄을 작성하고 작업 완료 후 그 코드를 버릴 예정이라면 마음대로 작성해도 상관없겠죠.

하지만 팀에 속해 일한다면 팀원이 두 명뿐일지라도 마음대로 코드를 작성하기가 어렵습니다. '내 코드', '네 코드'로 구분선을 그을 수도 있겠지만 그리 효과적이지 않을 것입니다. 둘이 프로젝트의 생명 주기 동안 완벽하게 분리된 작업을 하지 않는다면 그 구분선을 계속 넘나들게 될 테니까요. 둘 사이의 인터페이스를 정의하는 것마저도 문제가 될 수 있습니다. 예컨대 인터페이스의 항목을 어떻게 명명할지, 그 인터페이스의 반이 각자의 영역에 어떻게 위치할지 등을 결정해야 합니다.

큰 규모의 팀에 '내 코드', '네 코드' 패턴을 확장할 좋은 방법은 없지만, 시도하는 사람이 없는 것은 아닙니다. 어떤 프로그래머는 자신의 코드에 대한 모든 결정을 하고 싶어 하는 경향이 있습니다. 이들은 프로그래밍이 창의적인 활동이며, 제약이 창의력을 억누른다고 주장합니다. 프로젝트의 각 부분마다 다른 요구 사항이 있다고 주장하면서 각 부분을 다르게 다뤄야 한다고도 하고요. 프로그래밍 스타일의 작은 부분에 강한 애착을 갖고 있으면 중괄호의 위치에 관한 뜨거운 논쟁에 참전한 자신을 발견하기도 합니다.

이러한 주장은 모두 잘못됐습니다. 완전히 잘못된 것은 아니지만, 각 주장에 작은 진리가 포함돼 있더라도 큰 프로젝트를 큰 팀과 함께 진행하는 현실 앞에서는 그것이 무색해집니다. 코딩 스타일의 차이는 복잡성을 더하고 모든 사람의 일을 더 힘들게 만듭니다.

형식화 컨벤션

모든 코드는 특정 스타일과 철학을 반영합니다. 낯선 스타일이나 철학을 가진 코드에서 작업하면 속도가 더디고, 오류가 발생할 확률도 높아집니다. 대략적으로만 이해하는 외국어를 읽는 것과 비슷하죠. 모든 것이 어렵게 느껴지니까요.

```
/// \struct TREE
/// \brief 정수의 이진 트리
/// \var TREE::l
/// Left 하위 트리
/// \var TREE::r
/// Right 하위 트리
/// \var TREE::n
/// Data
```

```
/// \fn sum(Tree * t)
/// \brief 트리 인에 있는 모든 정수의 합을 반환
/// \param t 합을 구하기 위한 트리(또는 하위 트리)의 루트
/// \returns 트리 안에 있는 정수의 합

struct TREE { typedef TREE self; self * l; self * r; int n; };
int sum(TREE * t) { return (!t) ? 0 : t->n + sum(t->l) + sum(t->r); }
```

만약 위와 같은 코드에 익숙해져 있다면 다음 코드를 읽기 어려울 것입니다. 그 반대도 마찬가지고요.

```
// 정수 트리 노드

struct STree
{
    STree *     m_leftTree;
    STree *     m_rightTree;
    int         m_data;
};

// 트리 안에 있는 모든 정수의 합을 반환

int sumTree(STree * tree)
{
    if (!tree)
        return 0;

    return tree->m_data +
            sumTree(tree->m_leftTree) +
            sumTree(tree->m_rightTree);
}
```

저는 여기서 가치 평가를 하려는 것이 아닙니다. 어떻게 보면 두 코드는 같습니다. 차이점이라고는 명명법과 형식화뿐입니다. 저는 두 번째 스타일에 익숙해서 첫 번째 스타일이 낯설게 느껴졌습니다. 첫 번째 코드를 읽는 데 약간의 정신적 번역 작업이 필요했습니다. 하지만 첫 번째 스타일에 익숙한 사람은 저와 반대로 느낄 것입니다.

문제는 코딩 스타일이 아닙니다. 여러 스타일을 섞는 것이 문제죠. 스타일을 섞으면 그만큼 복잡성이 더해집니다. 코드의 각 부분에 다양한 스타일을 적용하는 것은 바람직하지 않습니다.

언어 사용 컨벤션

언어의 기능도 마찬가지입니다. 앞서 본 것과 같은 '기본적인' C++ 코드에 친숙하다면 다음과 같은 '현대적인' C++ 코드를 읽기가 어려울 것입니다.

```
int sumTree(const Tree * tree)
{
    int sum = 0;
    visitInOrder(tree, [&sum](const Tree * tree) { sum += tree->m_data; });
    return sum;
}
```

예전 버전의 C++에 친숙하다면 이것이 유효한 코드인지조차 판단하기가 어려울 것입니다. 이 코드에는 람다 정의가 있고([&sum]으로 시작하는 부분), 람다는 C++ 11에 추가된 기능이기 때문입니다.

다시 말하지만 저는 가치 평가를 하려는 것이 아닙니다. 람다는 유용할 수 있고, 저는 C++의 람다 구현 방식을 이해하고 있습니다. 람다가 팀의 표준 업무 흐름에 포함돼 있다면 앞의 코드에는 문제가 없습니다. 하지만 여러분이 팀에서 유일한 람다 옹호론자라면 이 코드는 재앙입니다. 여기서의 문제는 언어 기능을 사용하는 것 자체가 아니라, 어떤 언어 기능을 사용할지에 대한 다양한 기대를 섞었다는 것입니다. 특정 언어 기능에 익숙하다면 다른 기능에 적응하는 데 에너지를 많이 소비하게 됩니다. 특히 예상치 못한 전환을 해야 할 때 그런데, 이럴 때는 코드에서 어떤 컨벤션을 따라야 하는지 파악하기가 어렵습니다.

문제 해결 컨벤션

프로그래머가 마주치는 많은 문제는 대부분 한 가지 이상의 솔루션을 갖고 있습니다. 따라서 모든 프로그래머는 코드를 작성하면서 특정 문제를 어떻게 해결할지에 대한 개인적인 감각을 발전시킵니다. 문제는 그 감각이 팀원들의 것과 일치하지 않을 때 발생합니다. 즉 같은 문제를 각기 다른 방법으로 풉니다. 최선의 경우에는 이것이 서로의 코드를 읽을 때의 인지 부하를 증가시키는 정도로 그치겠지만, 대개는 모두가 같은 문제를 여러 번 다시 푸는 상황이 발생합니다. 말하자면 바퀴를 다시 발명하는 셈이죠.

오류 처리를 예로 들어보겠습니다. 오류 처리 방식은 다양합니다. 일부는 언어와 그 라이브러리에 의해 도입됐고, 일부는 특정 요구 사항을 충족하기 위해 팀이 도출한 것입니다. C++의 기본 기능에서만도 최소 세 가지 이상의 오류 처리 방식을 발견할 수 있습니다. 이러한 방식은 약 50년에 걸친 C++의 진화 과정 중 각기 다른 시기에 도입됐습니다.

심지어 오류의 정의 자체도 명확하지 않을 수 있습니다. 사용자의 실수를 오류로 볼 수도 있죠. 결국 운영체제와 대부분의 라이브러리도 그렇게 처리하니까요. 존재하지 않는 파일처럼 절대 피할 수 없는 문제만 오류로 정할 수도 있고요. 예컨대 서커펀치에서는 사용 오류를 오류로 처리하는 것이 아니라 assert(혹은 단언)로 처리합니다. 그것이 우리의 컨벤션입니다. 오류를 처리하는 여러 방법 중에서 하나를 선택했고, 우리는 모두 그 방법을 따릅니다.

한 가지 컨벤션만을 사용하는 것은 쉬운 일이 아닙니다. 특히 모든 라이브러리나 다른 의존성이 여러분을 자신만의 오류 처리 모델로 끌어들이기 때문입니다. 최소한 라이브러리에서 반환하는 오류를 처리해야 하고, 그 오류를 어떻게 전파할지도 결정해야 합니다.

만약 전통적인 C 스타일로 파일 처리를 하고 있다면 다음과 같은 불편한 코드를 작성하게 됩니다.

```
string getFileAsString(string fileName)
{
    errno = 0;
    string s;
    FILE * file = fopen(fileName.c_str(), "r");
    if (file)
    {
        while (true)
        {
            int c = getc(file);
            if (c == EOF)
            {
                if (ferror(file))
                    s.clear();

                break;
            }

            s += c;
        }
```

```
        fclose(file);
    }

    return s;
}
```

1980년대 스타일인 위 코드에서는 오류가 전역 상태와 특별한 반환값의 조합으로 반환됩니다. 이러한 세부 사항 자체는 그렇게 중요하지 않지만 상대적인 컨벤션의 부재가 눈에 띄는군요. 각 함수가 오류를 반환하는 방식에 약간씩 차이가 있습니다. 예를 들어 fopen은 오류 발생 시 nullptr을 반환하고 getc는 EOF를 반환하지만 전역 플래그도 설정합니다. 이 모델을 사용하면 임의적인 많은 세부 사항을 외워야 합니다. 그러나 다음과 같이 오류 처리를 해당 객체 안으로 옮기면 상황이 조금 개선되며, 새롭고 강화된 컨벤션도 도입할 수 있습니다.

```
bool tryGetFileAsString(string fileName, string * result)
{
    ifstream file;
    file.open(fileName.c_str(), ifstream::in);
    if (!file.good())
    {
        log(
            "failed to open file %s: %s",
            fileName.c_str(),
            strerror(errno));

        return false;
    }

    string s;
    while (true)
    {
```

```
        char c = file.get();
        if (c == EOF)
        {
            if (file.bad())
            {
                log(
                    "error reading file %s: %s",
                    fileName.c_str(),
                    strerror(errno));

                return false;
            }

            break;
        }

        s += c;
    }

    *result = s;
    return true;
}
```

여기서의 컨벤션은 try로 시작되는 함수가 실패할 가능성이 있다는 것입니다. 이러한 함수는 성공하면 true를, 실패하면 false를 반환하며, 실패에 대한 모든 세부 내용이 시스템 오류 로그에 기록됩니다. 이 컨벤션 덕분에 우리는 try로 시작되는 함수를 볼 때 정확히 무엇을 기대해야 할지 알 수 있습니다. 이것이 바로 컨벤션의 힘입니다. 컨벤션은 이해를 향한 지름길이며, 직접 코드를 읽어나가면서 세부 사항을 파악하는 것보다 훨씬 좋습니다.

반대로 컨벤션을 따르지 않는 라이브러리는 어느 정도의 변환 작업을 필요로 하지만, 그 수고는 한 프로그래머만 하면 됩니다. 나머지 팀원들은 일관적인 오류 처리 컨벤션을 만끽할 수 있고요. 저는 성공 또는 실패를 나타내기 위해 bool을 반환하는 대신, 다음과 같이 더 다양한 오류 타입을 정의한 프로젝트에서 작업해본 경험이 있습니다.

```cpp
struct Result
{
    Result(ErrorCode errorCode);
    Result(const char * format, ...);

    operator bool () const
        { return m_errorCode == ErrorCode::None; }

    ErrorCode m_errorCode;
    string m_error;
};
```

이러한 오류 보고 방식은 코드가 맥락에 따른 자세한 오류 정보를 함께 전파할 수 있게 합니다. 이는 많은 오류를 다루는 프로젝트에 유용하며, 다음 코드에서 보듯이 try와 같은 명명 규칙과 함께 사용될 때 특히 효과적입니다.

```cpp
Result tryGetFileAsString(string fileName, string * result)
{
    result->clear();

    ifstream file;
    file.open(fileName.c_str(), ifstream::in);
    if (!file.good())
    {
        return Result(
                "failed to open file %s: %s",
                fileName.c_str(),
```

```
                        strerror(errno));
    }

    string s;
    while (true)
    {
        int c = file.get();
        if (c == EOF)
            break;

        if (file.bad())
            return Result(
                        "error reading file %s: %s",
                        fileName.c_str(),
                        strerror(errno));

        s += c;
    }

    *result = s;
    return ErrorCode::None;
}
```

또는 예외를 이용할 수도 있습니다. 다음은 C++ 라이브러리의 세 번째 오류 처리 모델입니다.

```
string getFileAsString(string fileName)
{
    ifstream file;
    file.exceptions(ifstream::failbit | ifstream::badbit);
    file.open(fileName.c_str(), ifstream::in);

    string s;
```

```
    file.exceptions(ifstream::badbit);
    while (true)
    {
        int c = file.get();
        if (c == EOF)
            break;

        s += c;
    }

    return s;
}
```

좋든 나쁘든 이 함수는 file.open 또는 file.get에서 발생하는 실제 예외를 숨 깁니다. 여기서의 장점은 오류 처리로 인해 작업의 일반적인 흐름이 방해받지 않 는다는 것이며, 단점은 오류 감지와 처리의 복잡성이 여러 함수에 분산돼 감춰져 있다는 것입니다.[71]

그 밖의 많은 스타일과 마찬가지로 이 네 가지 오류 처리 스타일은 모두 사용 가능 하며, 여러분의 컨벤션에 따라 무엇이든 선택할 수 있습니다. 물론 여러분은 첫 번 째 스타일[72]을 사용하지 않겠죠. 어리석은 선택일 테니까요. 그러나 나머지 세 가 지는 프로젝트에 따라 타당성이 달라질 수 있습니다.

한 프로젝트에서 다양한 오류 처리 컨벤션을 섞어 사용하는 것과 같이 타당하지 않은 옵션도 있습니다. 일관되지 않은 컨벤션의 경우 팀원 전체가 항상 혼란을 느 낄 것이고, 혼란스러운 프로그래머는 버그를 만들어냅니다.

---

71 '규칙 10: 복잡성을 격리하라' 등의 다른 **규칙**을 감안하면 서커펀치가 C++ 예외를 사용하지 않는다는 사실이 놀랍지 않을 것입니다. 코드베이스에 몇 개의 try분이 있기는 하지만, 툴체인의 외부 라이브러리에서 강제로 사용해야 할 때만 사용합니다.

72 옮긴이_오류가 전역 상태와 특별한 반환값의 조합으로 이뤄진 전통적인 C 스타일을 말합니다.

저는 앞의 두 가지 try 함수 명명 컨벤션 코드 예제에 이러한 사례를 숨겨뒀습니다. 두 컨벤션은 포인터를 통해 함수의 '실제' 반환값을 호출자에게 다시 전달합니다. 하지만 첫 번째 컨벤션에서는 함수가 실패하는 경우에 반환값을 변경하지 않고 놔뒀습니다. 두 번째 컨벤션에서는 오류가 발생하는 경우에 반환값을 초기화했고요.

둘 중 무엇을 선택하든 타당한 이유를 제시할 수 있겠지만, 한 프로젝트에서 두 가지를 섞어서 사용하면 안 됩니다. 그러면 재앙이 따를 것입니다. 예외와 오류 코드를 섞어서 사용하는 것도 마찬가지로 크나큰 고통으로 귀결될 것입니다.

프로그램에 오류 처리가 전혀 필요 없다고 주장하는 독자도 있겠죠. 맞아요. 오류 처리가 전혀 필요 없어요. 실제로 서커펀치는 대부분의 게임 코드에서 이러한 접근 방식을 취하고 있습니다. 사용 오류는 assert를 통해 처리되며, 메모리 부족과 같은 치명적인 문제는 게임을 즉시 중단시킵니다. 에지 케이스를 만나면 오류를 반환하는 대신 기본 동작을 트리거합니다.

물론 우리도 코드의 극히 일부분에서 오류를 처리해야 할 때가 있습니다. 예컨대 네트워킹 코드에서 패킷이 유실되는 경우를 처리해야 합니다. 그럼에도 서커펀치의 프로그래머들은 수 개월 동안 단 하나의 오류를 발생시키거나 처리하지 않고도 일을 진행할 수 있습니다.

효율적인 팀은 같은 방식으로 생각한다

개인이 아닌 팀의 목표는 '한 몸처럼 생각하기'여야 합니다. 이상적인 상황은 특정 문제가 주어졌을 때 팀의 모든 구성원이 정확히 동일한 코드를 작성하는 것입니다. 여기서 '정확히'라는 말은 동일한 알고리즘, 동일한 형식, 모든 것에 대한 동일한 명명을 의미합니다.

우리 모두는 자신의 코드를 다루는 것이 다른 사람의 코드를 다루는 것보다 쉽다는 것을 알고 있습니다. 모든 코드에는 코드가 어떻게 작성돼야 하는지에 대한 무수한 가정이 포함돼 있습니다. 그리고 자신의 코드를 읽을 때는 이러한 가정이 당연하게 느껴져서 별다른 주의를 기울이지 않습니다. 하지만 다른 사람의 코드를 읽을 때는 자신이 공유하지 않은 가정 하나하나가 걸림돌이 되게 마련이죠.

명명 규칙이 기대와 어긋나면 난관에 부딪힙니다. 물론 명명 규칙을 파악해낼 수도 있겠지만 시간과 에너지가 필요합니다. 중괄호가 잘못된 위치에 있거나, 익숙지 않은 언어의 특징을 사용하거나, 앞의 생성자 예제처럼 흔한 작업에 여러 컨벤션을 혼합해 사용한다면 같은 문제가 발생합니다. 해결책은 명확합니다. 팀으로서 원활하고 조화롭게 작업하고 싶다면 가정을 조율하세요. 동일한 컨벤션을 사용하세요. 어리석은 짓을 하지 마세요.

컨벤션 자체(중괄호의 위치 등)는 그다지 중요하지 않습니다. 중괄호의 위치에 대해 원칙적인 논의를 할 수도 있지만 그 답은 다양하며, 무엇을 선택하든 문제가 되지 않습니다. 모두가 동일한 스타일을 선택하고 일관되게 사용하는 것이 중요합니다.

서커펀치에서 이 문제를 어떻게 처리하는지 알려드리겠습니다. 다음과 같이 서커펀치는 생각할 수 있는 모든 것에 대한 엄격한 규칙이 포함된 코딩 표준을 갖고 있습니다.

- 모든 항목의 명명 방법

- 코드 형식화 방법. 노력을 기울이면 다양한 코드 형식화 도구의 출력 결과와 정확히 일치하는 형식화 컨벤션을 만들 수 있습니다. 그러면 컨벤션을 따르기가 더 쉬워집니다. 형식화 도구를 실행하기만 하면 되니까요.[73]

- 언어의 특징을 사용하는 방법. 무엇을 사용하고 무엇을 피해야 하는지에 대한 규칙을 포함합

---

73 아쉽게도 우리는 그렇게 똑똑하지 않습니다. 우리의 서식 지정 규칙은 독특합니다.

니다.

- 우리가 해결하는 일반적인 문제에 대한 컨벤션. 예컨대 우리는 상태 머신 작성에 관해 매우 표준화된 방식을 갖고 있습니다. 우리의 게임 코드에는 무수한 상태 머신이 있기 때문입니다.

- 파일의 경계, 해당 파일 내에서의 코드 정렬 방법 및 그룹화 방법

- 코드 안에서 상수를 표현하는 방법. 코드에서 매직 넘버 대신 #define 또는 const를 사용하는 것만으로는 충분치 않습니다. const를 어떻게 명명해야 하는가? 어디에 정의해야 하는가? 사용할 곳 가까이에 둬야 하는가? 소스 파일의 최상단에 다른 상수들과 함께 둬야 하는가? 프로젝트 범위의 헤더 파일 안에 정의해야 하는가? 이에 관한 규칙도 있어야 합니다.

서커펀치의 모든 프로그래머는 이 컨벤션을 따르며, 이는 우리의 코드 리뷰 과정에서 부드럽게 강제됩니다. 신입 프로그래머의 경우 이처럼 엄격한 표준을 따르는 것이 적응 과정이기도 합니다. 그러나 코딩 표준을 엄격하게 고수하는 것의 혜택이 명백해지는 데에는 그리 오랜 시간이 걸리지 않습니다.

서커펀치에서는 프로젝트를 시작할 때마다 팀의 누구든 코딩 표준의 변경을 제안할 수 있고, 각 제안에 대해 토론한 후 투표를 거칩니다. 그리고 다수의 표를 얻은 제안을 해당 프로젝트에 적용합니다. 예를 들어 최근의 투표에서는 특정 상황에서의 auto 사용을 승인했습니다. 이것은 성향에 따라 끔찍하게 엄격하다고 느껴질 수도 있고, 완전히 관대하다고 느껴질 수도 있죠.[74]

일단 표준의 변경을 마치고 나면 우리는 상당히 큰 코드베이스를 나눠 굶주린 메뚜기 떼처럼 모든 코드를 쓸어나가며 새로운 표준에 맞게 수정합니다. 제법 큰 비용이 들지만 일주일 이내에 마칠 수 있습니다. 덕분에 우리는 팀의 컨벤션을 완벽하게 준수하는 코드를 얻게 됩니다.

우리의 목표(프로그래머가 어떤 문제에 직면했을 때 다른 프로그래머와 똑같은 솔루션을 작성하는 것)를 기억하세요. 이 목표에 가까이 다가갈수록 다른 사람의

---

74 그래서 컨벤션인 것입니다.

코드가 자신의 코드처럼 보일 것입니다. 서커펀치의 코드를 보고 누구의 것인지, 심지어 자신이 작성한 것인지조차 구별할 수 없다면 목표에 가까워졌다는 확실한 증거이며, 이는 스트레스 없는 프로그래밍 환경[75]을 구축했음을 의미합니다.

---

75 스트레스가 아예 없지는 않고 스트레스를 덜 받는 환경을 말합니다.

13

산사태를 일으킨
조약돌을 찾으라

제가 코딩은 곧 디버깅이라고 말한다면 아마도 여러분은 한탄하듯 고개를 끄덕이며 "맞는 말이야, 정말 그렇지"라고 중얼거릴 것입니다. 사실 그렇게 말하는 사람은 없겠지만 여러분은 확실히 이 전제에 동의할 거예요.

어떤 아이디어를 완전히 작동하는 프로그램으로 바꿀 때 여러분은 불가피하게 '타이핑하기' 단계보다 '동작하게 만들기' 단계에서 훨씬 많은 시간을 소비할 것입니다. 극단적인 상황, 가령 간단한 아이디어에 엄청난 행운이 따르는 경우를 제외하고는 코딩보다 디버깅에 더 많은 시간이 들 것입니다. 이는 너무도 뻔해서 거의 언급조차 되지 않죠. 여기에 반전이 있습니다.

코딩이 실은 디버깅이라는 것을 알고 있나요? 그렇다면 그 사실이 여러분의 코딩에 어떤 영향을 미치고 있나요? 여러분은 코딩, 즉 디버깅을 어떻게 하실 건가요?

이에 대한 한 가지 분명한 답은 버그가 적은 코드를 작성하는 것입니다. 이는 이 책의 나머지 부분에서 다룰 예정이니 지금은 일단 접어두죠. 이 **규칙**은 또 다른 중요한 것, 바로 디버깅하기 쉬운 코드 작성에 관한 것입니다.

버그의 생애 주기

한 걸음 뒤로 물러서서 디버깅이 실상 무엇인지 생각해봅시다. 버그의 생애 주기는 기본적으로 다음 네 단계로 이뤄집니다.

1. 버그가 발생합니다. 즉 문제를 발견합니다.

2. 문제를 진단합니다. 즉 문제의 원인을 조사하고 찾아냅니다.

3. 문제를 일으키는 부분을 고치기 위해 코드를 수정합니다.

4. 버그가 잘 고쳐졌는지 테스트를 통해 확인합니다. 그리고 새로운 문제가 생기지 않았는지 확인한 후 수정 사항을 커밋합니다.

이 중에서 진단 단계는 종종 가장 길면서도 가장 스트레스를 받는 단계입니다. 버그가 발생했을 때는 대체로 관련 세부 사항이 제공되지 않기 때문입니다. 일반적으로는 증상에 대한 설명만이 주어지죠. 프로그램이 예기치 않게 종료됐다든가, 다이얼로그의 OK 버튼이 항상 비활성화돼 있다든가, 전체 사용자 중 1/4의 성과 이름이 바뀌었을 수도 있습니다. 운이 좋으면 버그 리포트에 문제 상황에 대한 맥락이 같이 제공되기도 합니다. 프로그램이 예기치 않게 종료됐을 때 사용자가 무엇을 했는지와 같은 정보 말입니다.

증상이 생겼을 때 여러분에게 없는 정보는 '왜 발생했는가'입니다. 무엇이 증상을 일으켰는가? 정확히 무엇이 잘못됐는가? 진단은 이러한 질문에 답을 해나가는 과정입니다. 무엇이 잘못됐는지 모르면 문제를 고칠 수 없습니다.

반가운 소식은 컴퓨터가 결정론적^{deterministic} 기계라는 것입니다. 컴퓨터는 정확히 동일한 상황에서 정확히 동일한 결과를 재현합니다. 같은 결과가 나오지 않는다면 여러분이 해당 상황을 정확히 재현하지 않았기 때문입니다.

시간을 거슬러 문제가 발생하기 직전으로 되돌아갈 수 있다면 버그를 진단하기가 훨씬 쉬울 것입니다. 그러면 우리의 일도 더 쉬워지겠죠. 코드를 디버거에서 한 단계속 실행하면 되니까요. 문제 부분을 지나치거나 일찍 시작하지 않았다면 타임머신으로 시간을 조금 되돌리면 됩니다.

물론 시간 여행은 불가능합니다. 만약 시간 여행이 가능하다면 버그를 고치는 것보다 더 중요한 일에 그 능력을 쓰겠죠. 하지만 시간 여행 능력을 꾸며낼 수는 있습니다. 문제가 발생하기 직전에 디버거에 브레이크 포인트를 설정하고, 같은 상황을 재현하는 것입니다.

문제 발생과 버그 증상 사이에는 흔히 시간차가 있는데, 그래서 디버거의 브레이크 포인트를 어디에 설정하는지가 중요합니다. 정말 운이 좋다면 다음과 같이 실제 문제와 증상의 원인이 하나이고 동일합니다.

```
void showObjectDetails(const Character * character)
{
    trace(
        "character %s [%s] %s",
        (character) ? character->name() : "",
        character,
        (character->sourceFile()) ? character->sourceFile() : "");
}
```

이 코드에서는 널 객체 때문에 발생한 크래시를 쉽게 진단할 수 있습니다. 증상(크래시)과 실제 문제(character가 null인지 확인하는 코드가 있으니 널 객체를 지원한다고 볼 수 있는데, 바로 두 줄 아래에서는 널 검사 없이 character를 역참조)가 같은 문장에 있습니다. 증상과 문제 사이에 시간차가 없어서 진단하기 쉽습니다.[76]

....

76 옮긴이_C/C++에서 포인터는 다른 메모리를 참조(reference)합니다. 역참조(dereference)란 포인터가 가리키는 메모리의 값에 접근하는 것으로, 이때 보통 * 연산자를 사용합니다. 예제에서 character->sourceFile()이 (*character).sourceFile()과 동일하게 동작한다는 것을 떠올리면 쉽게 이해할 수 있습니다.

이보다 운이 약간 부족하다면 증상과 문제가 같은 위치에 있지 않고 이웃합니다.

```
int calculateHighestCharacterPriority()
{
    Character * bestCharacter = nullptr;

    for (Character * character : g_allCharacters)
    {
        if (!bestCharacter ||
            character->priority() > bestCharacter->priority())
        {
            bestCharacter = character;
        }
    }

    return bestCharacter->priority();
}
```

이번에는 캐릭터가 없는 경우 calculateHighestCharacterPriority가 호출될 때 널 포인터 크래시가 발생합니다. 증상(bestCharacter가 null일 때 크래시 발생)이 문제(앞에 있는 루프의 로직이 캐릭터 리스트가 비어 있는 경우를 검사하지 않음)와 몇 줄 떨어져 있습니다.

여기서는 버그를 진단하는 실질적인 과정의 첫 암시를 얻습니다. 문제가 발생한 시점으로 시간을 되돌릴 수 있다면 버그를 진단하기 쉬울 것이라고 말했었죠? 맞습니다. 진단 과정에서 그렇게 하려고 합니다. 하지만 문제가 시작된 시점, 즉 원인으로 단번에 점프할 수 있는 경우는 매우 드뭅니다.

보통은 한 번에 망가지는 것이 아니라 조금씩 망가집니다. 그래서 문제가 발생한 시점으로 바로 직행해 되돌아가는 것이 아니라 조금씩 뒤로 거슬러가며 확인합니다. 잘못된 것으로 의심되는 무언가를 발견하면, 언제부터 이상해 보이기 시작했는지 알아내기 위해 뒤로 거슬러가며 확인하는 것입니다. 그렇게 하다 보면 자주 잘못돼 보이는 무언가를 찾게 됩니다. 그리고 뒤로 거슬러가는 작업 과정이 또다시 시작되죠. 이러한 식으로 몇 번 더 반복하면 최종 눈사태를 유발한 조약돌을 찾을 수 있는데, 이것이 바로 버그 진단입니다.

디버깅 과정을 분석하려는 이 노력이 그다지 유용해 보이지 않는다는 것을 이해합니다. 이 장은 디버깅이 무엇인가로 말문을 열었습니다. 우리는 프로그래머이고, 코딩은 디버깅이며, 그래서 우리는 코드를 디버깅해왔습니다. 당연해 보이는 프로세스를 설명하기 위해 이 모든 노력을 기울이는 이유는 무엇일까요?

자, 우리의 목표는 디버깅을 쉽게 만드는 것이며, 그 목표를 달성하려면 디버깅이 무엇인지 명확하게 정의해야 합니다. 시간을 거스르는 과정으로 디버깅을 정의한다면, 문제가 연쇄적으로 발생하는 과정을 재구성했을 때 이는 우리가 발견한 증상으로 이어집니다. 따라서 시간을 거슬러가는 것을 쉽게 만들면 디버깅을 더 쉽게 할 수 있습니다. 결국 눈사태를 일으킨 조약돌에 도달하게 되고, 그곳에서 문제를 해결하고자 합니다. 뒤로 거슬러가기가 쉬워지면 원인의 사슬을 따라 원점에 도달할 가능성이 높아집니다.

중요한 것은 눈사태입니다. 조약돌까지 모든 단계를 거슬러 올라갈 필요가 없습니다. 단순히 증상만을 수정하면 되고, 그 원인까지 거슬러 올라가려고 고민하지 않아도 됩니다. 예를 들어 다음과 같이 캐릭터가 없을 때 해당 함수가 호출돼 발생하는 크래시를 막기 위해서는 널 포인터 검사를 추가하면 됩니다.

```
int calculateHighestCharacterPriority()
{
    Character * bestCharacter = nullptr;
```

```
    for (Character * character : g_allCharacters)
    {
        if (!bestCharacter ||
            character->priority() > bestCharacter->priority())
        {
            bestCharacter = character;
        }
    }

    return (bestCharacter) ? bestCharacter->priority() : 0;
}
```

뒤로 거슬러가기가 어려울 때는 증상만 고치는 방식을 택하고 싶은 유혹에 사로잡
힙니다. 이 방법이 어느 정도 통하기 때문에 그 유혹이 더욱 강렬하죠. 이 코드는
크래시가 발생했지만 이제는 그렇지 않습니다. 여러분의 일은 끝난 것 같군요.

만약 좀 더 뒤로 추적했다면 다음과 같이 bestCharacter 포인터를 제거한 코드가
더 나은 해결책임을 알았을 것입니다.

```
int calculateHighestCharacterPriority()
{
    int highestPriority = 0;

    for (Character * character : g_allCharacters)
    {
        highestPriority = max(
                            highestPriority,
                            character->priority());
    }

    return highestPriority;
}
```

대부분의 버그는 이렇게 간단하지 않습니다. 근본적인 문제를 해결하지 않고 증상만 패치하면 그 문제는 여전히 눈사태를 일으킬 준비를 하고 있습니다. 이 예제에서의 조약돌은 특정한 경우에만 null이 되는 포인터였습니다. 우리는 이미 한 번 그 특별한 경우를 놓쳤고, 다시 놓칠 가능성이 높습니다. 따라서 포인터를 완전히 제거해 조약돌을 없애는 것이 더 낫습니다.

증상만을 다루고 원인을 무시하려는 유혹은 원인의 연쇄를 따라가는 과정의 모든 단계에 존재합니다. 증상에서 원인으로, 그 원인의 원인으로 계속해서 시간을 거슬러가는 과정에서 언제든 문제를 일시적으로 해결하고, 승리했다고 선언할 수 있습니다. 이것도 어떤 면에서는 승리입니다. 디버깅을 시작하게 만든 원래의 증상이 사라졌으니까요.

눈사태가 일어나는 도중에 승리를 선언하는 것은 조약돌이 여전히 존재한다는 것을 의미합니다. 어느 시점에서든 그 조약돌은 다시 한번 눈사태를 일으킬 가능성이 있습니다. 여러분이든 다른 누구든 그 눈사태에 파묻힐 것입니다. 시간을 거슬러가기 쉽게 만들면 증상만 고치려는 유혹을 더 잘 이겨내고 원인을 찾아갈 수 있습니다. 그렇게 되면 눈사태를 패치하지 않고 그 원인인 조약돌을 제거하기가 더 쉬워집니다.[77]

상태의 가짓수 최소화하기

디버깅의 정의를 고려해 다음과 같은 코드 개선의 기회를 찾을 수 있습니다.

---

[77] 그렇다면 조약돌을 찾은 것인지, 아니면 그저 또 다른 증상을 찾은 것인지를 어떻게 알 수 있을까요? 만약 찾아낸 조약돌이 왜 혹은 언제 발생하는지 확실치 않다면 실제 조약돌을 찾지 못했을 가능성이 높으니 조사를 계속해야 합니다. 하지만 여기에 너무 집착하지는 마세요. 조약돌을 향한 모든 걸음은 헛된 것이 아니니까요.

증상을 원인 가까이에 두면 추적하기가 쉬워집니다.

소스 코드 안에서 증상과 원인이 가까이 있거나 증상이 최근에 일어났다면 증상과 원인의 연결을 쉽게 찾을 수 있습니다.

원인 사슬의 길이를 줄이면 디버깅 과정이 짧아집니다.

하나의 원인을 가진 증상은 또 다른 원인으로 연결되는 긴 사슬을 가진 증상보다 더 쉽게 수정할 수 있습니다.

시간을 거슬러가기 쉽게 만들면 각 연결을 추적하기가 쉬워집니다.

각 증상의 원인으로 이어지는 상태를 재현할 수 있다면 원인 사슬을 더 쉽게 살펴볼 수 있습니다.

이 중에서 손쉬운 목표물은 세 번째입니다. 상태가 많으면 상태 재현이 어렵습니다. 재현해야 하는 상태의 양을 줄이면 시간을 거슬러 원인 사슬을 따라 올라가기가 쉬워질 것입니다.

순수 함수(부작용이 없고 입력에만 의지하는 함수) 문제의 디버깅은 쉽습니다. 만약 그 함수가 어떤 입력에 대해 틀린 결과를 반환하면, 다시 한번 동일한 입력을 전달해서 호출하면 똑같은 결과가 반환됩니다. 필요한 만큼 반복하면 되죠.

예를 들어 피보나치 수열을 계산하는데 버그가 있다고 합시다. 피보나치 수열 계산은 프로그래밍 테스트와 화이트보드 면접에서나 풀어보는 문제지만 그냥 제 장단에 맞춰주세요. 다음은 그 코드입니다. 관련 버그 리포트는 getFibonacci가 틀린 결과를 반환한다고 하네요.[78]

---

78 이 코드는 피보나치 수열 계산을 제대로 구현한 것이 아니니 프로그래밍 테스트에서 사용하지 마세요.

```
int getFibonacci(int n)
{
    static vector<int> values = { 0, 1, 1, 2, 3, 5, 8, 13, 23, 34, 55 };
    for (int i = values.size(); i <= n; ++i)
    {
        values.push_back(values[i - 2] + values[i - 1]);
    }
    return values[n];
}
```

이 함수는 순수 함수라 문제 재현이 쉽습니다. 이 함수가 의존하는 유일한 상태는 인수이며, getFibonacci(8)을 호출할 때마다 올바른 결과인 21이 아니라 동일하게 틀린 결과인 23을 반환받습니다. 함수 안으로 디버깅해서 들어가 보면 무엇이 잘못됐는지 확연히 드러납니다. 잘못된 값을 이용해 values 배열을 초기화했습니다. 진단 완료!

자, 이것이 첫 번째 교훈입니다. 순수 함수로 코드를 구축하면 보다 쉽게 상태를 재현하고 문제를 디버깅할 수 있을 것입니다.

좀 더 복잡한 시나리오를 살펴봅시다. 캐릭터의 현재 무기, 장갑, 체력, 상태 효과 등등에 기반한 threat(위협) 값을 반환하는 Character 메서드가 있다고 상상해 보세요. 다음과 같이 캐릭터의 상태로 threat 값을 유지하는 코드를 작성할 수 있습니다.

```
struct Character
{
    void setArmor(Armor * armor)
    {
        m_threat -= m_armor->getThreat();
        m_threat += armor->getThreat();
```

```
        m_armor = armor;
    }

    void setWeapon(Weapon * weapon)
    {
        m_threat -= weapon->getThreat();
        m_threat += weapon->getThreat();
        m_weapon = weapon;
    }

    void setHitPoint(float hitPoints)
    {
        m_threat -= getThreatFromHitPoints(m_hitPoints);
        m_threat += getThreatFromHitPoints(hitPoints);
        m_hitPoints = hitPoints;
    }

    int getThreat() const
    {
        return m_threat;
    }

protected:

    int m_threat;
    Armor * m_armor;
    Weapon * m_weapon;
    float m_hitPoints;
};
```

이 코드에는 버그가 있습니다. '플레이어가 〈+1 비통한 상처의 검〉을 가진 적에게 위협받지 않는 것으로 보인다'라고 리포트됐고요. 다행히도 이 버그는 수동으로 쉽게 재현이 가능합니다. 여러분이 마법 검을 들고 있는 적에게 걸어가면 플레이어는 준비 태세 대신 평소와 같은 애니메이션을 보여줄 것입니다.

물론 앞의 코드는 증상이 나타나는 위치가 아닙니다. 이 경우의 실제 증상은 플레이어 캐릭터가 위협받는 것처럼 보여야 할 때 아무 신경을 안 쓰는 것 같은 부적절한 애니메이션을 재생한다는 것입니다. 우리는 증상이 나타나는 코드에서 시작해 원인 사슬을 몇 단계 거슬러 올라가 예제 코드를 만났고, 그때 m_threat가 잘못된 값을 갖고 있다는 사실을 발견했습니다.

따라서 왜 m_threat가 잘못된 값을 갖고 있는지 알아내야 합니다. 즉 m_threat에 잘못된 값이 설정되게 만든 상태를 재현하도록 시간을 거슬러 올라가는 마법을 사용해야 합니다.

그런데 이 경우에는 그렇게 하기가 좀 어렵습니다. 앞의 간단한 예제와 달리 코드가 '근처에' 없기 때문입니다. '최근에' 증상이 일어나지도 않았고요. 과거의 어느 시점에 m_threat에 잘못된 값을 설정했는데 그게 언제인지 모릅니다.

상태에 의존하는 코드의 문제가 바로 이것입니다. 일이 한참 잘못되기 전까지는 문제를 감지할 수 없으며, 이러한 원인과 증상 사이의 지연이 문제 진단을 어렵게 만듭니다. 이 예제에서는 m_threat가 잘못된 값을 갖고 있다는 사실을 알고 있지만, 왜 그리고 언제 잘못된 값이 할당됐는지는 모릅니다.

규칙 2의 감사 함수에 관한 조언을 따르고 있다면 문제 진단이 쉽습니다. 캐릭터의 상태를 변경할 때마다 다음과 같이 감사 함수를 호출하세요.

```
struct Character
{
    void setWeapon(Weapon * weapon)
    {
        m_threat -= weapon->getThreat();
        m_threat += weapon->getThreat();
        m_weapon = weapon;
        audit();
```

```
        }

    void audit() const
    {
        int expectedThreat = m_armor->getThreat() +
                             m_weapon->getThreat() +
                             getThreatFromHitPoints(m_hitPoints);

        assert(m_threat == expectedThreat);
    }
};
```

이렇게 하면 setWeapon 함수의 마지막에 있는 감사 함수가 assert를 수행합니다. 이런! 원래 의도는 새 무기의 위협값을 더하기 전에 예전 무기의 위협값을 빼는 것이었군요. 플레이어 캐릭터가 그렇게 무관심한 것도 무리가 아니네요.

감사 함수의 도움이 없다면 문제 진단이 어렵습니다. 아마도 m_threat에 대한 할당이 이뤄지는 모든 코드에 브레이크 포인트를 걸어놓고 코드를 실행한 다음, 그 브레이크 포인트 중 한 곳에 디버거가 멈출 때마다 상태를 검증해야 할 것입니다. 정말 지겨운 일이죠. 그리고 이 예제의 경우 m_threat를 상태로 관리하면 안 되는 것이었습니다. 절대적으로 필요한 상황이 아니면 상태를 추가하지 마세요.

다음은 상태 없는 코드에서의 비슷한 버그를 보여줍니다.

```
struct Character
{
    void setArmor(Armor * armor)
    {
        m_armor = armor;
    }
```

```
    void setWeapon(Weapon * weapon)
    {
        m_weapon = weapon;
    }

    void setHitPoint(float hitPoints)
    {
        m_hitPoints = hitPoints;
    }

    int getThreat() const
    {
        return m_armor->getThreat() -
                m_weapon->getThreat() +
                getThreatFromHitPoints(m_hitPoints);
    }

protected:

    Armor * m_armor;
    Weapon * m_weapon;
    float m_hitPoints;
};
```

이렇게 상태에 의존하지 않는 코드의 경우, Character::getThreat가 잘못된 값을 반환한다는 사실을 알게 됐을 때 무엇을 해야 하는지 분명한 계획을 세울 수 있습니다. 마법 검을 들고 있는 적에게 접근한 다음 getThreat에 브레이크 포인트를 설정하세요. 이 코드의 진단은 비교적 쉽습니다. + 기호가 들어가야 할 명백한 위치에 − 기호가 잘못 들어가 있네요. 이처럼 상태의 총량을 줄이면 진단이 훨씬 쉬워집니다.

우리는 Character의 상태를 완전히 제거하지 않았습니다. 남아 있는 상태(캐릭터이 장갑, 무기, 체력)는 Character 객체의 요점이라 제거할 수 없습니다.

이것은 가상의 비유로 실제 세계 객체를 모사하는 많은 비디오 게임 코드에 마찬가지로 적용되며, 그러한 객체는 상태를 가집니다. 객체의 위치나 속력, 플레이어의 체력, 플레이어의 마법 검 안에 어떤 마법 보석이 장착됐는지와 같은 것 말입니다. 이것들은 모두 상태를 나타내며, 쉽게 제거할 수가 없습니다.

하지만 상태를 제거할 수 있는 모든 곳에서 상태를 제거하세요. 상태는 디버깅을 어렵게 만들며, 코딩은 곧 디버깅입니다. 가능한 한 행위를 순수 함수로 구축하세요. 그렇게 하면 세부 사항을 올바르게 만들기가 쉽고, 문제가 생겼을 때 진단하기도 쉽습니다.

제거할 수 없는 상태 다루기

상태를 제거할 수 없을 때 문제 진단이 더 복잡해집니다. 캐릭터가 가끔 화살의 충격에 부적절하게 반응하는 문제를 진단한다고 생각해보세요.[79] 화살의 충격을 받으면 캐릭터가 뒤로 넘어져야 하지만 가끔 앞으로 넘어지기도 합니다. 흠, 버그 설명에 주목할 만한 단어가 있네요. '가끔'은 아마 문제가 상호작용하는 객체들의 상태와 관련이 있을 것이라는 사실을 드러냅니다. 저는 객체 중에서 가장 많은 상태 정보를 가진 캐릭터에 문제가 있을 것이라고 예상합니다. 화살도 가능성이 있기는 하지만요.

문제 진단을 위해서는 해당 상태를 재현해야 합니다. 이것은 쉬울 거예요. 유닛 테스트 중 하나에서 버그가 100% 나타난다면 이 일을 쉽게 끝낼 수 있죠. 해당 유닛

---

79 이것은 영화적인 논리입니다. 화살에는 그렇게 많은 에너지가 없습니다. 화살은 다람쥐보다 큰 대상을 뒤로 쓰러뜨리지 못하거든요(옮긴이_화살은 대상을 관통해 치명상을 입히는 무기임을 떠올리면 쉽게 이해됩니다). 하지만 비디오 게임을 플레이하는 모두가 그것을 기대하기 때문에 그냥 그렇게 할 뿐이죠.

테스트는 잘못된 행위를 유발하는 상태를 만들어내며, 이로 인해 진단이 간단해집니다. 불행한 결과를 가져오는 화살이 캐릭터에 맞았을 때 발동하는 브레이크 포인트를 설정하고 디버깅을 시작하세요. 산사태를 일으킨 조약돌을 찾기 위해 원인과 결과의 흐름을 따라가야겠지만, 시간을 거슬러 올라갈 때의 까다로운 부분은 상태를 재현하는 것이고 이는 유닛 테스트에 의해 해결됩니다.

어쩌면 운이 조금 부족할 수도 있습니다. 자동화된 테스트는 없지만 몇 번의 시도 끝에 문제를 수동으로 재현할 수 있고, 문제가 발생하면 감지할 수 있습니다.

서커펀치의 엔진에는 각각의 대미지 기록에 적절한 반응을 매핑하는 객체가 있습니다. 캐릭터가 화살에 맞았을 때 어떤 행동을 해야 하는지를 이곳에서 결정하죠. 우리는 매핑 코드 내에서 문제를 감지할 수 있습니다. 화살의 충격 속력과 캐릭터가 넘어지는 방향을 일치시키는 코드를 추가하기만 하면 됩니다.

```cpp
void DamageArbiter::getDamageReaction(
    const Damage * damage,
    Reaction * reaction) const
{
    // 대미지를 반응에 매핑하는 모든 실제 로직이 여기에 있다.
    // 서커펀치의 엔진에는 이 작업을 수행하는 함수가 하나 있다.
    // 이 함수는 거의 3000줄에 달하며, 규칙의 가장 순수한 구현은 아니지만,
    // 그럴 수밖에 없는 것이, 이 함수는 매우 복잡한 문제를 해결한다.

    if (damage->isArrow())
    {
        assert(reaction->isStumble());
        Vector arrowVelocity = damage->impactVelocity();
        Vector stumbleDirection = reaction->stumbleDirection();
        assert(dotProduct(arrowVelocity, stumbleDirection) > 0.0f);
    }
}
```

이 assert가 실행되면 문제를 진단하기 좋은 상태에 진입하게 됩니다. getDamage
Reaction 함수는 비교적 순수합니다. Damage의 정도에 따라 매번 같은 Reaction
을 반환하며, 부작용이 없습니다. 하지만 한편으로는 세계 내 임의 객체의 상태를
기반으로 결정을 내리기도 하는데, 이것은 재앙입니다.

문제를 재현하려면 세계 내 모든 객체의 상태를 일일이 복원해야 할까요? 이것이
바로 getDamageReaction으로부터 반환하기 전에 문제를 조기에 발견해야 하는
중요한 이유입니다. 해당 함수는 부작용이 없기 때문에 세계 내 모든 객체의 상태
가 그대로입니다. 만약 getDamageReaction을 즉시 다시 호출한다면 같은 결과를
얻어야 합니다. 과거에 저는 이러한 문제를 다루기 위해 코드를 삽입하곤 했습니
다. 문제가 발견되면 디버거를 실행해 코드를 한 단계씩 실행하다가 다음과 같이
순수 함수를 재귀적으로 호출했습니다.

```
void DamageArbiter::getDamageReaction(
    const Damage * damage,
    Reaction * reaction) const
{
    // 대미지를 반응에 매핑하는 모든 실제 로직이 여기에 있다.
    // 서커펀치의 엔진에는 이 작업을 수행하는 함수가 하나 있다.
    // 이 함수는 거의 3000줄에 달하며, 규칙의 가장 순수한 구현은 아니지만,
    // 그럴 수밖에 없는 것이, 이 함수는 매우 복잡한 문제를 해결한다.

    if (damage->isArrow())
    {
        assert(reaction->isStumble());
        Vector arrowVelocity = damage->impactVelocity();
        Vector stumbleDirection = reaction->stumbleDirection();
        if (dotProduct(arrowVelocity, stumbleDirection) <= 0.0f)
        {
            assert(false);
```

```
        static bool s_debugProblem = CHRISZ;
        if (s_debugProblem)
        {
            getDamageReaction(damage, reaction);
        }
      }
    }
}
```

요즘에 저는 좀 더 즉흥적으로 작업할 수 있습니다. 서커펀치에서 사용하는 IDE 는 디버거에서 코드의 어느 한 줄에 멈춰 있을 때 다음으로 실행할 줄을 설정할 수 있게 해줍니다. 이 방식에는 위험이 도사리고 있습니다. 코드 여기저기를 무작위 로 뛰어다니면 그 자체로 문제가 생길 수 있거든요. 하지만 조심스럽게 사용하면 꽤 효과를 볼 수 있죠. 특히 순수 함수에서 문제를 발견했을 때 문제의 원인을 찾 기 위해 코드를 뒤로 돌릴 수 있습니다. 이 능력은 진단 방식을 바꿉니다. 실행하 기 어려웠던 '한 단계씩 뒤로 돌아가기'가 이제 쉬워졌습니다. 문제가 최근에 일어 났고 근본 원인이 근처의 코드에 존재한다면 찾기가 훨씬 쉬워집니다.

피할 수 없는 지연 다루기

지금까지 살펴본 예제에서는 문제의 증상을 기계적으로 발견할 수 있었습니다. 프 로그램에 크래시가 발생하면 문제가 저절로 발견됐습니다. 만약 코드가 assert를 통해 자가 감시를 하고 있다면 코드 스스로 문제를 발견하게 됩니다. 앞의 화살 예 제와 같은 경우에는 수동 테스트를 통해 문제를 발견했지만, 해당 문제를 assert 로 번역해 코드에 넣을 수 있었습니다. 하지만 항상 이러한 방식으로 증상을 발견 할 수 있는 것은 아니며, 진단이 더 복잡해질 수도 있습니다. 가끔은 증상이 즉각 적으로 나타나지 않기도 하고요.

서커펀치 애니메이션 코드의 디버깅 문제를 예로 들어보겠습니다. 게임 안에서 캐릭터의 움직임은 애니메이션 팀이 만든 애니메이션에 의해 처리됩니다. 각 애니메이션은 시간의 함수로 캐릭터 신체의 각 부분이 어디로 움직일지를 묘사합니다. 예를 들어 애니메이션에서 1.5초가 지나면 왼쪽 손은 정확히 특정 위치로 가고 특정 방향으로 향합니다. 1.53초가 지난 후에는 왼쪽 손이 위로 조금 올라가고 약간 앞으로 회전합니다. 그리고 애니메이션이 끝날 때까지 우리가 관리하는 캐릭터 신체의 600개 이상 부분에 대해서도 같은 과정이 1/60초마다 반복됩니다.

각 애니메이션은 그 자체가 순수 함수입니다. 어떤 외부 상태에도 의존하지 않고 부작용도 없습니다. 애니메이션은 단 하나의 입력 변수, 즉 평가하고자 하는 애니메이션 타임라인 내의 정확한 시점만을 고려합니다. 같은 입력 변수로 애니메이션을 여러 번 평가하면 항상 같은 신체 위치를 얻게 됩니다.

그러나 현실은 그렇게 간단치 않습니다. 한 애니메이션에서 다른 애니메이션으로 전환할 때(예: 달리던 캐릭터가 점프하려 할 때) 새로운 애니메이션으로 전환하기 위해 그냥 기존 애니메이션을 중단해버리지는 않습니다. 그러면 캐릭터의 신체가 새로운 위치에 갑자기 나타나서 어색한 모습이 되니까요. 그래서 우리는 기존 애니메이션에서 새 애니메이션으로 부드럽게 전환시킵니다.

부드러운 전환을 구현하려면 일이 더 복잡해집니다. 캐릭터의 현재 신체 위치와 애니메이션 타임라인 내의 위치를 모두 고려해야 하기 때문이죠. 애니메이션 전환 시 발생하는 문제를 재현하려면 우리가 관리하는 캐릭터 신체의 600개 이상 부분의 위치와 방향뿐만 아니라 애니메이션 타임라인 값도 필요합니다.

잠깐! 문제가 더 복잡해집니다. 머리가 좋아서 애니메이션의 오류를 잘 발견하더라도 문제를 인지하는 데에는 시간이 걸립니다. 그리고 그 사이에도 애니메이션은 1초에 60번 재평가되고 있습니다. 문제를 인식할 때까지 애니메이션을 이미 여러 번 재평가했을 것이고, 문제를 일으킨 상태는 이미 사라졌을 것입니다.

그러나 해결 방법이 있습니다. 비용이 많이 들기는 하지만요. 애니메이션의 부드러운 전환은 다양한 상태에 의존하지만, 적어도 그 상태를 식별할 수는 있습니다. 애니메이션을 평가할 때마다 이 상태를 모두 캡처하면 그것을 사용해 문제를 진단할 수 있습니다.

그리고 사실 우리는 이미 이렇게 하고 있습니다. 무결점 애니메이션은 절대적인 요구 사항이기 때문에 우리는 애니메이션 디버깅에 투자해왔습니다. 우리는 각 프레임에서 애니메이션에 영향을 주는 캐릭터의 상태를 전부 저장합니다. 애니메이션의 최근 평가 결과를 앞뒤로 스크롤할 수 있는 디버깅 도구도 갖고 있고요. 오류를 발견하면 게임을 일시 정지하고, 이 디버깅 도구를 실행해 오류가 발생한 지점으로 되돌아간 다음 디버거에 진입해 문제의 원인을 추적합니다.

이 도구를 이용해 우리는 문제로 이어지는 상태를 재현해야 하는 디버깅의 까다로운 부분을 자동화했습니다. 상태에 의존하는 코드를 갖고 있지만 그 상태를 격리할 수 있을 때 그것을 캡처하면 디버깅이 훨씬 쉬워집니다.

이 테크닉은 실행 가능한 로그 파일을 만드는 것과 비슷하다고 볼 수 있습니다. 다만 이 로그 파일은 단순히 어떤 일이 있었는지만 기록하는 것이 아니라, 해당 문제를 재현하는 데 필요한 모든 데이터를 담고 있다는 점이 다릅니다. 만약 순수 함수로 시스템을 구축했다면 실행 가능한 로그 파일을 충분히 만들 수 있습니다. 모든 입력 데이터를 캡처하고 이 데이터를 재생할 수 있는 방법을 제공하기만 하면 됩니다. 이것은 쉬운 일이 아니지만, 서커펀치의 애니메이션 품질처럼 매우 중요하고 디버깅이 어려운 문제에는 그러한 노력을 기울일 가치가 있다고 생각합니다.

14

네 가지 맛의 코드

아주 간단하지만 코드를 구분할 때 유용한 모델이 있습니다. 프로그래밍 문제를 '쉬움'과 '어려움', 이렇게 두 종류로 나눌 수 있다고 합시다. 쉬운 문제의 몇 가지 예로는 숫자로 이뤄진 배열에서 가장 큰 값과 가장 작은 값 찾기, 정렬된 이진 트리에 노드 추가하기, 배열에서 홀수 제거하기 등이 있습니다. 어려운 문제의 예로는 C 표준 라이브러리의 malloc과 free를 구현하는 메모리 할당하기, 스크립트 언어 파싱하기, 선형 제약 문제를 푸는 코드 작성하기 등이 있고요.

그런데 여기서 정의한 '쉬움'과 '어려움'은 실제로는 스펙트럼상의 두 지점에 불과하고, 그마저도 극단적인 지점이 아닙니다. 예컨대 두 수를 더하는 것처럼 단순한 문제도 있고, 저널링 파일 시스템을 바닥부터 만드는 것처럼 더 어려운 문제도 있죠. 그럼에도 '쉬움'과 '어려움'은 유용한 지점입니다. 프로그래머가 매일 해결하는 대부분의 문제는 이 두 지점 사이에 존재합니다. 참고로 저는 이러한 문제를 모두 해결해본 경험이 있습니다. 저널링 파일 시스템을 바닥부터 만드는 것은 제외하고요. 재미있어 보이는 문제지만요.

어려운 문제를 해결할 때 작성해야 할 코드가 쉬운 문제를 해결할 때보다 더 많고 더 복잡하리라는 것은 자명하며, 이러한 경우는 꽤 흔합니다. 어려운 문제의 솔루션은 대개 작성하기가 더 어렵고, 결과적으로 쉬운 문제의 솔루션보다 더 길고 복잡해집니다.

단순화된 또 다른 모델을 살펴봅시다. 솔루션은 '단순함' 또는 '복잡함'으로 구분할 수 있습니다. 단순한 솔루션은 짧고 이해하기 쉽지만, 복잡한 솔루션은 길고 이해하기 어렵습니다. 하지만 이 둘은 스펙트럼상의 두 지점일 뿐이고, 적당히 복잡하거나 어느 정도 단순한 솔루션도 존재합니다. 따라서 스펙트럼상에 있는 단순함과 복잡함의 지점을 되도록 염두에 두면 좋습니다. 프로그래머라면 [표 14-1]과 같은 '네 가지 맛의 코드'가 어떻게 도출됐는지 이해할 수 있을 것입니다.

표 14-1 쉬운 문제와 어려운 문제에 대한 단순하고 복잡한 솔루션

구분	쉬운 문제	어려운 문제
단순한 솔루션	예상됨	열망함
복잡한 솔루션	아주아주 나쁨	용인됨

쉬운 문제에 대한 단순한 솔루션과 어려운 문제에 대한 복잡한 솔루션이 있다는 것은 분명합니다. 우리는 쉬운 문제에 대해 복잡한 솔루션을 구현하는 것이 걱정될 만큼 쉽다는 사실을 각자의 개인적 경험을 통해 알고 있습니다. 또한 어떤 경우에는 어려운 문제에 대해 단순한 솔루션을 구현하는 것이 가능하고요.

규칙 1에 따르면 가능한 한 단순한 솔루션을 추구해야 합니다. 이제 이 장에서 다루는 **규칙**이 어떤 방향으로 갈지 눈치챘겠죠? 먼저 몇 가지 예를 살펴봅시다.

쉬운 문제와 단순한 솔루션

쉬운 문제의 예부터 들겠습니다. 다음은 배열에서 가장 큰 값과 가장 작은 값을 찾는 문제의 단순한 솔루션입니다.

```
struct Bounds
{
    Bounds(int minValue, int maxValue)
    : m_minValue(minValue), m_maxValue(maxValue)
        { ; }

    int m_minValue;
    int m_maxValue;
};

Bounds findBounds(const vector<int> & values)
{
    int minValue = INT_MAX;
    int maxValue = INT_MIN;

    for (int value : values)
    {
        minValue = min(minValue, value);
        maxValue = max(maxValue, value);
    }

    return Bounds(minValue, maxValue);
}
```

알고리즘은 단순합니다. values를 순회하면서 찾고자 하는 가장 큰 값과 가장 작은 값을 추적합니다. 이 코드의 시작 부분에는 사소한 세부 사항이 있습니다. 저는 첫 번째 요소가 minValue와 maxValue를 설정하도록 하는 매우 표준적인 기법을 사용했습니다.[80] 그것을 제외하면 이 코드는 적절히 단순해서 이해하기 쉽죠.

----
80 옮긴이_코드를 잘 살펴보면 minValue에는 정수의 최댓값을, maxValue에는 정수의 최솟값을 설정했습니다.

쉬운 문제와 세 가지 복잡한 솔루션

같은 알고리즘을 구현하는 코드를 훨씬 더 복잡하게 작성할 수도 있습니다. 다음은 단순한 알고리즘을 여러 개의 추상화 레이어 아래에 묻어버리는 코드입니다.

```
enum EmptyTag
{
    kEmpty
};

template <typename T> T MinValue() { return 0; }
template <typename T> T MaxValue() { return 0; }

template <> int MinValue<int>() { return INT_MIN; }
template <> int MaxValue<int>() { return INT_MAX; }

template <class T>
struct Bounds
{
    Bounds(const T & value)
    : m_minValue(value), m_maxValue(value)
        { ; }
    Bounds(const T & minValue, const T & maxValue)
    : m_minValue(minValue), m_maxValue(maxValue)
        { ; }
    Bounds(EmptyTag)
    : m_minValue(MaxValue<T>()), m_maxValue(MinValue<T>())
        { ; }

    Bounds & operator |= (const T & value)
    {
        m_minValue = min(m_minValue, value);
        m_maxValue = max(m_maxValue, value);
```

```
        return *this;
    }

    T m_minValue;
    T m_maxValue;
};

template <class T>
struct Range
{
    Range(const T::iterator & begin, const T:: & end)
    : m_begin(begin), m_end(end)
        { ; }

    const T & begin() const
    { return m_begin; }

    const T & end() const
    { return m_end; }

    T m_begin;
    T m_end;
};

template <class T>
Range<typename vector<T>::iterator> getVectorRange(
    const vector<T> & values,
    int beginIndex,
    int endIndex)
{
    return Range<vector<T>::const_iterator>(
                values.begin() + beginIndex,
                values.begin() + endIndex);
}
```

```
template <class T, class I>
T iterateAndMerge(const T & init, const I & iterable)
{
    T merge(init);

    for (const auto & value : iterable)
    {
        merge |= value;
    }

    return merge;
}

void findBounds(const vector<int> & values, Bounds<int> * bounds)
{
    *bounds = iterateAndMerge(
                    Bounds<int>(kEmpty),
                    getVectorRange(values, 0, values.size()));
}
```

이 코드를 분석해보면 첫 알고리즘과 완전히 동일한 알고리즘이라는 사실을 알 수 있습니다. 코드의 의도는 어쨌든 좋아요. 지독하게 나쁜 부분은 없죠. 특히나 이상한 C++의 특성을 악용하지도 않았고, 그나마 템플릿 특수화 정도가 가장 복잡한 부분입니다.[81] 모든 이름이 자신의 역할을 잘 설명하고 있고요. 눈을 가늘게 뜨고 각 행을 살펴보면 저마다의 정당한 이유를 가늠할 수 있습니다.

앞서 봤던 단순한 코드에 비해 네 배 커진 이 코드는 훨씬 이해하기 어렵습니다. 이것은 복잡한 코드이며, 우리가 풀고자 하는 문제와의 관련성이 아주 미미합니다. 앞의 코드는 적절히 단순했지만 이 코드는 부적절하게 복잡합니다.

---

81 옮긴이_타입 중립적인 코드를 작성하기 위해 템플릿이 사용되지만 C++는 템플릿이 특정한 타입에 대해 다르게 동작하도록 정의하는 기능을 도입했는데, 이것이 템플릿 특수화입니다. 이 코드에서 `template <> int MinValue<int>() { return INT_MIN; }`은 템플릿 특수화가 사용된 부분입니다.

이것은 솔루션을 시나치게 복잡하게 만드는 여러 방법 중 하나에 불과합니다. 다음과 같이 선 넘는 코드도 있으니까요.

```cpp
struct Bounds
{
    Bounds(int minValue, int maxValue)
    : m_minValue(minValue), m_maxValue(maxValue)
        { ; }

    int m_minValue;
    int m_maxValue;
};

template <class COMPARE>
int findNth(const vector<int> & values, int n)
{
    priority_queue<int, vector<int>, COMPARE> queue;
    COMPARE compare;

    for (int value : values)
    {
        if (queue.size() < n)
        {
            queue.push(value);
        }
        else if (compare(value, queue.top()))
        {
            queue.pop();
            queue.push(value);
        }
    }

    return queue.top();
}
```

```
void findBounds(const vector<int> & values, Bounds * bounds)
{
    bounds->m_minValue = findNth<less<int>>(values, 1);
    bounds->m_maxValue = findNth<greater<int>>(values, 1);
}
```

이 코드의 경우 배열 속에서 N번째로 큰(또는 작은) 수를 찾는 것을 보다 일반적인 문제로 풀어보려 했습니다. 그리고 최솟값과 최댓값을 그것의 특별한 경우로 봤습니다. 그런데 이렇게 일반화가 지나친 접근법은 대부분의 경우 잘못됐다고 볼 수 있습니다. 추가되는 코드가 별로 없기도 하고, 단순하게 만드는 것보다 까다롭게 만드는 것이 더 재미있을 수는 있죠. 하지만 이렇게 하면 훨씬 읽기 어려운 코드가 됩니다.[82]

또한 알고리즘이 잘못되면 너무 복잡해질 수 있습니다. 단순한 솔루션이 꽤 분명하기 때문에 이 예제에서는 그렇게 하기 힘들지만, 우리 모두는 다음과 같이 단순한 알고리즘을 놓치는 코드를 본 적이 있습니다.

```
struct Bounds
{
    Bounds(int minValue, int maxValue)
    : m_minValue(minValue), m_maxValue(maxValue)
        { ; }

    int m_minValue;
    int m_maxValue;
};

int findExtreme(const vector<int> & values, int sign)
```

---

[82] 성능도 끔찍하지만, **규칙** 5에서 최적화에 대해 걱정하지 말라고 말했듯이 성능에 대한 우려를 각주로 강등해야 한다고 생각합니다. 변명하자면 앞 예제의 가장 단순한 솔루션이 가장 빠르며, 이는 드문 일이 아닙니다.

```
{
    for (int index = 0; index < values.size(); ++index)
    {
        for (int otherIndex = 0;; ++otherIndex)
        {
            if (otherIndex >= values.size())
                return values[index];

            if (sign * values[index] < sign * values[otherIndex])
                break;
        }
    }

    assert(false);
    return 0;
}

void findBounds(const vector<int> & values, Bounds * bounds)
{
    bounds->m_minValue = findExtreme(values, -1);
    bounds->m_maxValue = findExtreme(values, +1);
}
```

요컨대 추상화를 너무 많이 사용하는 것, 일반화를 너무 많이 추가하는 것, 잘못된 알고리즘을 선택하는 것, 이 세 가지는 필요보다 더 복잡하게 만드는 매우 일반적인 방법입니다.

복잡성에 따르는 비용

불필요한 복잡성에는 실제로 비용이 따릅니다. 복잡한 코드는 단순한 코드보다 작성하는 데 더 오랜 시간이 걸리고, 디버깅에도 훨씬 더 많은 시간이 필요합니다.

코드를 읽는 모두가 복잡성과 싸워나가며 이해해야 하죠. 반면에 단순한 솔루션은 이러한 문제를 일으키지 않습니다. 처음부터 제대로 만들기가 쉽고 다른 사람도 바로 이해할 수 있습니다.

사실 '쉬운 문제를 단순한 방법으로 해결하는가'는 평범한 프로그래머와 훌륭한 프로그래머를 구분하는 가장 좋은 지표입니다. 서커펀치에서는 사람을 뽑을 때 '어려운 문제를 해결할 수 있는지' 그리고 '쉬운 문제에 대해 단순한 솔루션을 제시하는지'를 봅니다. 이 두 가지를 모두 충족하지 못하는 사람에게는 손을 내밀지 않습니다.

쉬운 문제에 대해 복잡한 솔루션을 제시하는 사람은 자신의 일은 물론이고 팀 전체의 작업을 어렵게 만듭니다. 이러한 사람은 솔루션을 만드는 데 더 많은 시간이 걸릴 뿐만 아니라 코드베이스에 더 많은 버그를 유발하고 모두를 혼란스럽게 하는데, 우리는 그것을 감당할 여유가 없습니다.

프로그래머의 네 가지(실제로는 세 가지) 유형

코드에 네 가지 유형(쉬운 문제와 어려운 문제, 단순한 솔루션과 복잡한 솔루션)이 있듯이 프로그래머에도 네 가지 유형이 있습니다. 쉬운 문제가 주어졌을 때 단순한 솔루션을 제시하는 프로그래머와 복잡한 솔루션을 제시하는 프로그래머 그리고 어려운 문제가 주어졌을 때 단순한 솔루션을 제시하는 프로그래머와 복잡한 솔루션을 제시하는 프로그래머가 있습니다. 그러나 어려운 문제에 대해 단순한 솔루션을 제시하는 프로그래머는 매우 적고, 쉬운 문제에 대해 복잡한 솔루션을 제시하는 프로그래머가 매우 많은 것이 현실입니다. 그 결과 프로그래머는 [표 14-2]와 같이 세 가지 유형으로 분류됩니다.

표 14-2 프로그래미의 세 가지 유형

구분	쉬운 문제	어려운 문제
평범한 프로그래머	복잡함	복잡함
좋은 프로그래머	단순함	복잡함
훌륭한 프로그래머	단순함	단순함

좋은 프로그래머가 평범한 프로그래머와 다른 점은 쉬운 문제에 대해 단순한 솔루션을 제시한다는 것입니다. 또한 훌륭한 프로그래머와 좋은 프로그래머의 차이는, 훌륭한 프로그래머의 경우 문제가 더 어려워지더라도 단순한 솔루션을 추구한다는 것입니다.

어느 시점에 가서는 단순한 솔루션을 확보하기 어려울 정도로 문제가 어려워집니다. 이럴 때는 단순한 솔루션을 유지하는 스펙트럼이 얼마나 더 넓은가로 프로그래머의 수준을 평가할 수 있습니다. 그 스펙트럼이 더 넓고, 더 어려운 문제도 단순한 솔루션으로 해결할 수 있다면 그만큼 더 뛰어나다고 볼 수 있죠.

이는 다른 관점에서 볼 수도 있습니다. 훌륭한 프로그래머의 핵심 역량은 어려워 보이는 문제를 올바른 관점에서 바라보면 사실은 쉽다는 사실을 인식하는 능력입니다.

어려운 문제와 작동하지 않는 약간 복잡한 솔루션

어떤 문자열 안에 특정 문자 집합(예: abc)의 어떤 순열이 나타나는지를 확인하는 문제를 생각해봅시다. 다시 말해 이 문자들로 만들어진 순열 문자열 중 하나라도 '검색 문자열'에 나타나는지 여부를 확인하는 문제입니다. 만약 순열 문자열이 abc라면 cabbage나 abacus 같은 검색 문자열의 경우 true를 반환하고, scramble이나 brackish 같은 문자열의 경우 false를 반환해야 합니다.

어떻게 해결할지 바로 떠오르지 않죠? 가장 분명한 방법은 문자들의 모든 가능한 순열을 생성해 그중의 하나가 문자열 안에 나타나는지를 검사하는 것입니다. 재귀를 이용해 순열을 생성하는 것은 복잡하지 않습니다. 순열 문자열에서 문자를 하나 선택해 문자열 안에 남아 있는 문자들의 모든 조합 앞에 추가하면 되니까요. 첫 번째 시도는 다음과 같습니다.

```cpp
vector<string> generatePermutations(const string & permute)
{
    vector<string> permutations;

    if (permute.length() == 1)
    {
        permutations.push_back(permute);
    }
    else
    {
        for (int index = 0; index < permute.length(); ++index)
        {
            string single = permute.substr(index, 1);
            string rest = permute.substr(0, index) +
                            permute.substr(
                                index + 1,
                                permute.length() - index - 1);

            for (string permutation : generatePermutations(rest))
            {
                permutations.push_back(single + permutation);
            }
        }
    }

    return permutations;
}
```

```
bool findPermutation(const string & permute, const string & search)
{
    vector<string> permutations = generatePermutations(permute);
    for (const string & permutation : permutations)
    {
        if (search.find(permutation) != string::npos)
            return true;
    }

    return false;
}
```

로직이 상당히 간단하고 잘 작동할 것처럼 보입니다. 순열 문자열이 아주 조금 더 길어지기 전까지는요. 그 시점이 되면 폭발이 시작되죠. 순열의 가짓수는 문자열 길이의 팩토리얼과 같아서 findPermutation 함수는 금세 쓸모없어집니다. 예제에서처럼 네 개 문자 목록을 줘서 순열을 만들게 하면 findPermutation은 기꺼이 순열을 만들어낼 것입니다. 그러나 열두 개 정도의 문자 목록을 주면 재귀 구멍 속으로 사라져서는 절대 반환하지 않을 것입니다.**[83]**

이러한 폭발에 대한 단순한 반응은 불필요한 작업을 하고 있음을 깨닫는 것일 테죠. 목록의 어떤 문자가 중복된다면 순열의 목록에도 중복된 항목이 추가될 것입니다. 어쩌면 다음과 같이 순열 목록에서 중복을 제거하는 것이 도움이 될지도 모릅니다.

```
vector<string> generatePermutations(const string & permute)
{
    vector<string> permutations;
```

---

83 사실 '절대'까지는 아닙니다. 네 개 정도의 문자는 generatePermutations가 꽤 빠르게 동작해 제 PC에서는 성능 측정이 어려웠습니다. 여덟 개 문자의 경우에는 수백분의 1초가 소요됐고요. 열두 개 문자일 때는 부품이 녹아 내리는 것을 막으려고 제 PC 팬이 최대 출력으로 동작하는 동안 42초를 기다려야 했습니다.

```
        if (permute.length() == 1)
        {
            permutations.push_back(permute);
        }
        else
        {
            for (int index = 0; index < permute.length(); ++index)
            {
                string single = permute.substr(index, 1);
                string rest = permute.substr(0, index) +
                              permute.substr(
                                  index + 1,
                                  permute.length() - index - 1);

                for (string permutation : generatePermutations(rest))
                {
                    permutations.push_back(single + permutation);
                }
            }
        }

    sort(
        permutations.begin(),
        permutations.end());
    permutations.erase(
        unique(permutations.begin(), permutations.end()),
        permutations.end());

    return permutations;
}
```

별로 도움이 되지 않는군요. 그렇게 많은 코드를 추가하지도 않았다는 점은 아주 좋습니다. 그리고 추가된 코드 또한 간단하고 핵심 문제를 건드리지 않았죠. 그러나 이 코드로는 팩토리얼 문제를 최적화할 수 없습니다. 수열화하려는 문자의 집합이 모두 작거나 대부분 중복된 문자로 이뤄지지 않았다면 이 코드는 사용하기에 무리가 있을 것입니다.

어려운 문제와 약간 복잡한 솔루션

모든 순열을 생성하겠다는 생각을 버리면 더 나은 변화를 만들 수 있습니다. 대신에 문제를 바라보는 관점을 검색 문자열의 각 부분 문자열을 확인하는 것으로 전환할 필요가 있습니다. 부분 문자열 안의 개별 문자에 대해 순열 문자열의 각 문자가 일치한다면 순열을 찾은 것입니다.

```cpp
bool findPermutation(const string & permute, const string & search)
{
    int permuteLength = permute.length();
    int searchLength = search.length();

    vector<bool> found(permuteLength, false);

    for (int lastIndex = permuteLength;
         lastIndex <= searchLength;
         ++lastIndex)
    {
        bool foundPermutation = true;

        for (int searchIndex = lastIndex - permuteLength;
             searchIndex < lastIndex;
             ++searchIndex)
        {
            bool foundMatch = false;
```

```
            for (int permuteIndex = 0;
                permuteIndex < permuteLength;
                ++permuteIndex)
            {
                if (search[searchIndex] == permute[permuteIndex] &&
                    !found[permuteIndex])
                {
                    foundMatch = true;
                    found[permuteIndex] = true;
                    break;
                }
            }

            if (!foundMatch)
            {
                foundPermutation = false;
                break;
            }
        }

        if (foundPermutation)
            return true;

        fill(found.begin(), found.end(), false);
    }

    return false;
}
```

이 코드는 동작합니다. 중첩 루프들의 로직이 약간 얽히긴 했지만요. 세 개의 중첩 루프를 보고 성능 문제를 조금 불안해할 수도 있습니다만(이 함수에 대한 첫 번째 시도는 결국 성능 때문에 실패했습니다), 이 방법의 N³ 복잡도는 실제로 크게 문제 되지 않습니다. 순열 문자열이 1,000개의 문자로 이뤄지지지 않는다면 성능은 꽤 찮을 것입니다.

이슈가 있다면 그것은 로직의 복잡성입니다. 이 코드는 책의 분량에 맞춘 간단한 예제입니다. 따라서 우리가 풀고 있는 문제는 사실 그렇게 어려운 것이 아닙니다. 여러분은 이 문제에 대한 간단한 솔루션을 찾기를 바라겠지만 이전 솔루션은 실패했습니다. 반면에 이 코드는 좋은 프로그래머가 작성할 법한 솔루션이며, 제대로 동작하기는 하지만 우리가 필요로 하는 것보다 복잡합니다.

사실, 좋은 프로그래머가 내놓는 더 전형적인 솔루션은 세 개의 중첩 루프를 피하기 위해 섣부른 최적화를 하는 것입니다. 예컨대 다음과 같이 횟수를 세고 그 횟수의 집합을 해싱해 해당 함수를 어설프게 선형화합니다.

```cpp
#define LARGE_PRIME 104729

bool findPermutation(const string & permute, const string & search)
{
    int permuteCounts[UCHAR_MAX] = {};
    int currentCounts[UCHAR_MAX] = {};

    int permuteHash = 0;
    int currentHash = 0;

    for (unsigned char character : permute)
    {
        ++permuteCounts[character];
        permuteHash += character * (character + LARGE_PRIME);
    }

    int permuteLength = permute.length();
    int searchLength = search.length();

    if (searchLength < permuteLength)
```

```
        return false;

    for (int searchIndex = 0; searchIndex < permuteLength; ++searchIndex)
    {
        unsigned char character = search[searchIndex];

        ++currentCounts[character];
        currentHash += character * (character + LARGE_PRIME);
    }

    for (int searchIndex = permuteLength;; ++searchIndex)
    {
        if (currentHash == permuteHash)
        {
            bool match = true;

            for (char character : permute)
            {
                if (permuteCounts[character] != currentCounts[character])
                    match = false;
            }

            if (match)
                return true;
        }

        if (searchIndex >= searchLength)
            break;

        unsigned char removeCharacter = search[searchIndex - permuteLength];
        unsigned char addCharacter = search[searchIndex];

        --currentCounts[removeCharacter];
        currentHash -= removeCharacter * (removeCharacter + LARGE_PRIME);
```

```
        ++currentCounts[addCharacter];
        currentHash += addCharacter * (addCharacter + LARGE_PRIME);
    }

    return false;
}
```

지나치게 복잡하기는 하지만 이 코드 역시 동작합니다. 어떤 상황에서는 지난 솔루션보다 이 솔루션의 성능이 더 좋을 수도 있지만 그것은 별로 중요하지 않습니다. 이전 솔루션은 충분히 합리적인 성능을 지녔고 더 쉽게 이해됩니다.

어려운 문제와 단순한 솔루션

더 단순하면서도 쉽게 읽고 이해할 수 있는 솔루션은 없을까요? 훌륭한 프로그래머와 좋은 프로그래머의 차이는 바로 그러한 솔루션을 찾아내는 능력에 있습니다.

이 예제에서 사용하고 있는 알고리즘(검색 문자열의 각 부분 문자열을 확인해 순열 문자열의 순열인지 확인하는 것)에는 문제가 없습니다. 알고리즘을 표현하는 방식이 복잡해진 것이 문제죠. 그런데 일치 여부를 검사하는 더 간단한 방법이 있습니다. 순열 문자열의 문자 순서를 표준화하고, 이와 유사하게 우리가 비교하려는 각 부분 문자열의 문자 순서도 표준화한다면, 다음과 같이 표준화된 두 문자열을 간단히 비교할 수 있습니다.

```
bool findPermutation(const string & permute, const string & search)
{
    int permuteLength = permute.length();

    string sortedPermute = permute;
```

```
        sort(sortedPermute.begin(), sortedPermute.end());

        for (int index = permuteLength; index <= search.length(); ++index)
        {
            string sortedSubstring = search.substr(
                                        index - permuteLength,
                                        permuteLength);
            sort(sortedSubstring.begin(), sortedSubstring.end());

            if (sortedPermute == sortedSubstring)
                return true;
        }

        return false;
}
```

근본적인 알고리즘을 변경하지 않았지만 이렇게 표현하니 알고리즘을 이해하기가 훨씬 더 쉬워졌습니다. 이전 코드는 복잡했으나 이 코드는 단순합니다. 훌륭한 프로그래머는 이와 같이 단순하고 명확한 솔루션을 찾아냅니다. 그리고 단순성과 명확성이 거의 항상 가장 중요한 문제라는 사실을 잘 인지하고 있죠. 훌륭한 프로그래머는 가장 복잡한 코드를 작성할 수 있는 사람이 아니라, 가장 복잡한 문제에 대해 가장 단순한 답을 찾아내는 사람입니다.

15

잡초를 뽑으라

제 딸들이 어렸을 때 우리 집에는 닌텐도 게임큐브가 있었습니다. 제가 비디오 게임을 개발하는 일을 하다 보니 집에 게임기가 가득했죠. 아이들은 나중에야 다른 집들이 그렇지 않다는 것을 알게 됐습니다.

우리가 가장 좋아했던 게임은 〈동물의 숲〉이었습니다. 이 게임에서 우리는 의인화된 동물로 가득한 작은 마을을 공유했습니다. 그 마을에서는 무엇이든 할 수 있습니다. 땅을 파거나 발굴하고, 새로운 옷을 디자인하고, 집을 꾸미고, 조개껍질을 모으고, 낚시를 하고, 마을에 사는 동물들과 친구가 되고, 그냥 쉬면서 KK 슬라이더의 기타 연주를 감상할 수도 있습니다.

〈동물의 숲〉에서 해야 할 일 중 하나는 잡초 뽑기입니다. 매일 밤 마을에는 새로운 잡초가 몇 그루씩 생겨납니다. 플레이를 하든 안 하든 상관없이요. 하지만 잡초 뽑기는 쉽습니다. 잡초에 가까이 가서 버튼을 누르면 '뽁!' 하고 사라지죠. 그런데 이 일을 멈춰서는 안 됩니다. 뽑든 안 뽑든 잡초는 계속 자라나거든요. 게임을 안 해도 잡초가 자라나기 때문에 잡초 뽑기를 멈추면 마을이 잡초로 뒤덮입니다.

20년이 지난 지금도 〈동물의 숲〉은 계속 만들어지고 있습니다. 수천만 명의 사람들이 이 게임을 플레이했고, 모두 같은 경험을 했습니다. 몇 주 동안 게임을 안 하다 돌아와보면 열심히 가꿔둔 마을이 잡초로 뒤덮여 있죠. 저는 20년이 지난 지금도 그 고통을 느낄 수 있습니다.

여러분의 프로젝트는 그 마을과 같습니다. 지속적으로 코드베이스에 생기는 작은 문제들, 즉 잡초를 뽑아야 합니다. 프로젝트상에서 작업을 하든 안 하든, 잡초를 뽑든 안 뽑든 계속해서 새로운 잡초가 생기고, 잡초를 뽑지 않으면 프로젝트가 잡초로 뒤덮일 것입니다.

그럼 이 비유에서 잡초는 무엇을 의미할까요? 고치기 쉬우면서도 무시하기 쉬운 작은 문제를 말합니다. 〈동물의 숲〉의 잡초를 생각해보세요. 잡초를 뽑으려면 버튼을 누르기만 하면 됩니다. 잡초를 뽑아도 부작용이 없고 다른 문제를 일으키지도 않죠. 달라진 점은 잡초가 하나 줄어든 것뿐이랍니다.

다음은 잡초가 난 코드입니다.

```cpp
// @brief 벡터에서 중복된 정수 제거
//
// @param values 압축할 정수 벡터

template <class T>
void compressVector(
    vector<T> & values,
    bool (* is_equal)(const T &, const T &))
{
    if (values.size() == 0)
        return;

    int iDst = 1;

    for (int iSrc = 1, c = values.size(); iSrc < c; ++iSrc) {
        // 유인한 값 검사
```

```
        if (!is_equal(values[iDst - 1], values[iSrc]))
        {
            values[iDst++] = values[iSrc];
        }
    }

    values.resize(iDst);
}
```

이 코드의 주석에는 명백한 문제가 몇 가지 있습니다. 일단 맨 위에 있는 헤더 주석이 함수와 일치하지 않습니다. 이 함수는 원래 정수 벡터에서 중복값을 압축하는 것으로 시작했는데, 템플릿으로 변환한 사람이 주석 업데이트를 잊은 것 같습니다. 또한 주석 자체가 너무 모호합니다. 여기서는 모든 중복값을 제거하는 것이 아니라 인접한 중복값을 제거하며, 배열이 정렬돼 있지 않다면 이 둘은 다릅니다. 그리고 두 번째 주석에 오탈자[84]가 있습니다. 다음 코드는 이러한 문제를 수정한 버전입니다.

```
// @brief 벡터에서 동일한 값의 시퀀스 압축
//
// 벡터에서 값의 시퀀스가 동일하다면 해당 시퀀스에서 첫 번째 값만 유지하고
// 중복값은 제거
//
// @param values 압축할 벡터
// @param is_equal 사용할 비교 함수

template <class T>
void compressVector(
    vector<T> & values,
    bool (* is_equal)(const T &, const T &))
```

```
{
    if (values.size() == 0)
        return;

    int iDst = 1;

    for (int iSrc = 1, c = values.size(); iSrc < c; ++iSrc) {
        // 유일한 값 검사
        if (!is_equal(values[iDst - 1], values[iSrc]))
        {
            values[iDst++] = values[iSrc];
        }
    }

    values.resize(iDst);
}
```

이러한 문제를 해결하는 것은 잡초 뽑기와 같습니다. 그다지 어려운 일이 아니죠. 주석을 고치더라도 다른 곳에 문제가 생기지 않을뿐더러 코드가 개선됩니다. 주석의 모호성을 제거함으로써 누군가가 향후에 버그를 만드는 것을 방지할 수 있습니다.

그런데 추가로 손댈 수 있는 부분이 있습니다. 변수 명명 규칙과 형식화 문제가 조금씩 보이네요. 변수 i와 c는 표준 컨벤션을 따르지 않았습니다. 이 프로젝트는 한 글자 변수명을 사용하지 않고 index와 count를 사용했습니다. is_equal 인수도 프로젝트의 함수 명명 스타일에 따라 isEqual로 바뀌어야 합니다. 중괄호의 일관성도 떨어지고, for문 안에 여러 인수를 넣는 것 역시 프로젝트의 컨벤션에 어긋납니다. 두 번째 주석 다음에 빈 줄이 없는 것도 마찬가지고요. 그러나 이러한 문제는 모두 쉽게 해결할 수 있습니다.

```
// @brief 벡터에서 동일한 값의 시퀀스 압축
//
// 벡터에서 값의 시퀀스가 동일하다면 해당 시퀀스에서 첫 번째 값만 유지하고
// 중복값은 제거
//
// @param values 압축할 벡터
// @param isEqual 사용할 비교 함수

template <class T>
void compressVector(
    vector<T> & values,
    bool (* isEqual)(const T &, const T &))
{
    int count = values.size();
    if (count == 0)
        return;

    // 이전 값과 다른 값 복사

    int destIndex = 1;
    for (int sourceIndex = 1; sourceIndex < count; ++sourceIndex)
    {
        if (!isEqual(values[destIndex - 1], values[sourceIndex]))
        {
            values[destIndex++] = values[sourceIndex];
        }
    }

    values.resize(destIndex);
}
```

앞의 주석 수정만큼 안전하지는 않지만 이번 수정도 비교적 안전합니다. 그러나 이러한 변경은 기본적으로 버그를 유발할 가능성이 있습니다. 예를 들어

destIndex를 사용하려고 했던 곳에 sourceIndex를 사용할 수도 있죠. 가능성이 높지는 않지만 어쨌든 가능성이 존재합니다.

잡초 식별하기

문제가 잡초인지 아닌지를 결정하는 것은 안전성입니다. 문제를 안전하게 해결할 수 있다면 그것은 뽑아야 할 잡초입니다. 일단 주석의 오탈자를 고치는 것은 절대로 안전합니다. 첫 번째 수정에서 다뤘던 주석의 모호성 같은 더 중요한 문제도, 함수가 실제로 어떤 일을 하는지 정확하게 알고 있다면 안전하게 고칠 수 있습니다.

또한 명명 규칙 관련 문제도 안전하게 고칠 수 있습니다. 소스 코드의 일부분에서 검색 및 바꾸기를 하면 문제없이 작업할 수 있고, 만약 실수하더라도 C++와 같은 컴파일 언어에서는 컴파일러가 대부분의 실수를 바로잡아줄 것입니다.

저는 두 번째 수정에서 몇몇 변수의 이름을 바꾸면서 위치를 옮겼습니다. 상대적으로 안전하지만 다른 수정보다는 더 위험했습니다. 여전히 잡초이기는 해도 다른 잡초보다 신중하게 다뤄야 합니다.

물론 여기에는 명백한 스펙트럼이 있습니다. 지금까지 제가 한 수정 중에는 기능적인 부분이 전혀 없습니다. 컴파일러는 거의 같은 코드를 생성하게 될 것입니다. 기능을 바꾸지 않고 코드의 가독성과 일관성만 향상했으니까요.

코드의 기능에 영향을 미치지 않는 더 실질적인 변경을 생각해봅시다. 예를 들면 여러 소스 파일에서 동일한 변경이 필요한 클래스 멤버의 이름을 바꾸는 것이나 클래스를 어떻게 사용해야 하는지 설명하는 새로운 주석을 추가하는 것 등입니다. 세부 사항을 올바르게 처리한다면 기능에는 변화가 없어야 하는 이러한 변경도 여전히 잡초에 해당합니다. 다만 좀 더 주의가 필요하죠.

그러나 의도적으로 기능을 변경한다면 그것은 더 이상 잡초가 아닙니다. 그러한 것은 버그이며, 다른 규칙이 적용됩니다. 잡초는 기계적으로 뽑지만 버그 수정은 기계적이지 않습니다. 만약 버그를 기계적으로 수정한다면 대체로 새로운 문제가 발생하기 때문입니다. 잡초 문제를 해결하는 것은 당연히 새로운 문제를 일으키지 않아야 합니다.

잡초 뽑기는 쉽고, 잡초가 없는 코드베이스에서의 작업은 훨씬 즐겁습니다. 그렇다면 대부분의 프로젝트에는 왜 그렇게 잡초가 많을까요?

코드는 어떻게 잡초로 덮이는가

잡초 뽑기는 쉽지만 무시하는 것도 그만큼 쉽습니다. 우리는 주어진 시간보다 할 일이 많고, 잡초를 뽑는 즉각적인 작은 비용에 비해 그 이점은 미묘하고 미래에 발생합니다. 그래서 외면하고 싶어지게 마련이죠.

게다가 어떤 사람에게는 잡초처럼 보이는 것이 다른 사람에게는 꽃으로 보일 수도 있습니다.[85] 어떤 주석 때문에 혼란스러울 수도 있고 그 내용이 올바른지 의심이 생길 수도 있지만, 코드를 충분히 이해했는지에 대해 자신이 없어서 손을 대지 못할 수도 있습니다. 코드를 철저히 읽거나 자신의 의심을 더블체크하기 위해 해당 코드를 잘 알고 있는 사람에게 질문할 수도 있겠죠. 하지만 해야 할 일의 목록에는 이러한 주석 수정이 없습니다.

또는 새로운 팀원이 작성한 코드 일부에서 형식화 문제를 발견할 수도 있습니다.

---

85 정원사의 격언에 따르면 '잡초는 잘못된 곳에 있는 식물'일 뿐입니다. 아내를 위해 텃밭의 잡초를 뽑아서 아내를 놀라게 하려고 했던 적이 있는데, 아내가 심어놓은 아스파라거스를 모두 뽑아버려서 정말 아내를 놀라게 했던 일이 생각나네요. 잡초를 뽑아달라는 부탁을 다시는 안 하게 하는 것이 제 목표였다면 성공한 거죠.

우리는 혼자서 그 문제를 수정할 수도 있지만, 그냥 그렇게 고쳐버리면 새로운 팀원이 올바른 형식화를 배우지 못할 것이라고 합리화하곤 합니다. 다음 코드 리뷰 때 해당 실수를 파악하도록 놔두는 것이 낫다고요.

잡초가 눈에 보이지만 무시하기 쉬운 이유(중요한 문제에 집중해야 하거나, 그것이 정말 잡초인지 확신하지 못하는 것)는 모두 현실적인 문제입니다. 그러나 잡초는 더 많은 잡초를 만들어냅니다. 명명 규칙과 형식화 컨벤션이 철저하게 정의돼 있는데도 프로젝트에 일관성 없는 코드가 많다면 팀원은 어떤 것을 믿어야 할지 모르겠죠. 이러한 상황에서는 더 편하다고 느끼는 것을 복사하게 됩니다.

주석이 여러분을 혼란스럽게 만들었나요? 그 주석은 그것을 읽는 다음 사람도 혼란스럽게 만들 것입니다. 주석을 수정하는 과정(해당 함수가 실제로 무엇을 하는지 확인하고, 주변 코드가 올바른 가정에 기반하고 있는지 확인하며, 코드 리뷰 중에 그 주석에 대해 이야기하는 것)에서 얼마나 많은 버그를 찾아내는지를 보면 놀라울 정도입니다.

기본적으로 잡초 뽑기는 시간이 많이 걸리지 않고, 일정에 넣을 필요도 없는 작업입니다. 만약 상당한 시간이 필요하다면 그것은 잡초가 아닙니다.

잡초에 대한 서커펀치의 관심은 우리 모두가 무엇이 잡초인지에 대해 동의했기에 효과가 있습니다. 우리는 **규칙** 12에 따라 강하고 엄격한 팀 컨벤션을 갖고 있습니다. 많은 잡초 뽑기를 통해 컨벤션에 어긋나는 코드를 고치며, 이는 컨벤션 그 자체를 강화합니다. 해당 변경이 리뷰를 거치면서 리뷰에 참여한 두 사람이 컨벤션을 따르지 않은 버전과 따르는 버전, 즉 잡초 뽑기 전과 후의 버전을 살펴보고, 뽑아야 하는 잡초였음에 동의할 것이기 때문이죠. 코드를 리뷰할 때 리뷰이가 중요하지 않은 이슈에 시간을 낭비하고 있다는 생각이 든다면, 두 사람이 무엇이 중요한지에 대해 동의하지 않았다는 것이 바로 문제이고, 그것을 해결해야 합니다.

결론은 간단합니다. 잡초임이 확실하다면 뽑아버리세요. 그런데 잡초일지도 모른다고 의심된다면 그것을 확인하고 잡초를 뽑는 것도 가치가 있습니다. 이는 팀에서 가장 뛰어나고 경험이 많은 팀원에게 조금은 직관적이지 않은 의무를 부여합니다. 그들은 잡초를 가장 잘 발견할 사람이니까요. 프로젝트 컨벤션을 작성한 사람이라면 그 컨벤션에서 벗어난 것을 가장 잘 알아챌 것입니다. 또한 대개는 팀에서 경험이 가장 많을 테고요.

이들이 사소한 문제를 해결하는 데 약간의 시간을 쓰는 것이 타당할까요? 물론입니다! 프로젝트의 잡초를 제거하면 모든 팀원의 일이 훨씬 수월해집니다. 그렇게 함으로써 중요한 부분이 더 잘 드러나게 됩니다.

16

코드가 아닌 결과에서부터
작업하라

은유로 시작하는 점을 양해해주기 바랍니다.

프로그래밍은 골짜기 사이에 다리를 놓는 것과 같습니다. 한쪽에는 풀고자 하는 문제가 있고, 다른 한쪽에는 작업할 코드와 기술이 쌓여 있다고 합시다. 그 둘 사이에는 골짜기가 있습니다. 여러분은 기존 코드를 확장하고, 일부를 새로운 방식으로 재결합하며, 작업을 완수할 때까지 조금씩 문제를 풀어나가면서 그 둘 사이를 가로지르는 다리를 놓을 것입니다.

어떨 때는 골짜기가 작습니다. 기존 코드가 문제를 거의 다 해결하거나, 올바른 방식으로 호출하기만 하면 됩니다. 다리를 놓는 데 프로그래밍 작업이 거의 필요하지 않고, 적절한 매개변수를 넘겨서 기존 코드를 호출하면 되죠. 그런데 골짜기가 클 때도 있습니다. 기존 코드가 그 문제를 해결할지 전혀 알 수가 없습니다. 어떤 경우에는 해결해야 할 문제가 어떤 것인지조차 알 수 없습니다. 특히 비디오 게임 작업을 할 때 그렇죠. 작동해보기 전까지는 재미있을지 예측하기가 어려우니까요. 서커펀치에서는 결과물이 재미없어서 최선을 다해 까다로운 문제를 푼 것이 의미 없다는 사실을 발견하는 경우가 우울할 정도로 흔합니다.

모든 골짜기에는 양쪽 끝이 있습니다. 여러분이 한쪽에 서서 건너편을 바라보고 있을 때의 질문은 다음과 같습니다. 기존 코드가 쌓여 있는 언덕에 서 있는가? 문제가 있는 언덕에 서 있는가?

이제 은유에서 벗어나 말해보겠습니다. 주어진 문제를 기존 코드의 관점에서 고려하는가? 주어진 문제의 관점에서 기존 코드를 고려하는가?

아마도 전자가 아닐까요? 기존 코드를 잘 알고 있는 반면에 문제는 완전히 새로울 수 있습니다. 예를 들어 자신에게 익숙한 언어가 아닌 다른 언어로 기술됐을 수도 있습니다. 서커펀치에서는 플레이어에게 생기는 감정의 관점에서 기능을 설명할 수 있습니다. 가령 게임에서 어떤 능력을 사용할 때 플레이어는 '무겁다' 또는 '견고하다'와 같은 감정을 느껴야 합니다. 그런데 이것을 어떻게 루프와 자료구조로 번역해야 하는지가 명확하지 않습니다.

좀 더 전통적인 분야에서 프로그래밍을 하고 있다면 도메인 특화된 방법으로 정의된 문제를 다뤄야 할 것입니다. 예컨대 업데이트하는 데이터에 대한 법적 감사 요구 사항의 레퍼런스 또는 행동 가능한 지표actionable measurable 등의 비즈니스 용어 같은 것 말입니다.

자신이 사용하는 기술의 관점에서 문제를 이해하려고 시도하는 것은 자연스러운 일입니다. 서커펀치의 경우에서는 플레이어의 '무거운 느낌'이라는 능력을 애니메이션 시스템, 음향 및 시각 효과 시스템, 햅틱 피드백[86]을 위한 기술 등등의 관점에서 생각하게 될 것입니다. 저는 이 능력이 게임을 즐기는 유저로 하여금 '무겁다'고 느끼게 하기 위해 다양한 기술을 어떻게 조합할지를 고민합니다. 더 전통적인 예를 들자면, 저는 감사 요구 사항을 처리할 수 있도록 우리의 저널링 시스템을 어떻게 조정할지 또는 영업 팀이 잠재 고객을 식별하고 추적할 수 있도록(이것이 바로 신임 운영 담당 임원이 '행동 가능한 지표'라고 말한 것이었습니다) 어떤 UX

---

86 옮긴이_플레이스테이션 컨트롤러 듀얼쇼크의 진동 기능을 말합니다.

기술을 사용할지 생각합니다.

한 가지 예제

서로 다른 운영 환경에 따라 조정돼야 하는 많은 매개변수가 있는 시스템을 구축하고 있다고 합시다. 어떤 매개변수(예: 실행해야 할 워커 스레드의 최대 개수, 로그 파일의 경로)는 단순하지만 어떤 매개변수(예: 각 플러그인에 대한 매개변수를 동반한 플러그인 로직의 목록)는 한층 더 복잡합니다. 환경에 따라 수백 가지의 매개변수를 조정해야 할 수도 있습니다.

설정 파일이 필요할 것 같군요. 이제 보니 제가 기존에 갖고 있던 JSON 핸들링 코드가 여기에 적합해 보입니다. 매개변수의 타입과 예측 가능한 구조가 잘 들어맞고, 텍스트 기반의 포맷이라 수정과 디버깅도 쉬우며, JSON은 새로운 매개변수도 쉽게 처리할 수 있다는 자신감을 갖기에 충분할 정도로 확장성이 있습니다. 완벽해 보이네요.

다음은 제 JSON 코드에 대한 인터페이스입니다.

```
namespace Json
{
    class Value;
    class Stream;

    struct Object
    {
        unordered_map<string, Value> m_values;
    };

    struct Array
```

```
{
    vector<Value> m_values;
};

class Value
{
public:

    Value() :
        m_type(Type::Null),
        m_str(),
        m_number(0.0),
        m_object(),
        m_array()
        { ; }

    bool isString() const;
    bool isNumber() const;
    bool isObject() const;
    bool isArray() const;
    bool isTrue() const;
    bool isFalse() const;
    bool isNull() const;

    operator const string & () const;
    operator double () const;
    operator const Object & () const;
    operator const Array & () const;

    void format(int indent) const;

    static bool tryReadValue(Stream * stream, Value * value);
};
};
```

이 인터페이스를 이용하면 직관적으로 JSON을 다룰 수 있습니다. Json::Value ::tryReadValue를 이용해 JSON을 파싱해서 Value 객체를 얻고, 적절한 접근 자를 사용하기 전에 타입 검사를 수행합니다. 일치하지 않는 접근자가 호출될 때 (예: 배열을 객체로 변환하려고 시도할 때) 코드는 assert를 수행하고 기본값을 반환합니다.[87] 단순화된 이 예제에서는 우리가 지원하는 설정 가능한 매개변수 중 하나가 차단된 서버 목록입니다. 다음은 JSON 설정 파일에서 해당 부분을 발췌한 것입니다.

```json
{
    "security" : {
        "blocked_servers" : [
            "www.espn.com",
            "www.theathletic.com",
            "www.xkcd.com",
            "www.penny-arcade.com",
            "www.cad-comic.com",
            "www.brothers-brick.com"
        ]
    }
}
```

이 설정을 누가 했는지는 모르지만, 제가 일할 때 한눈팔지 말아야 한다고 생각한 것이 분명해 보입니다. 제 크롬 북마크 목록을 꽤 가져왔네요. 그래도 이 JSON은 상당히 깔끔하며, 읽고 쓰기가 쉬워 보입니다.

차단된 서버 목록을 검사하는 함수를 만드는 것은, 설정 파일에 있는 불확실성을 어느 정도 감수한다면 그다지 어려운 일이 아닙니다. 이 파일은 단순히 텍스트 에

---

87 눈썰미 있는 독자라면 이 코드가 JSON과 완벽하게 호환되는 처리기가 아니라는 사실을 눈치챘을 것입니다. 이 코드의 객체 처리는 unordered_map을 사용함으로써 고유한 키를 전제로 하고 있습니다. JSON 자체는 중복 키를 명시적으로 허용하지만 말입니다.

디터로 수정되는 JSON 파일이라 완벽하게 설정될 것이라고 기대할 수는 없으니까요. 파일을 수정하는 사람은 실수를 할 수 있습니다. 옵션 이름을 잘못 쓰거나, 더는 사용되지 않는 설정을 하거나, 문자열이 들어가야 할 곳에 숫자를 넣거나, 배열이 필요한 곳에 하나의 문자열만 입력하는 등의 실수가 있을 수 있죠.

제가 사용하는 JSON 파서는 전달한 JSON의 정확성을 검증해주기 때문에 그것은 최소한 걱정할 일이 아닙니다. 그리고 security와 blocked_servers 키는 옵션이므로 일정 수준의 불확실성이 설계에 포함돼 있습니다. 하지만 차단된 서버 목록에 숫자가 들어간 경우와 같은 다른 형태의 불확실성에 대해서는 코드가 견고해야 합니다. 이 파일을 위해 견고한 코드를 작성하는 것은 그다지 어렵지 않습니다. 다음과 같이 조금 장황하기는 하지만요.

```
bool isServerBlocked(string server)
{
    if (!g_config.isObject())
    {
        log("expected object for config");
        return false;
    }

    const Object & configObject = g_config;
    const auto & findSecurity = configObject.m_values.find("security");
    if (findSecurity == configObject.m_values.end())
        return false;

    if (!findSecurity->second.isObject())
    {
        log("expected object for config.security");
        return false;
    }
```

```cpp
    const Object & securityObject = findSecurity->second;
    const auto & find = securityObject.m_values.find("blocked_servers");
    if (find == securityObject.m_values.end())
        return false;

    if (!find->second.isArray())
    {
        log("expected string array for config.security.blocked_servers");
        return false;
    }

    const Array & blockedServersArray = find->second;
    for (const Value & value : blockedServersArray.m_values)
    {
        if (!value.isString())
        {
            log("expected string array for config.security.blocked_servers");
            continue;
        }

        const string & blockedServer = value;
        if (blockedServer == server)
            return true;
    }

    return false;
}
```

해냈습니다! 기존에 가지고 있던 JSON 라이브러리를 설정 파일을 다루도록 짧은
시간 안에 조정했습니다. 파싱된 JSON 데이터를 순회하는 코드는 약간 무거운 편
이지만 읽고 쓰기에는 충분히 쉽습니다. 이 JSON 코드는 견고하다고 알려져 있으
니 이 문제를 해결하기 위해 활용하는 것은 합리적입니다.

서는 이 문제를 해결하기 위해 기술에서부터 접근했고, 크게 노력하지 않아도 괜찮은 결과물을 얻었습니다. 이 JSON 라이브러리를 사용해본 사람이라면 설정 파일을 다루는 데 문제가 없을 거예요.

짜증 나는 일

나중에 설정 정보를 찾기 위한 코드의 양이 너무 많아서 팀이 약간 짜증을 낼 가능성이 있습니다. 읽고 쓰기에 쉬운 코드지만, 같은 기본 코드를 여러 번 작성하고 나면(객체가 있는지 확인하고, 키를 찾고, 빠진 키를 처리하고, 필요할 때마다 반복하면) 일반화하고 싶어질 것입니다.

에러 로그를 기록함으로써 이미 이를 위한 첫걸음을 뗐습니다. 에러 로그는 키 사이에 마침표를 넣어 키 목록을 명명합니다. 키 자체에 마침표가 없다면 이 방법은 안전합니다. 저는 설정 파일의 키 이름에 대한 제약 조건을 받아들였습니다. 그래서 다음과 같이 내부 Objects를 순회하는 간단한 함수를 만들었습니다(문자열을 나누고 합치는 함수가 있다고 가정합시다).

```
const Value * evaluateKeyPath(const Value & rootValue, string keyPath)
{
    vector<string> keys = splitString(keyPath, ".");

    const Value * currentValue = &rootValue;
    for (unsigned int keyIndex = 0; keyIndex < keys.size(); ++keyIndex)
    {
        if (!currentValue->isObject())
        {
            log(
                "expected %s to be an object",
                joinString(&keys[0], &keys[keyIndex + 1], ".").c_str());
```

```
                return nullptr;
        }


        const Object & object = *currentValue;
        const auto & findKey = object.m_values.find(keys[keyIndex]);
        if (findKey == object.m_values.end())
                return nullptr;


        currentValue = &findKey->second;
    }


    return currentValue;
}
```

이 함수를 이용하면 다음과 같이 isServerBlocked 코드의 상당 부분을 제거함으로써 코드가 절반 수준으로 줄어듭니다.

```
bool isServerBlocked(string server)
{
    const Value * value = evaluateKeyPath(
                            g_config,
                            "security.blocked_servers");
    if (!value)
        return false;

    if (!value->isArray())
    {
        log("expected string array for security.blocked_servers");
        return false;
    }

    const Array & blockedServersArray = *value;
    for (const Value & value : blockedServersArray.m_values)
```

```
    {
        if (!value.isString())
        {
            log("expected string array for security.blocked_servers");
            continue;
        }

        const string & blockedServer = value;
        if (blockedServer == server)
            return true;
    }

    return false;
}
```

다음과 같이 배열 반환을 검증하는 버전의 evaluateKeyPath를 도입함으로써 코드를 더 단순하게 만들 수 있습니다.

```
bool isServerBlocked(string server)
{
    const Array * array = evaluateKeyPathToArray(
                              g_config,
                              "security.blocked_servers");
    if (!array)
        return false;

    for (const Value & value : array->m_values)
    {
        if (!value.isString())
        {
            log("expected string array for security.blocked_servers");
            continue;
        }
```

```
        const string & blockedServer = value;
        if (blockedServer == server)
            return true;
    }

    return false;
}
```

우리는 지금까지 큰 진전을 이뤘습니다. 이번 버전의 isServerBlocked는 첫 번째 시도에 비해 코드가 절반으로 줄어들었습니다. 다뤄야 할 수백 가지 옵션을 고려하면 매우 큰 성과이며, 이는 자명한 사실입니다.

하지만 이러한 개선에도 불구하고 반복되는 코드가 너무 많은 것 같다는 느낌이 여전합니다. 무엇이 문제일까요?

골짜기의 끝 선택하기

앞의 모든 예시(JSON 라이브러리를 사용하기로 한 초기 결정부터, 코드를 점진적으로 개선하는 과정까지)에서는 기술로부터 작업을 시작했습니다. 우리 팀에는 모두가 잘 이해하는 JSON 라이브러리가 있으며, 저는 이것을 설정 파일 문제에 어떻게 적용할지 생각해냈습니다. 기술 부분을 먼저 해결한 다음 점차적으로 개선해나갔죠.

다리에 비유하자면 저는 골짜기의 양 끝 중에서 기술 쪽에 서 있습니다. 풀고자 하는 골짜기 건너의 문제를 바라보면서요. 이렇게 적용하고자 하는 솔루션의 관점에서 문제를 생각하는 것은 일반적인 패턴입니다.

그러나 이 접근법에는 문제가 있습니다. JSON 파일이라는 렌즈를 통해 문제를 바라보면 설정 문제가 JSON의 형태를 따르기 시작합니다. 비슷한 항목의 목록이 있다면 그것을 JSON 배열로 생각하게 됩니다. 각 설정 옵션에는 짧은 이름을 붙일 것입니다. 그 이름들이 JSON 객체의 키가 되리라는 것이 분명하기 때문입니다. 또한 관련 설정 옵션을 객체로 묶게 됩니다. 이는 규모가 큰 JSON 파일을 정리하는 자연스러운 방법이기 때문입니다. 만약 설정 옵션 중 하나가 코드를 로컬이나 리모트로 실행할지 결정하는 열거형 옵션이라면 그것을 문자열로 생각하게 됩니다. JSON에서는 열거형 타입을 지원하지 않고 문자열만 지원하기 때문입니다.

이는 필연적인 일이 아닙니다. 다른 포맷을 선택했다면 문제에 대한 생각도 달라졌을 것입니다. 서커펀치에서는 설정 파일을 텍스트가 아닌 이진 파일로 작성합니다. 우리는 설정 옵션에 대한 계층 구조를 고려조차 하지 않았습니다. 우리가 사용하는 직렬화 기술이 그러한 구조를 제안하지 않았기 때문이죠. 우리는 정수와 부동 소수형 값을 직접 쓰고 있으며, 모든 것을 부동 소수형으로 변환하는 JSON의 방식을 따르지 않습니다. 우리 방식이 더 자연스러우니까요. 한마디로, 여러분이 사용하는 기술은 해결하려고 하는 문제에 대한 생각에 큰 영향을 미칩니다.

'어떻게 해결할까?'라고 걱정하는 대신 이러한 경향에서 벗어나 설정 파일 문제에 대해 다르게 생각했다면 어땠을까요? 기술에서 앞으로 나아가는 대신 골짜기의 다른 편, 즉 문제 쪽에 서서 뒤로 작업해나가면 어떨까요?

뒤로 작업해나가기

이번에는 다르게 생각해봅시다. 설정 파일을 읽고 쓰는 것이 마법처럼 해결된다면 isServerBlocked를 구현하는 가장 편리한 방법은 무엇일까요? 모든 설정 옵션을 가진 전역 구조체가 있으면 가장 쉬울 것 같습니다.[88] 그럼 차단된 서버 목록은 그

---

88 전역 객체라는 아이디어가 여러분을 놀라게 했다면 사과드리겠습니다. 이것(부팅 시에 읽힌 후에는 절대 변경되지 않으

구조체 안에 있는 문자열 집합으로 처리할 수 있겠죠. 다음과 같은 식으로요.

```
struct Config
{
    set<string> m_blockedServers;
};
const Config g_config;

bool isServerBlocked(string serverURL)
{
    return (g_config.m_blockedServers.count(serverURL) > 0);
}
```

JSON 기술 위에 제가 구축했던 isServerBlocked의 가장 단순한 버전보다 훨씬 더 단순해졌습니다. 쓰고 읽기가 훨씬 더 쉬워지고 실수할 여지도 더욱 줄어들었습니다. 성능 또한 매우 향상됐습니다. 이 상황에서는 성능이 크게 중요하지 않지만 말입니다.

사실 단순성은 시작에 불과합니다. 여러분이 정말로 설정 파일 문제에 대해 생각한다면 저의 JSON 구현과 관련된 몇 가지 다른 문제점을 금방 알아차릴 수 있을 것입니다. 예를 들면 다음과 같습니다.

- 저의 JSON 코드는 config.json의 지원 섹션이 예상되는 구조가 아닐 때 오류 메시지를 출력합니다. 가령 키 값이 잘못된 타입으로 돼 있거나 필수 키가 없는 경우가 그렇습니다. 미지원 혹은 미식별 옵션은 조용히 무시됩니다. 유효한 JSON인 한, 설정 파일에는 아무 관련 없는 온갖 종류의 설정 옵션을 넣어둘 수 있습니다. 하지만 이것은 바람직하지 않습니다. 설정 옵션 이름의 오타와 같은 흔한 실수를 발견하기 어려울 테니까요.

- 우리 팀은 옵션을 사용하려 할 때만 구현 안에 있는 옵션 문제를 발견하게 될 것입니다. 이때

며, 수백 가지의 설정 옵션 검사가 프로젝트 전반에 흩어져 있는 설정 옵션은 왜 전역 객체가 좋은지에 대한 훌륭한 예제입니다.

isServerBlocked는 해당 함수가 인지하는 문제의 경우 로그를 남기겠지만, 어떤 서버가 차단됐는지를 알기 위해 호출할 때만 그럴 것입니다. 해당 함수가 호출되지 않는다면 설정 파일의 해당 섹션에 있는 어떤 오류도 감지되지 않을 것입니다. 또한 해당 함수가 많이 호출되면 한 무더기의 중복된 설정 파일 형식의 오류 보고로 로그 파일이 가득 차게 될 것입니다.

- 어느 시점에는 우리 팀에 설정 파일 관련 문서가 필요할지도 모릅니다. 이럴 때는 바닥부터 시작해야 합니다. 설정 파일의 기대 구조가 해당 설정 파일을 사용하는 모든 코드에 의해 정의되며, 그러한 코드는 코드베이스 전반에 흩어져 있습니다. 설정 옵션이 허용됐는지를 알아내는 것은 일종의 탐사 작업이 될 것입니다.

이러한 문제는 친숙하게 들립니다. 우리는 조기 바인딩early binding과 지연 바인딩late binding 솔루션 간에 벌어지고 있는 성전에 옆문을 통해 발을 들여놓았으니까요. 프로그래머라면 파이썬, 루아, 자바스크립트 같은 지연 바인딩 언어를 어느 정도 접해보고, C나 자바 같은 조기 바인딩 언어도 시도해본 적이 있을 것입니다.

극도로 단순화해서 말하자면, 지연 바인딩 솔루션의 경우 문제를 늦게 찾아내고 조기 바인딩 솔루션의 경우 상대적으로 더 일찍 문제를 찾아낼 수 있습니다. 조기 바인딩 언어에서는 컴파일할 때 일부 버그를 발견합니다(불행히도 모든 것을 찾아내지는 못합니다). 반면에 지연 바인딩 언어에서는 코드가 실행될 때만 버그를 발견할 수 있습니다.

JSON 라이브러리상에서 구축한 솔루션은 지연 바인딩에 해당합니다. security. blocked_servers 키와 관련된 문제는 isServerBlocked가 호출될 때까지 발견되지 않습니다. 전역 설정 구조체를 기반으로 한 조기 바인딩 솔루션과 대조적이죠. 저는 Config 구조체를 초기화했을 때(아마도 어떤 설정 파일로부터 로딩했을 것입니다) 찾아낸 문제를 모두 해결했기 때문에 isServerBlocked의 구현이 훨씬 쉬워졌습니다.

그렇다면 실제로 개선된 것이 없어 보이네요. 문제의 위치만 옮긴 것 같군요. 물론 isServerBlocked의 이번 구현은 훨씬 단순한데, 제가 파싱과 유효성 검증 코드를 빼놓았기 때문일까요? 설정 파일에 있는 수백 개의 옵션을 파싱하는 코드를 작성하는 것은 재미있어 보이지 않아요.

두 접근법의 결합을 막는 것은 없습니다. 설정 파일을 읽어들이기 위해 JSON 라이브러리를 사용하고, 코드에서 설정 옵션에 접근할 때는 Config 구조체를 사용하면 됩니다. 저는 JSON 파서가 읽은 데이터를 Config 구조체로 옮기는 함수만 작성하면 됩니다. 적절한 헬퍼 함수가 있다면 그렇게 어렵지 않습니다.

```cpp
void unpackStringArray(
    const Value & value,
    const char * keyPath,
    set<string> * strings)
{
    const Array * array = evaluateKeyPathToArray(value, keyPath);
    if (array)
    {
        for (const Value & valueString : array->m_values)
        {
            if (!valueString.isString())
            {
                log("expected %s to be an array of strings", keyPath);
            }

            strings->emplace(valueString);
        }
    }
}

void unpackConfig(const Value & value, Config * config)
{
    unpackStringArray(
        value,
        "security.blocked_servers",
```

```
        &config->m_blockedServers);
}
```

설정 파일 옵션은 수백 가지지만 대부분은 꽤 단순합니다. 단순한 타입 또는 단순한 타입의 리스트, 단순한 계층적 네임스페이스를 통한 접근처럼 말이죠. 저는 대략 열 개 정도의 '언팩unpack' 함수로 거의 모든 것을 처리할 수 있습니다. 구조화된 데이터의 목록(JSON 용어로는 Objects의 Array)을 다룰 때는 코드를 좀 더 작성해야 하지만 그렇게 복잡하지 않습니다.

이러한 식으로 구조화하면 앞서 언급했던 문제의 일부를 해결할 수 있습니다. 설정 파일이 언패킹될 때 모든 문제가 보고되기 때문에 저는 로그에 동일한 문제를 여러 번 보고하지 않습니다. 설정 파일에 필수 옵션이 있다면 그 옵션이 존재하리라고 기대하는 코드를 작성할 수 있고, 해당 옵션이 누락됐다면 unpackConfig 함수가 시작 시에 오류를 보고하고 멈출 것입니다.

그렇다 하더라도 모든 문제가 해결된 것은 아닙니다. 어떻게든 설정 파일 포맷에 대한 문서화가 필요하다고 앞에서 언급했는데, 그 부분에 대한 진전이 없습니다. 또한 식별되지 않은 설정 옵션을 설정하려는 시도를 감지하는 데 필요한 어떠한 조치도 취하지 않았습니다.

제가 현재 가지고 있는 구현으로는 설정 파일의 지원 구조가 이를 언패킹하는 코드에 의해 정의됩니다. 따라서 제가 호출하는 언팩 관련 코드로부터 구조를 유추할 방법이 있겠죠. 예를 들면 전체 설정 파일을 언패킹하는 중이기 때문에, 언패킹되지 않은 JSON 파일의 부분은 지원되지 않는 것으로 간주할 수 있습니다. JSON의 일부가 성공적으로 언패킹됐다고 추적한다면, 언패킹되지 않은 부분은 식별되지 않은 옵션으로 보고될 것입니다.

한편 저는 모든 것을 언패킹하기 때문에 설정 파일 내 모든 옵션의 이름과 타입을 알고 있습니다. 이렇게 알아낸 이름과 타입을 이용해, 지원되는 옵션과 타입을 열거하는 최소한의 문서를 생성할 수 있습니다. 아예 없는 것보다는 최소한의 문서라도 있는 편이 낫죠. 그리고 이 문서는 상대적으로 정확하다는 큰 장점이 있습니다. 코드에서 직접 뽑아낸 문서니까요.

이 두 가지를 다 하는 것이 가능하기는 하지만 간단하지는 않습니다. 저는 식별되지 않은 옵션을 감지해 보고하는 코드를 작성했는데, 끔찍하게 길지는 않더라도 이 장의 분량을 고려하면 너무 깁니다. 그리고 무엇보다, 문제 영역에서 뒤로 가는 것이 아니라 제가 구축한 솔루션으로부터 앞을 향해 행진하는 것처럼 느껴졌습니다.

완전히 다른 무언가를 위해

대담한 아이디어가 하나 있습니다. 만약 제가 작성한 코드로부터 설정 파일의 구조를 추론하기가 어렵다면 뒤집어서 생각해보는 것이 어떨까요? 구조를 정의한 다음 그로부터 코드를 추론하는 거죠.

먼저 경고의 말씀을 드리자면, 이 예제는 상당히 깁니다. 저는 결과로부터 역으로 작업하는 것을 보여주는 '비법 공개' 예제를 원했는데, 이 예제의 코드는 주어진 기능에 비해 놀라울 정도로 간결합니다. 이 책의 예제 중에서 이것만큼은 여러분의 코드에 그대로 사용할 수 있으니 다음 몇 페이지를 따라오기 바랍니다.

우선 모든 설정 옵션을 관리하기 위한 전역 구조체를 사용해 설정 파일의 구조를 다음과 같이 정의하겠습니다.

```
struct Config
{
```

```
    Config() :
        m_security()
        { ; }

    struct Security
    {
        Security() :
            m_blockedServers()
            { ; }

        set<string> m_blockedServers;
    };

    Security m_security;
};
Config g_config;

StructType<Config::Security> g_securityType(
    Field<Config::Security>(
        "blocked_servers",
        new SetType<string>(new StringType),
        &Config::Security::m_blockedServers));

StructType<Config> g_configType(
    Field<Config>("security", &g_securityType, &Config::m_security));
```

C++ 템플릿을 조금 복잡하게 사용하기는 했지만 이 코드의 의도는 분명합니다.
JSON 파일의 각 객체는 StructType 템플릿을 이용한 전역 변수로 표현됩니다.
여기서 'security' 객체는 g_securityType으로 표현되고, 'security.blocked_
servers' 설정 파일 옵션은 g_securityType의 일부로 표현됩니다. 전체 설정 파
일은 g_configType으로 표현되고요.

이러한 표현은 JSON 객체를 C++ 구조체로 변환하기 위한 규칙을 정의합니다. 이 변환에는 네 가지 정보, 즉 객체 필드의 JSON 키와 타입, 해당 JSON 객체와 일치하는 C++ 구조체의 타입과 멤버 포인터가 필요합니다. C++에서 이러한 메타프로그래밍은 까다롭기는 하지만 불가능한 일은 아닙니다.

어려운 부분은 따로 있습니다. C++의 타입 정보를 잘 다뤄 타입 안정성을 유지하는 것이죠. 그래서 저는 JSON 타입과 매칭되는 C++ 타입을 묶을 수 있는 템플릿 클래스를 다음과 같이 정의했습니다.

```cpp
struct UnsafeType
{
protected:

    template <typename T> friend struct StructType;
    virtual bool tryUnpack (const Value & value, void * data) const = 0;
};

template <class T>
struct SafeType : public UnsafeType
{
    virtual bool tryUnpack(const Value & value, T * data) const = 0;

protected:

    virtual bool tryUnpack(const Value & value, void * data) const override
        { return tryUnpack(value, static_cast<T *>(data));  }
};
```

SafeType 추상 구조체는 특정한 C++ 타입에 대해 타입에 안전한 언패킹을 제공합니다. 문자열은 문자열 변수로, 정수는 정수형 변수로 언패킹되는 것을 보장합니다. 저는 무언가를 언패킹할 때 주로 SafeType을 사용할 것입니다. 구조체를 처리할 때는 (UnsafeType에 의해 도입된 타입에 안전하지 않은 언패킹 인터페이스 덕분에) 코드가 조금 단순해지겠지만 여전히 (템플릿 기교 덕분에) 타입 안정성을 유지하게 됩니다.

다음은 몇몇 C++ 타입에 대한 SafeType 정의입니다.

```cpp
struct BoolType : public SafeType<bool>
{
    bool tryUnpack(const Value & value, void * data) const override;
};

struct IntegerType : public SafeType<int>
{
    bool tryUnpack(const Value & value, void * data) const override;
};

struct DoubleType : public SafeType<double>
{
    bool tryUnpack(const Value & value, void * data) const override;
};

struct StringType : public SafeType<string>
{
    bool tryUnpack(const Value & value, void * data) const override;
};

bool BoolType::tryUnpack(const Value & value, bool * data) const
{
    if (value.isTrue())
    {
        *data = true;
        return true;
    }
```

```
    else if (value.isFalse())
    {
        *data = false;
        return true;
    }
    else
    {
        log("expected true or false");
        return false;
    }
}

bool IntegerType::tryUnpack(const Value & value, int * data) const
{
    if (!value.isNumber())
    {
        log("expected number");
        return false;
    }

    double number = value;
    if (number != int(number))
    {
        log("expected integer");
        return false;
    }

    *data = int(number);
    return true;
}

bool DoubleType::tryUnpack(const Value & value, double * data) const
{
    if (!value.isNumber())
    {
        log("expected number");
```

```
            return false;
        }

        *data = value;
        return true;
}

bool StringType::tryUnpack(const Value & value, string * data) const
{
        if (!value.isString())
        {
            log("expected string");
            return false;
        }

        *data = static_cast<const string &>(value);
        return true;
}
```

이 코드는 Config 예제의 이전 예시와 같은 일을 합니다. 여기서는 타입 클래스로 포장됐지만 목적(JSON 값의 타입을 검사한 다음 네이티브 값으로 변환하는 것)은 동일합니다. 이렇게 하면 정수라고 알려진 설정값과 같은 일반적인 경우를 처리할 수 있습니다. JSON의 숫잣값은 부동 소수형이기 때문에 IntegerType 코드는 해당 부동 소수형 값이 실제로 정수인지 검사합니다.

단순한 타입을 넘어 이번에는 문자열의 목록을 살펴보겠습니다. 설정 파일 예제에서의 차단된 서버 목록이 그 예입니다. 저는 이러한 목록을 표현하기 위해 C++의 set 타입을 사용했으니 다음과 같이 SetType을 정의해야 합니다.

```
template <class T>
struct SetType : public SafeType<set<T>>
```

```
{
    SetType(SafeType<T> * elementType);
    bool tryUnpack(const Value & value, set<T> * data) const override;

    SafeType<T> * m_elementType;
};

template <class T>
SetType<T>::SetType(SafeType<T> * elementType) :
    m_elementType(elementType)
{
}

template <class T>
bool SetType<T>::tryUnpack(const Value & value, set<T> * data) const
{
    if (!value.isArray())
    {
        log("expected array");
        return false;
    }

    const Array & array = value;
    for (const Value & arrayValue : array.m_values)
    {
        T t;
        if (!m_elementType->tryUnpack(arrayValue, &t))
            return false;

        data->emplace(t);
    }

    return true;
}
```

수백 기지의 설정 파일 옵션에 대해서도 목록 몇 개를 준비해야 할 것 같습니다. 독자가 직접 확인할 수 있도록 VectorType은 설명을 생략하겠습니다. SetType과 거의 동일하거든요. 유일한 차이점은, SetType이 set의 emplace() 메서드를 호출할 때 VectorType은 vector의 push_back() 메서드를 호출한다는 것입니다. 이제 마지막으로 해야 할 일은 JSON 객체를 C++ 구조체로 매핑하는 것, 다시 말해 JSON 키-값 쌍을 C++ 구조체 또는 클래스의 멤버로 매핑하는 것입니다. 저는 StructType이 사용할 타입에 안전한 Field 구조체를 다음과 같이 정의했습니다.

```
template <class S>
struct Field
{
    template <class T>
    Field(const char * name, SafeType<T> * type, T S:: * member);

    const char * m_name;
    const UnsafeType * m_type;
    int S::* m_member;
};

template <class S>
template <class T>
Field<S>::Field(const char * name, SafeType<T> * type, T S::* member) :
    m_name(name),
    m_type(type),
    m_member(reinterpret_cast<int S::*>(member))
    { ; }
```

저는 Field 구조체 내의 타입 안정성을 조금 다르게 처리했습니다. 타입 안정성은 생성자에 의해 확보됩니다. SafeType과 멤버 포인터가 동일한 타입이어야 하므로 타입에 안전하지 않은 UnsafeType과 Field 구조체 내의 멤버 포인터 값을 안전하게 사용할 수 있습니다. 그것들이 실제로 동일한 타입이라는 것을 알고 있기 때문이죠.

StructType은 생각보다 단순합니다. 여기서 사용되는 다른 템플릿 기법을 고려해 저는 생성자에서 가변 길이의 템플릿(변수의 개수가 다양한 템플릿)을 사용할 것입니다. 한 번 시작한 것은 끝장을 봐야죠.

```cpp
template <class T>
struct StructType : public SafeType<T>
{
    template <class... TT>
    StructType(TT... fields);

    bool tryUnpack(const Value & value, T * data) const override;

protected:

    vector<Field<T>> m_fields;
};

template <class T>
template <class... TT>
StructType<T>::StructType(TT... fields) :
    m_fields()
{
    m_fields.insert(m_fields.end(), { fields... });
}
```

tryUnpack 메서드는 아주 간단합니다. JSON 객체의 필드들을 순회하면서 각각을 StructType의 필드와 매칭하면 되거든요. 이렇게 루프를 구성하면 설정 파일에서 인식되지 않는 옵션을 쉽게 알려줄 수 있기 때문에 오랫동안 고민했던 문제 중 하나를 해결할 수 있습니다.

```cpp
template <class T>
bool StructType<T>::tryUnpack(const Value & value, T * data) const
{
    if (!value.isObject())
    {
        log("expected object");
        return false;
    }

    const Object & object = value;
    for (const auto & objectValue : object.m_values)
    {
        const Field<T> * match = nullptr;

        for (const Field<T> & field : m_fields)
        {
            if (field.m_name == objectValue.first)
            {
                match = &field;
                break;
            }
        }

        if (!match)
        {
            log("unrecognized option %s", objectValue.first.c_str());
            return false;
        }

        int T::* member = match->m_member;
        int * fieldData = &(data->*member);
```

```
        if (!match->m_type->tryUnpack(objectValue.second, fieldData))
            return false;
    }

    return true;
}
```

일단 JSON 라이브러리로부터 Value를 받고 나면 제가 설정 파일을 위해 구현한 StructType의 tryUnpack을 호출하기만 하면 됩니다.

```
bool tryStartup()
{
    FILE * file;
    if (fopen_s(&file, "config.json", "r"))
        return false;

    Stream stream(file);
    Value value;
    if (!Value::tryReadValue(&stream, &value))
        return false;

    if (!g_configType.tryUnpack(value, &g_config))
        return false;

    return true;
}
```

이제 모든 것이 좋아 보이네요. 설정 파일을 타입에 안전하게 파싱할 수 있게 됐으며, 이를 위해 많은 코드를 작성할 필요가 없었습니다. 타입 관련 코드와 언패킹 로직 전체가 300줄이 채 되지 않는 C++로 작성됐군요. 책의 예제로는 상당히 크지만 코딩 프로젝트로는 아주 작은 편이죠. 이 예제에는 수백 개의 설정 옵션이 있기 때문에 코딩에 들인 비용을 빨리 회수할 수 있습니다. 설정 파일 스키마에 대한 설명은 아직 자동 문서화돼 있지 않지만 이 기능은 쉽게 추가할 수 있습니다. 각 Field에 설명 문자열을 추가하고, 문서를 생성하기 위해 타입 계층을 순회하는 간단한 재귀를 작성하면 됩니다.

앞으로 작업하기와 거꾸로 작업하기

이 장에서는 설정 파일을 파싱하는 두 가지 길을 탐험했습니다. 첫 번째 길의 경우 설정 파일의 포맷에서 출발했습니다. 우리는 모든 옵션을 JSON으로 표현할 수 있다는 것을 깨달았고, 이미 사용 가능한 JSON 파서가 있다는 것을 알고 나서는 계속 전진했습니다. 그리고 잘 작동하는 결과를 얻었습니다. 설정 파일을 파싱하는 것도 쉬웠고, 옵션을 추출하는 것도 쉬웠습니다.

두 번째 길에서는 문제를 다른 관점으로 바라봤습니다. 설정 파일을 파싱하는 프로그래머가 아니라, 수백 가지 설정 옵션을 구현하는 프로그래머의 입장에서요. 첫 번째 길에서의 솔루션은 구현하기가 쉬웠지만 사용하기에는 불편했습니다. 그러나 두 번째 길에서는 우리가 원하는 결과에서 출발해 역으로 작업했고, 그 결과 더 단순하고 더 나은 솔루션을 얻을 수 있었습니다.[89]

---

89 이러한 종류의 작업에 관심이 있다면 프로토콜 버퍼와 같은 코드 생성 솔루션 또는 clReflect와 같은 C++ 리플렉션 마법을 살펴보세요.

17

더 쉽게 해결되는
큰 문제도 더러 있다

"자신이 마주한 모든 문제에 대해 가장 지루한 솔루션을 선택하세요. 신나는 솔루션이 떠올랐다면 그것은 아마도 나쁜 생각일 거예요."

이 책의 조언을 여러분이 위와 같이 요약한다 해도 저는 이해할 것 같습니다. **규칙**의 상당수는 분위기를 가라앉힙니다. 여러분이 문제 해결에 사용할 법한 재미있거나 영리한 기법을 지목하고서는 곧바로 그 기법을 사용하는 것이 나쁜 생각이라고 말하니까요. 단순하고 지루한 방법은 거의 항상 최고의 방법이지만 모든 경우에 그런 것은 아닙니다.

장엄하게 구름이 흩어지며 천국에서 한 줄기 따뜻한 햇빛이 내려와 키보드 앞에 있는 여러분을 비추는 특별한 경우가 있습니다.[90] 영광스러운 이 찰나의 순간에 여러분은 자신이 해결 중인 어떤 문제의 더 일반화된 버전을 푸는 것이 간단하고 쉽다는 사실을 깨닫습니다.

이러한 순간은 흔치 않으니 한껏 즐기기 바랍니다. 영감이 떠오르면 단순한 코드를 작성하고, 일반화된 문제를 해결하고, 그 순간의 영광을 누리세요.

---

90 구름에 비유한 것을 양해해주기 바랍니다. 저는 시애틀에서 35년 동안 살았으니 그러한 비유를 사용할 자격이 있습니다.

제대로 착지하기

예를 들어보겠습니다. 초기의 서커펀치 게임 중 하나인 〈슬라이 쿠퍼〉에서는 플레이어가 라쿤 도둑 대장 슬라이 쿠퍼가 돼 레벨을 활발히 넘나듭니다. 매우 민첩한 슬라이는 공중으로 뛰어올라 작은 돌출부나 빌딩 사이에 연결된 가는 줄 위에 착지합니다. 컨트롤은 단순합니다. X 버튼을 눌러 점프하고, 컨트롤러의 스틱을 사용해 (물리학적으로는 불가능하지만 완전히 믿을 만한 방식으로) 슬라이의 공중 궤도를 변경한 후, O 버튼을 눌러 첨탑이나 줄 위에 착지하죠.

물론 이 모든 것을 가능하게 하는 코드가 있었습니다![91] 가장 복잡한 부분은 플레이어가 O 버튼을 눌렀을 때 슬라이가 어디에 착지할지 결정하는 코드였습니다. 플레이어는 O 버튼을 누를 때 어디에 착지하고 싶은지 알고 있고, 게임은 어떻게든 그러한 의도를 예측해야 합니다. 예측이 성공하면 플레이어는 그 마법을 알아차릴 수 없고, 예측이 틀리면 플레이어는 아주아주 짜증이 납니다.

플레이어가 생각하는 착지 장소를 예측하는 것은 말로만 들으면 쉬워 보이지만 실제로는 굉장히 어렵습니다. 슬라이를 조종해 줄을 향하게 했는데 그 근처에 착지 가능한 장소가 없다고 상상해보세요. 이때 코드는 플레이어가 착지하고자 하는 줄의 어디에 착지할지 결정해야 합니다. 그 지점을 선택할 때 어떤 알고리즘을 사용해야 할까요?

여기서는 간단한 솔루션이 제대로 작동하지 않습니다. 슬라이의 현재 위치에서 가장 가까운 줄 위의 지점으로 향하게 하는 것은 제대로 작동하지 않습니다. 이렇게 하면 버튼을 누른 순간에 위치해 있었던 뒤쪽으로 당겨질 테니까요. 이 문제를 피하기 위해 코드가 슬라이의 현재 궤도를 앞으로 연장함으로써, 그 궤도와 가장 가

---

91 이 알고리즘은 미국 등록 특허 7,147,560에 의해 보호됩니다. 당시에는 소프트웨어 특허가 유행했습니다. 이 특허는 2023년 12월 12일에 만료됐으며, 여기에 제시된 알고리즘을 사용해 자신만의 라쿤 어질리티 중심의 플랫폼 게임을 자유롭게 제작할 수 있습니다.

까운 지점에 착지하게 할 수 있습니다. 이 방법이 좀 더 낫기는 하지만 일반적인 상황에서도 여전히 큰 문제를 야기합니다. 게다가 이렇게 단순해 보이는 솔루션은 줄이 실제로는 직선이 아니라 3차 곡선이라는 것을 고려하면 구현이 전혀 쉽지 않습니다.

저는 점점 더 절박하게 수많은 프로토타입을 계속 시도하면서, 줄 위에 착지하는 문제에 대한 새로운 임시방편적 휴리스틱을 적용해봤습니다. 몇 주 동안 지속된 이 과정은 고통스러운 시간이었습니다.[92] 그러던 어느 날, 키보드 앞에서 망할 것이 뻔한 또 하나의 프로토타입과 씨름하던 중 '비유적인' 구름이 걷히고 '비유적인' 빛이 저에게 내렸습니다. 제가 좁게 생각하고 있었다는 것이 문제였습니다. 폭넓게 생각할 필요가 있었던 거죠.

저는 해석적인 해analytic solution[93]를 찾고 있었습니다. 슬라이의 위치와 속도, 플레이어의 컨트롤러 입력, 줄의 기하학을 입력으로 최적의 위치를 뱉어내는 마법의 함수를 찾고 있었습니다. 하지만 이제 깨달았습니다. 제가 원했던 것은 줄 위의 최적 위치를 계산하는 것이 아니었습니다. 제가 진짜 원했던 것은 줄 위 모든 지점의 적절성을 평가하고 그중에서 가장 좋은 지점을 선택하는 함수를 작성하는 것이었습니다.

더 정확히 말하자면, 실제로는 줄 위의 각 지점을 일일이 평가할 필요가 없었습니다. 가장 적절한 지점 하나만 찾으면 되는 것이었죠. 즉 한 구역(줄을 따라 정의된 지점을 식별하는 매개변수) 위에서 적절성을 측정하는 비용 함수cost function[94]를 최소화하면 되는 것이었습니다.

한마디로 최적화 문제였습니다. 부동 소수형 값을 입력받아 부동 소수형 출력값으

---

92 제가 직접 문제의 코드를 작성하면서 겪은 고통입니다.
93 옮긴이_수식을 통해 명확하게 표현되는 근삿값이 아니라 값이 정확한 해를 말합니다.
94 옮긴이_어떤 것이 얼마나 나쁜지를 나타내는 함수로, 손실 함수(loss function) 또는 오차 함수(error function)라고도 합니다.

로 매핑하는 함수의 국소 최솟값^{local minimum}을 찾는 더 큰 문제를 해결하면, 슬라이가 착지할 지점에 대한 비용 함수를 작성해 최저 비용인 지점을 찾을 수 있을 것입니다. 만약 비용 함수가 플레이어의 의도와 일치하면 게임은 줄 위의 올바른 지점을 선택할 테고요.

다음과 같은 황금 분할 최적화 알고리즘^{golden section optimization algorithm}은 매우 견고하며, 구현하는 것도 그리 어렵지 않습니다.[95]

```
float optimizeViaGoldenSection(
    const ObjectiveFunction & objectiveFunction,
    float initialGuess,
    float step,
    float tolerance)
{
    // 목적 함수를 위한 구역(domain) + 범위(range) 쌍을 추적한다.

    struct Sample
    {
        Sample(float x, const ObjectiveFunction & objectiveFunction) :
            m_x(x),
            m_y(objectiveFunction.evaluate(x))
            { ; }
        Sample(
            const Sample & a,
            const Sample & b,
            float r,
            const ObjectiveFunction & objectiveFunction) :
            m_x(a.m_x + (b.m_x - a.m_x) * r),
            m_y(objectiveFunction.evaluate(m_x))
            { ; }
```

----

95 아래의 코드만 봐도 머리 아프지 않게 이해할 수 있을 것입니다. 하지만 10분을 아끼고 싶다면 위키피디아의 설명을 참고하세요. 황금 분할 최적화는 여러 가지 문제를 해결하는 데 도움이 되며, 서커펀치 코드베이스의 수십 곳에서 이 알고리즘이 호출됩니다.

```
        float m_x;
        float m_y;
    };


    // 초기 예측 주변의 샘플 세 개를 가져온다.

    Sample a(initialGuess - step, objectiveFunction);
    Sample mid(initialGuess, objectiveFunction);
    Sample b(initialGuess + step, objectiveFunction);

    // 'a' 쪽 범위가 'b' 쪽 범위보다 좁아야 한다.
    // 국소 최솟값을 둘러싸는 초기 범위를 찾지 못했다면
    // 찾을 때까지 'a'를 향해 이동한다.

    if (a.m_y > b.m_y)
    {
        swap(a, b);
    }


    // 'mid' 범위의 값이 'a'와 'b' 범위의 값보다 작은 지점을 찾는다.
    // 이를 통해 a와 b 사이의 국소 최솟값을 보장한다.

    while (a.m_y < mid.m_y)
    {
        b = mid;
        mid = a;
        a = Sample(b, mid, 2.61034f, objectiveFunction);
    }


    // 구역상에서 충분히 좁은 범위를 찾을 때까지 반복한다.

    while (abs(a.m_x - b.m_x) > tolerance)
    {
        // 'a' 쪽 범위가 'b' 쪽 범위보다 더 큰 구역이 되게 함으로써
        // 더 큰 'a' 쪽에서 황금 분할이 이뤄지게 한다.
```

```
        if (abs(mid.m_x - a.m_x) < abs(mid.m_x - b.m_x))
            swap(a, b);

        // 'mid' 샘플(현재 가장 좋은 추측)과 'a' 샘플 사이의 지점을 테스트한다.
        // 'a' 샘플이 'mid' 샘플보다 낫다면 'a'가 새로운 'mid' 샘플이 되고
        // 이전 'mid' 샘플이 새로운 'b' 쪽이 된다.
        // 그 외의 경우에는 새 샘플이 새로운 'a' 쪽이 된다.

        Sample test(mid, a, 0.381966f, objectiveFunction);

        if (test.m_y < mid.m_y)
        {
            b = mid;
            mid = test;
        }
        else
        {
            a = test;
        }
    }

    // 우리가 찾은 최선의 구역값을 반환한다.

    return mid.m_x;
}
```

범용 황금 분할 알고리즘의 구현이 완벽하다면 이제 줄 위에 착지할 때 사용할 목적 함수를 구현할 수 있습니다. 줄은 3차 곡선을 표현하는 방법 중 하나인 베지에 곡선Bézier curve으로 모델링됐습니다. 실제 코드를 좀 더 단순하게 만들기 위해 목적 함수는 착지 지점까지 떨어지는 데 걸리는 시간(플레이어가 더 일찍 착지할 수 있는 지점이 선호된다는 것을 의미)과 그 지점에 착지하는 데 필요한 최대 가속도의 곱으로 정의됐고요. 이 계산에 필요한 맥락, 예컨대 슬라이의 현재 위치와 속도

는 목적 함수를 구현하는 객체 안에 포함돼 있습니다.

```cpp
struct BezierCostFunction : public ObjectiveFunction
{
    BezierCostFunction(
        const Bezier & bezier,
        const Point & currentPosition,
        const Vector & currentVelocity,
        float gravity) :
        m_bezier(bezier),
        m_currentPosition(currentPosition),
        m_currentVelocity(currentVelocity),
        m_gravity(gravity)
    {
    }

    float evaluate(float u) const override;

    Bezier m_bezier;
    Point m_currentPosition;
    Vector m_currentVelocity;
    float m_gravity;
};
```

evaluate 메서드는 그리 복잡하지 않습니다.

```cpp
float BezierCostFunction::evaluate(float u) const
{
    // 곡선을 따라 점을 구한다.

    Point point = m_bezier.evaluate(u);

    // 해당 점의 높이로 착지할 때까지 걸리는 시간을 계산한다.
```

```
QuadraticSolution result;
result = solveQuadratic(
            0.5f * m_gravity,
            m_currentVelocity.m_z,
            m_currentPosition.m_z - point.m_z);

float t = result.m_solutions[1];

// 착지 전에 수평 속도가 모두 제거된다고 가정한다.

Vector finalVelocity =
    {
        0.0f,
        0.0f,
        m_currentVelocity.m_z + t * m_gravity
    };

// 초기 가속도와 최종 가속도를 얻는다.
// 3차 함수를 따르고 있기 때문에 그중 하나가 최대 가속도가 된다.

Vector a0 = (6.0f / (t * t)) * (point - m_currentPosition) +
            -4.0f / t * m_currentVelocity +
            -2.0f / t * finalVelocity;

Vector a1 = (-6.0f / (t * t)) * (point - m_currentPosition) +
            2.0f / t * m_currentVelocity +
            4.0f / t * finalVelocity;

// Z 좌표축의 가속도가 중력임을 알고 있으므로 무시한다.

a0.m_z = 0.0f;
a1.m_z = 0.0f;

// 비용 힘수를 계산한다.
```

```
        return t * max(a0.getLength(), a1.getLength());
}
```

이 함수에 대해 황금 분할 옵티마이저를 실행하니 거의 자연스러운 착지 지점이 나왔습니다. 약간의 튜닝이 필요했음에도(본문에서는 evaluate 구현 시 에지 케이스를 제거[96]) 첫 결과부터 이전의 실패 프로토타입보다 나았습니다. 튜닝을 마친 후에는 완전히 예측 가능하고 자연스럽게 느껴졌습니다. 실제로 플레이할 때 플레이어는 비용 함수에 적응하기 위해 스스로 훈련을 하고, 게임은 거의 항상 플레이어의 의도대로 착지 지점을 예측해냈습니다.[97]

보통은 이해하지 못하는 일반적인 문제를 푸는 것보다 이해하고 있는 특정 문제를 푸는 것이 거의 항상 낫습니다. **규칙** 4에 따르면 일반화에는 세 가지 사례가 필요하지만 이 진리가 모든 상황에 적용되는 것은 아닙니다. 가끔은 일반적인 문제의 해결이 특정 문제보다 쉽습니다. 슬라이의 착지 지점을 선택하는 문제는 해결하기가 어려웠습니다. 적어도 해석적인 해를 얻으려고 했을 때는 말이죠. 이 경우에는 일반적인 문제를 푸는 것이 상대적으로 더 쉬웠습니다.

올바른 방향 찾기

좀 더 최근 서커펀치 사록에서 뽑은 또 다른 예시를 들어보겠습니다. 〈고스트 오브 쓰시마〉에서 플레이어는 짧고 폭발적인 대시를 할 수 있는데, 이는 주로 공격을 피하기 위한 것입니다. 플레이어는 컨트롤러의 스틱을 움직여 방향을 정한 뒤

---

96 에지 케이스는 생각보다 어렵지 않습니다. 비용 함수에 페널티를 추가함으로써 충분히 쉽게 처리할 수 있죠. evaluate 함수가 곡선의 끝을 벗어난 지점을 평가하는 경우에 페널티를 추가하면 됩니다. 페널티를 신중하게 구성하면 옵티마이저가 곡선의 유효한 범위로 되돌아가도록 유도할 수 있습니다. 마찬가지로 슬라이가 한 지점에 도달할 만큼 높이 점프하지 않으면 별도의 페널티가 추가됩니다.

97 이러한 옵티마이저를 이용해 문제 해결을 시도하는 경우, 옵티마이저가 최솟값을 찾아내겠지만 그 값은 여러분이 원하는 최솟값이 아닐 수도 있다는 것을 알아두세요. 여러분의 비용 함수는 초기 예측과 마찬가지로 신중하게 구성돼야 합니다.

버튼을 눌러 대시합니다. 슉! 사무라이 영웅 진 사카이는 그 방향으로 대시해 위험을 피하죠. 적어도 플레이어에게는 그렇게 느껴져야 합니다.

하지만 플레이어가 선택한 방향으로 진 사카이가 늘 정확히 대시하는 것은 아닙니다. 예를 들어 플레이어가 숲에서 적과 싸우고 있을 때 나무를 향해 곧바로 대시하면 재미없겠죠. 엄밀히 말해 플레이어가 선택한 방향이라도요. 누구도 어설픈 사무라이가 되고 싶지는 않을 테니, 코드는 플레이어가 선택한 방향에 가까우면서도 모든 나무를 피하도록 대시할 방향을 선택합니다. 플레이어는 무슨 일이 일어나고 있는지 전혀 모르고요. 어설퍼 보이는 대신 우아하게 느껴지고, 모두가 행복해집니다.

서커펀치의 엔진에는 게임 환경에서 이러한 종류의 경로 찾기를 할 수 있는 코드가 있습니다. 이는 플레이어가 이동할 수 없는 영역을 회피하면서 검색 영역의 끝까지 도달하기 위한 것입니다. 코드에 대해 아주 간략하게 설명하자면, 초기 포인트에서 검색 영역 끝까지의 선분을 검사하고, 만나는 장애물을 회피한 뒤, 결과적으로 나온 경로에서 구불구불한 부분을 최대한 직선화합니다. 반대로 아주 복잡하게 설명하자면, 발견된 그래프상에서의 A* 알고리즘입니다.[98]

이 경로 찾기 코드를 그대로 사용하는 것은 자연스러우면서도 우아한 대시를 향한 여정의 좋은 시작이었으나 출시하기에는 충분치 않았습니다. 진 사카이는 나무 사이를 우아하게 피해 갔지만 다른 캐릭터(적이든 동료든)와는 어색하게 부딪혔습니다. 확실한 솔루션은 나무와 마찬가지로 캐릭터를 경로 검사에 포함하는 것인데, 문제는 기존의 경로 찾기 코드가 이를 어떻게 처리할지 모른다는 것이었습니다. 우리의 코드는 나무나 건물과 같은 환경 내의 고정된 장애물에 대해서는 잘 동작했지만, 플레이어를 향해 돌진하는 적 캐릭터와 같은 일시적인 장애물의 경우

---

98 A* 알고리즘은 그다지 복잡하지 않지만 여기서 전부 설명하기에는 분량이 많습니다. '발견된 그래프(discovered graph)'는 이론적인 탐색 공간이 세계 내에 있는 어떤 두 점의 연결로 구성돼 있음을 의미합니다. 우리는 세계의 모든 장애물에 대해 두 점 사이의 선을 잘라내면서 진행함으로써 어떤 점 쌍이 서로 접근 가능한지를 발견합니다.

어떻게 해야 할지 몰랐죠.

그러나 캐릭터 장애물에 대한 지원을 추가하는 것이 그리 어렵지는 않아 보여서 저는 코드를 추가했습니다. 간단한 수준에서 경로 찾기 코드는 장애물과 경로의 교차점을 검사합니다. 만약 경로가 장애물과 부딪히면 코드는 장애물을 두르는 새로운 경로를 구성합니다. 따라서 캐릭터에 대한 지원 추가는 경로와 캐릭터 사이의 교차점 검사 그리고 캐릭터 주변에 경로 두르기를 의미합니다. 둘 다 어렵지는 않았습니다. 캐릭터가 원으로 표현됐기 때문에 관련 코드를 모두 새로 작성해야 했지만요. 그런데 새로운 문제가 하나 더 있었습니다. 환경 장애물과 캐릭터가 차지하는 공간 사이의 교차점을 감안해야 했습니다. 이 모든 교차점은 경로의 종점으로 사용할 수 있었습니다.

헉, 솔루션이 동작했습니다. 하지만 이는 많은 새로운 사례를 다루는 많은 새로운 코드를 의미했습니다. 이러면 그렇잖아도 복잡한 경로 찾기 코드가 더 복잡해지죠. 플레이어의 대시에 관련된 특별한 사례를 모두 다뤄야 하니까요. 그때 저는 캐릭터를 둘러싼 간단한 원형 장애물이 이동 중인 캐릭터의 경우에는 잘 동작하지 않는다는 사실을 발견하고는 캡슐(알약) 모양의 장애물로 변경했습니다.[99] 그런데 상황이 더 악화됐고, 제가 추가한 새로운 복잡성이 옳지 않다고 느껴졌습니다.

(비유적으로) 빛줄기가 구름을 갈랐습니다. 지금까지 엉뚱한 곳에서 해결하려고 했던 것입니다. 경로 찾기 코드는 기본적으로 환경 요소를 피하도록 설계돼 있는데, 캐릭터를 일시적으로 나무라고 가정하면 경로 찾기 코드는 캐릭터를 피할 수 있을 것입니다. 그러면 새로운 복잡성을 추가하지 않아도 해결할 수 있습니다.

이러한 관점으로 전환하자 명확한 길이 드러났습니다. 나무, 건물, 울타리, 환경의 모든 고정 구조물에 대한 내부 표현은 그저 커다란 격자였습니다. 그리고 격자의

----

99 원이 한 점으로부터 일정한 거리에 있는 점의 집합인 것처럼 캡슐(capsule) 또는 스타디움(stadium)은 선분으로부터 일정한 거리에 있는 점의 집합입니다. 종이 클립과 러닝 트랙은 두 개의 반원이 평행선으로 연결된 마름모 모양입니다.

각 셀은 통과 가능 또는 통과 불가능으로 표시됐습니다. 저는 다음과 같이 간단한 인터페이스를 통해 임시 장애물을 추가할 수 있었습니다. 필요한 것은 격자 내의 특정 셀이 막혔는지에 대한 검사를 추가하는 것뿐이었죠.

```cpp
struct GridPoint
{
    int m_x;
    int m_y;
};

struct PathExtension
{
    virtual bool isCellClear(const GridPoint & gridPoint) const = 0;
};
```

이 확장 인터페이스는 장애물에 대한 선분 검사나 주어진 방향에서 최선의 경로 찾기와 같은 경로 찾기 코드에 대한 기본 호출로 전달될 수 있습니다. 다음은 원래의 호출 예제입니다.

```cpp
class PathManager
{
public:

    float clipEdge(
        const Point & start,
        const Point & end) const;
    vector<Point> findPath(
        const Point & startPoint,
        float heading,
        float idealDistance) const;
};
```

새로운 버전의 호출 예제는 다음과 같습니다.

```
class PathManager
{
public:

    float clipEdge(
        const Point & start,
        const Point & end,
        const PathExtension * pathExtension = nullptr) const;
    vector<Point> findPath(
        const Point & startPoint,
        float heading,
        float idealDistance,
        const PathExtension * pathExtension = nullptr) const;
};
```

clipEdge와 findPath의 내부 세부 사항은 거의 영향을 받지 않았습니다. 이 함수들이 이전에 거대한 경로 찾기 그리드를 검사했던 곳에 저는 PathExtension 인터페이스에 대한 추가 검사를 넣었습니다. 이 함수들과 다른 비슷한 함수들까지 포함하면 추가된 코드는 10여 줄 정도밖에 되지 않습니다.

이 코드에는 PathExtension 인터페이스의 구현이 포함되지 않았지만 그 작업 역시 다음과 같이 간단합니다.

```
struct AvoidLozenges : public PathExtension
{
    struct Lozenge
    {
        Point m_points[2];
        float m_radius;
```

```
    };

    bool isCellClear(const GridPoint & gridPoint) const override
    {
        Point point = getPointFromGridPoint(gridPoint);

        for (const Lozenge & lozenge : m_lozenges)
        {
            float distance = getDistanceToLineSegment(
                            point,
                            lozenge.m_points[0],
                            lozenge.m_points[1]);

            if (distance < lozenge.m_radius)
                return false;
        }

        return true;
    }

    vector<Lozenge> m_lozenges;
};
```

이게 끝입니다. 문제를 직접적으로 풀기 위해 씨름했던 복잡하고 지저분한 수천 줄의 코드 대신 간단한 몇십 줄의 코드로 해결했습니다.

새로운 PathExtension 인터페이스는 분명히 훨씬 더 일반적입니다. 모양이나 크기, 장애물이 표현되는 방식의 제약 없이 격자에 추가하고자 하는 임시 장애물을 다룰 수 있습니다. 원과 마름모에 대한 지원만을 하드코딩했던 첫 번째 시도보다 크게 나아졌습니다. 하지만 이러한 일반화 자체는 핵심이 아닙니다.

핵심은 이 솔루션이 더 일반적이라는 것이 아니라, 더 구체적이고 덜 일반적인 솔루션보다 훨씬 더 간단하고 쉽게 구현할 수 있었다는 것입니다. 사실 제가 이 글을 쓰는 시점에 서커펀치의 코드베이스에는 PathExtension의 구현이 단 하나(방금 보여준 것)뿐입니다. 우리는 새로운 이 일반성을 활용하지 않았지만 전혀 문제없습니다.

기회 포착하기

대부분의 경우에 특정한 솔루션은 일반적인 솔루션보다 구현하기가 쉽습니다. 자신이 이해하고 있는 문제를 푸세요. 더 일반적인 문제를 풀어야 할 만큼 사례가 충분히 모이기 전까지는 일반적인 문제를 풀려고 하면 안 됩니다.[100]

이번 **규칙**의 사례처럼 특정한 문제보다 일반적인 문제가 더 쉽고 간단하게 해결되는 경우는 드뭅니다. 여기서 다룬 두 가지 사례 사이의 시간은 18년(!)에 달하며, 그 기간 동안 우리가 해결한 수많은 문제는 대부분 간단하고 직접적인 방법으로 해결됐습니다.

하지만 그러한 일반적인 솔루션이 드물더라도 중요한 것은 사실입니다. 서커펀치에서 그 두 사례와 그 밖의 몇 가지 사례는 중요한 약진의 기회가 됐습니다. 간혹 이러한 약진은 첫 번째 사례처럼 새로운 패러다임을 제시했고, 우리는 다양한 게임 플레이 문제를 국소 옵티마이저^{local optimizer}로 해결했습니다. 이와 같은 사례를 통해 더 나은 제품, 더 성공적인 제품이 출시됐습니다.

이제 중요한 질문이 하나 남았습니다. 더 일반적인 솔루션이 더 단순한 코드를 만들어낼 것이라는 신호는 어떻게 알 수 있을까요? 이러한 기회를 코드에서 어떻게 포착할 수 있을까요?

---

100 여기서 '충분히'는 '최소한 세 개'를 말합니다.

저는 서커펀치의 엔지니어링 역사 25년을 살펴보면서 한 가지 공통된 요소를 발견했습니다. 일반적인 솔루션이 더 단순한 방법이었던 모든 사례에서 극단적인 관점의 변화가 필요했습니다. 일반적인 솔루션은 문제에 대한 완전히 새로운 사고방식을 나타냈고, 이 새로운 관점은 훨씬 더 단순한 솔루션을 가능케 했습니다.

이번 **규칙**의 사례에서는 관점의 변화가 모두 기술적이었습니다. 첫 번째 사례의 경우 분석적 접근에서 최적화 접근으로 전환했고, 두 번째 사례에서는 코드의 완전히 다른 부분에 새로운 기능을 추가했습니다.

그러나 관점의 변화가 기술적이지 않을 때도 가끔 있습니다. 예를 들면 특정 기능이 잘못된 사용자를 대상으로 하고 있다는 사실을 알게 되는 경우입니다. 서커펀치에서는 오랫동안 프로그래밍 팀이 사용하던 기능을 프로덕션 팀에 이전하거나 그 반대로 함으로써 더 단순한 방법을 찾을 수 있었습니다.

문제에 대해 잘못된 생각을 하고 있었다는 것을 깨닫는 순간이 필연적으로 찾아옵니다. 구름이 걷히고 햇빛이 비추는 그 순간에 여러분은 단순하면서도 일반적인 솔루션으로 어려운 문제를 해결하는 무한한 기쁨을 느끼게 될 것입니다.

18

코드가 스스로
이야기하게 하라

이 책은 읽기 쉬운 코드를 만드는 다양한 방법에 초점을 두고 있습니다. 예를 들면 코드의 동작을 불필요하게 복잡한 추상화 뒤에 숨기지 않도록 주의하는 것, 변수나 함수에 좋은 이름을 붙이는 것, 문제를 해결하기 위해 가장 단순하면서도 효과적인 방법을 선택하는 것 등입니다. 읽기 쉬운 코드를 작성하면 코드를 읽고 디버깅하는 과정도 더 수월해집니다. 코드를 처음 작성하는 것보다 코드를 읽고 디버깅하는 데 훨씬 더 많은 시간을 들이기 때문입니다. 코드를 디버깅할 때 해당 코드의 목적을 재빨리 파악할 수 있다면 문제점을 찾기가 훨씬 쉽습니다.

팀 프로젝트는 물론이고 개인 프로젝트도 마찬가지입니다. 몇 주, 몇 개월, 심지어 몇 년에 걸쳐 진행하는 중요한 개인 프로젝트가 있다면 오래전에 작성한 코드에 익숙해져야 할 것입니다. 그 코드를 작성할 당시 머릿속에 있던 생각은 시간이 흐르면서 사라지고, 남은 것은 코드뿐입니다. 이 경우에 여러분은 팀 프로젝트의 동료와 별반 다르지 않습니다. 코드를 읽고 그것이 어떤 일을 하려고 하는지 이해해야 하니까요. 이러한 상황은 한마디로 '미래의 나는 낯선 사람'이라고 표현할 수 있겠죠.

하루 이틀 만에 프로젝트를 마무리해 없애버릴 것이 아니라면 낯선 사람처럼 코드에 다시 접근할 것이라고 생각하세요. 미래의 자신을 위해 읽기 쉬운 코드를 작성하세요.

자신이 작성한 코드의 한 부분을 다른 사람에게 설명하는 상황을 상상해보세요. 팀에서 코드 리뷰를 한다면(**규칙** 6을 따라 코드 리뷰를 해야 합니다) 이미 이 상황에 익숙할 것입니다. 코드 리뷰를 할 때는 코드가 어떤 목적으로 작성됐는지, 프로젝트의 전체적인 맥락에서 어떻게 연결되는지, 특정 결정을 왜 내렸는지 등을 이야기합니다. 또한 교묘하거나 영리한 부분(가급적 많지 않기를 바랍니다만)을 지적하고, 아직 처리되지 않은 문제를 언급하며, 각 부분이 어떻게 맞물리는지를 설명합니다.

요컨대 코드 리뷰를 할 때는 코드의 이야기를 합니다. 이 이야기가 잘 전달될수록 듣는 사람이 코드를 더 빨리 더 완벽하게 이해할 수 있죠. 가장 이상적인 상황은 코드가 스스로 이야기를 잘 전달하는 것입니다.

물론 쉽지 않은 목표입니다. 코드가 복잡해야만 문제를 해결할 수 있다면 더욱 그렇습니다. 그럼에도 우리는 항상 코드가 자기 이야기를 잘할 수 있도록 지향해야 합니다.

사실이 아닌 이야기는 하지 말라

코드가 자기 이야기를 스스로 한다는 것은 무슨 뜻일까요? 좋은 이름을 선택하는 것(**규칙** 3), 코드의 의도를 되도록 명확하고 단순하게 표현하는 것(**규칙** 1) 등 몇 가지 중요한 개념은 이미 언급했습니다. 결국 단순한 이야기는 복잡한 이야기보다 훨씬 이해하기 쉽습니다.

이 책에서는 형식화나 주석을 많이 다루지 않았습니다. 각 규칙과 함께 제시된 예제 코드에는 대부분 주석이 없습니다. 주석을 많이 사용하지 말아야 한다는 주장을 하려는 의도에서 그런 것이 아닙니다. 책 본문에서 코드에 대한 설명을 많이 하기 때문에 주석을 제거해 코드를 간략하게 만들 수 있었던 것입니다. 실제 코드에서는 주석이 가독성에 큰 도움이 됩니다.

그렇다고 모든 주석이 좋다는 것은 아닙니다. 주석이 부정적인 역할을 할 가능성도 충분히 있습니다. 어떤 주석은 처음부터 틀렸을 수도 있고, 어떤 주석은 작성 당시에는 옳았지만 시간이 지나면서 변경됐을 수도 있습니다. 다음은 그러한 예시입니다.

```
void postToStagingServer(string url, Blob * payload)
{
    // Connect::Retry 때문에 항상 유효한 핸들을 반환받음

    ConnectionHandle handle = connectToStagingServer(
                             url,
                             Connect::Retry | Connect::InternalServer);

    // 데이터 전송

    postBlob(handle, payload);
}
```

이 코드는 꽤 간단해 보이지만 실제로는 그렇지 않습니다. 첫 번째 주석이 틀렸습니다. 코드가 작성될 당시에는 Connect::Retry 플래그가 성공을 보장했지만, 팀(여기서는 상상 속의 팀)이 무한 재시도(성공할 때까지 계속 시도)가 좋은 전략이 아니라고 결정하면서 상황이 복잡해졌습니다. Connect::Retry의 동작이 변경됐으나 이전 동작에 의존하던 코드는 그대로 됐습니다.

그 결과 이제 postToStagingServer에 버그가 있습니다만, 이는 connectTo

StagingServer가 대부분 잘 작동하기 때문에 자주 드러나지 않습니다. 이 문제를 디버깅하려는 딱한 프로그래머는 고생을 좀 하겠죠. postBlob 함수가 오류 상황에서 connectToStagingServer가 반환하는 빈 핸들에도 견고하게 대응하도록 작성됐다면 특히 그렇습니다. 이 딱한 프로그래머는 코드를 읽고, 주석을 보고 그것을 사실로 받아들이며, 다음 문제로 넘어가면서 실제 문제를 놓치게 됩니다.

주석이 아니었다면 문제를 더 빨리 찾을 수 있었을 것입니다. 오류가 발생할 위치가 명백하니까요. 이러한 탓에 일부 프로그래머들은 모든 주석이 나쁘다고 주장합니다. 이들은 오래된 주석이 일으키는 문제가 정확한 주석으로 얻는 혜택을 압도한다고 말합니다.

'실행되지 않는 코드는 작동하지 않는다'라는 **규칙** 8을 유념하세요. 자주 실행되지 않는 코드는 작동을 멈출 것이고, 프로그래머는 그 코드가 실행되지 않기 때문에 작동을 멈췄다는 사실을 인지하지 못할 것입니다.

어떤 의미에서 주석은 절대 실행되지 않는 코드입니다. 주석이 실행에 가장 가까워지는 것은 누군가가 실제 코드와 주석을 비교하면서 읽어나갈 때입니다. 하지만 이러한 일은 자주 일어나지 않으며, 누군가가 그렇게 코드를 읽는다고 해도 꼼꼼히 보지는 않기 때문에, 주석이 '작동을 멈추는 것'은 그렇게 이례적인 일이 아닙니다.

이 문제를 피하는 가장 쉬운 방법은 주석을 assert로 바꾸는 것입니다. 함수의 인자 중 하나가 null이 아니어야 한다고 주석으로 작성하는 대신 assertion을 작성하세요. 또는 앞의 예제와 같은 경우에는 connectToStagingServer가 항상 유효한 핸들을 반환한다고 주장하는 대신 assert를 하세요. 같은 이야기라도 이 방법이 훨씬 더 효율적입니다.

이야기에는 목적이 있어야 한다

틀리지는 않지만 그저 쓸모없는 주석도 가끔 있습니다. 모든 프로그래머는 단순한 정보조차 전달하지 않는 주석을 봤을 것입니다. 프로젝트가 반드시 따라야 하는 고정된 주석 스타일 때문에 의도치 않게 이러한 주석이 만들어지곤 합니다.

다음은 프로젝트 전반에 걸쳐 Doxygen[101]으로 문서화돼야 하는 함수의 예시입니다. 주석이 실제로는 어떤 정보도 전달하지 않은 채 규칙만 따르고 있습니다.

```
/**
 * @brief 스테이징 서버에 페이로드 전송
 *
 * 주어진 주소의 스테이징 서버에 페이로드를 전송하려고 시도한다.
 * 전송이 성공하면 @c true를, 어떤 이유로 실패하면 @c false를 반환한다.
 *
 * @param url 서버 URL
 * @param payload 전송할 데이터
 * @returns 성공 시 true
 */
bool tryPostToStagingServer(string url, Blob * payload);
```

주석의 내용은 맞지만 별로 쓸모가 없습니다. 우리는 함수 이름 시작 부분에 있는 'try'가 성공 시에 true를 반환하는 함수를 나타내는 프로젝트 컨벤션이라고 가정할 수 있습니다. 이 가정이 맞다면 해당 주석 안의 모든 내용은 함수 선언에 의해 암시됩니다. 주석이 새로이 더하는 내용이 없습니다. 그저 함수 이름을 다시 한번 언급하고, 또 언급하고, 또 언급할 뿐이죠.

---

[101] 널리 사용되는 Doxygen은 코드에서 특이하게 형식화된 주석을 추출해 프로젝트 문서를 생성하는 도구입니다. 이 아이디어의 핵심은 코드 바로 옆에 있는 문서가 최신 상태를 유지할 가능성이 더 높다는 것입니다. 이는 사실이지만 제 경험상 '더'와 '가능성이 높은' 정도가 그리 크지 않습니다. C++ 프로그래머가 아닌 독자에게는 포맷에 대해 사과드립니다. 실례를 사용하고 싶었고, 이러한 문서 생성 도구는 모두 특별한 포맷을 의도적으로 사용하죠. 도구가 처리해야 할 텍스트에 표시를 남기기 위해 특별한 포맷을 찾기 때문입니다.

이 예제와 같이 주석이 함수가 정의되는 곳이 아닌 함수 선언부에 함께 작성된다면 고성 형식 수석이 차지하는 공간이 실제 함수 선언에 사용되는 공간을 금새 압도하게 됩니다. 이것이 바로 주석 스타일 때문에 발생하는 비용입니다. 쉽게 말해 주석이 실제 코드를 찾기 어렵게 만듭니다. 주석을 억지로 형식에 맞추다 보면 어색한 부분이 포함되는데, 이것은 문제를 더 악화시킵니다. 예제 코드의 주석에 있는 @c 항목은 가독성에 도움이 되지 않습니다.[102]

한편 잠재적인 장점도 있습니다. Doxygen의 목적은 단순한 주석이 아니며, 이러한 주석으로부터 생성되는 문서입니다. 이렇게 생성된 문서는 과거에 비해 유용하지 않습니다. 요즘 에디터는 프로젝트 안에서 앞뒤로 하이퍼링킹을 잘하기 때문입니다.

신중하게 사용하면 Doxygen은 여전히 유용하지만 보통은 그렇지 않습니다. 급한 프로그래머는 신중한 주석이 아니라 급한 주석을 작성합니다. 이들은 다음 작업으로 넘어가기 전에 양식 표준을 충족하는 것이 목표입니다. 그래서 이번 예제에서처럼 주석이 올바르게 작성됐지만 유용한 정보가 전혀 담겨 있지 않죠. 개별 함수와 타입에 관한 유용하지 않은 정보는 많아 봐야 코드에 대한 유용한 개론서나 참고서로서 도움이 될 수 없습니다. 코드를 직접 읽는 것만으로도 알 수 있는 정보 이상을 얻을 수 없거든요.

좋은 스토리텔링

그렇다면 좋은 주석은 어떤 것일까요? 코드에서 바로 알기 어려운 내용을 독자에게 설명해주는 주석, 이것이 가장 명확한 답입니다. 앞의 예제에서처럼 이미 분명한 사항을 반복하는 주석은 정확하기는 해도 그다지 유용하지 않습니다. 독자가

---

102 Courier와 같이 고정 너비 글꼴로 조판해야 하는 용어를 표시합니다. 따라서 'c'입니다.

코드를 이해할 수 있도록 도움을 주는 좋은 주석은 코드가 왜 그렇게 작성됐는지 설명하고, 함수 사용법을 제공하며, 추가 작업이 필요할 수 있는 로직이 무엇인지 알려줍니다.

좋은 주석이 수행하는 중요한 역할이 또 있습니다. 좋은 주석은 코드를 구분합니다. 주석은 코드의 어떤 부분이 함께 동작하고, 어떤 부분이 별개로 동작하는지 알려줍니다. 마치 주석은 글쓰기에서의 띄어쓰기와 구두점처럼 작동합니다. **여러분은띄어쓰기와구두점이없는문장을읽을수있습니다.** 하지만 띄어쓰기와 구두점이 있는 문장이 훨씬 더 쉽게 읽히죠. 띄어쓰기는 단어를 구분하고, 구두점은 문장과 절을 구분합니다.

코드도 마찬가지입니다. 코드에서 띄어쓰기와 주석은 일반적인 글쓰기에서 띄어쓰기와 구두점이 하는 역할을 수행합니다. 다음은 이를 보여주는 예시입니다(제 주장을 강조하기 위해 변수에 과도하게 압축된 명명 스타일을 사용하고, 평상시보다 공백을 많이 제거했습니다).

```cpp
bool findPermutation(const string & p, const string & s)
{
    int pl = p.length(), sl = s.length();
    if (sl < pl) return false;
    int pcs[CHAR_MAX] = {}, scs[CHAR_MAX] = {};
    for (unsigned char c : p)
    { ++pcs[c]; }
    int si = 0;
    for (; si < pl; ++si)
    { ++scs[static_cast<unsigned char>(s[si])]; }
    for (;; ++si)
    {
    for (int pi = 0;; ++pi)
    {
    if (pi >= pl) return true;
```

```
        unsigned char c = p[pi];
        if (pcs[c] != scs[c]) break;
        }
        if (si >= sl) break;
        --scs[static_cast<unsigned char>(s[si - pl])];
        ++scs[static_cast<unsigned char>(s[si])];
        }
    return false;
}
```

이 함수가 하는 일은 분명히 파악할 수 있습니다. 최소한 서술적인 이름이 있으니 일단은 시작이 좋습니다. 더 서술적인 이름, 생각을 구분할 수 있는 띄어쓰기, 그 생각을 설명하는 주석을 추가한다면 훨씬 더 읽기 쉬워질 것입니다.

```
// permute 문자열의 어떠한 순열이라도 search 문자열에 나타나는지 확인한다.

bool tryFindPermutation(const string & permute, const string & search)
{
    // search 문자열이 permute 문자열보다 짧다면 순열일 수 없다.
    // 코드를 간단하게 만들기 위해 여기서 함수를 종료한다.

    int permuteLength = permute.length();
    int searchLength = search.length();
    if (searchLength < permuteLength)
        return false;

    // permute 문자열에서 각 문자의 출현 횟수를 센다.
    // 이 횟수를 search 문자열에서의 출현 횟수와 비교할 것이다.

    int permuteCounts[UCHAR_MAX] = {};
    for (unsigned char c : permute)
    {
        ++permuteCounts[c];
```

```
    }

    // permute 문자열에서 각 문자의 출현 횟수를 센 것처럼
    // search 문자열의 첫 부분과 비교하기 위해 동일하게 출현 횟수를 센다.

    int searchCounts[UCHAR_MAX] = {};
    int searchIndex = 0;

    for (; searchIndex < permuteLength; ++searchIndex)
    {
        unsigned char c = search[searchIndex];
        ++searchCounts[c];
    }

    // search 문자열 내 가능한 모든 부분 문자열을 대상으로 순열 여부를 확인한다.

    for (;; ++searchIndex)
    {
        // 현재 부분 문자열이 permute 문자열과 일치하는지 검사한다.

        for (int permuteIndex = 0;; ++permuteIndex)
        {
            // permute 문자열의 모든 문자를 검사한 후에도 불일치하는
            // 문자 출현 횟수를 찾지 못했다면 순열을 찾았다고 볼 수 있다.
            // 성공을 표시하기 위해 true를 반환한다.

            if (permuteIndex >= permuteLength)
                return true;

            // permute 문자열 내 이 문자의 출현 횟수가
            // search 문자열 내 해당 문자의 출현 횟수와 일치하지 않으면
            // 해당 부분 문자열은 순열이 아니다. 다음 부분 문자열로 넘어간다.

            unsigned char c = permute[permuteIndex];
            if (permuteCounts[c] != searchCounts[c])
```

```
            break;
        }

        // search 문자열 내 가능한 모든 부분 문자열을 검사했다면
        // 반복을 종료한다.

        if (searchIndex >= searchLength)
            break;

        // 다음 부분 문자열 비교를 위해 출현 횟수를 업데이트한다.

        unsigned char drop = search[searchIndex - permuteLength];
        unsigned char add = search[searchIndex];

        --searchCounts[drop];
        ++searchCounts[add];
    }

    // 여기까지 왔다면, 모든 부분 문자열이 바닥났고
    // 일치하는 순열을 찾지 못했다는 의미이다.
    // 순열을 찾으면 즉시 반환하기 때문이다.

    return false;
}
```

이제 이해하기 훨씬 쉽죠? 이전 예제를 읽을 때는 무슨 일이 일어나는지 파악하는데 어려움을 겪을 수 있지만, 이 예제는 처음부터 끝까지 읽으면 코드가 무엇을 왜하는지 정확하게 이해할 수 있습니다.

문장에서 단어를 구분하는 띄어쓰기처럼 공백이 코드의 로직을 분리하고, 들여쓰기는 관련된 아이디어들을 묶습니다. 변수에 좋은 이름을 붙이는 것은 그 목적을이해하는 데 가장 중요한 첫 번째 문서화 수단입니다. 주석은 문맥과 해설을 제공

하며, 코드의 '무엇'에 대한 '왜'라는 큰 그림에 집중합니다.

코드를 설명하거나 설명을 듣는 데 익숙한 독자라면 이렇게 작성된 코드를 읽는 것이 매우 친숙하게 느껴질 것입니다. 좋은 주석은 이야기를 읽는 것처럼 느껴집니다.

좋은 코드는 노래에 비유할 수 있습니다. 노래에는 곡과 가사가 있고, 둘은 서로를 보완하는 역할을 합니다. 좋은 코드도 마찬가지로 코드와 주석이 각기 다른 역할을 하면서 서로를 보완합니다. 코드의 각 줄은 실제 작동하는 부분이고, 좋은 변수 명과 형식은 각 줄이 무엇을 하는지 명확하게 나타냅니다. 주석은 이에 대한 맥락을 제공하며, 각 줄이 어떻게 연결되고 그 목적이 무엇인지 설명해줍니다.

코드 에디터는 아마도 다양한 색상으로 코드를 표시할 것입니다. 특히 주석은 코드의 줄과 다른 색상으로 나타납니다. 인간의 두뇌는 색상을 구별하는 능력이 뛰어나기 때문에 띄어쓰기와 코드의 색상은 코드와 주석을 동시에 볼 때 각각에 따로 집중할 수 있게 해줍니다. 이는 악보를 읽는 것과 매우 유사하죠. 곡은 오선의 음표로 표현되고, 가사는 음표를 따라 대략적으로 정렬돼 있지만 별도의 줄에 인쇄됩니다. 그래서 우리는 악보를 읽을 때 곡과 가사 각각에 집중할 수 있습니다.

좋은 주석이 코드를 단순히 반복하지 않고 보완한다는 것을 명심한다면 훌륭한 결과를 얻을 수 있을 것입니다. 좋은 주석은 코드의 기초적인 작동 원리를 이야기로 전환함으로써 코드를 훨씬 이해하기 쉽게 만들어줍니다. 만약 코드를 무시하고 주석만 꼼꼼히 읽어도 코드가 무엇을 하는지 알 수 있다면 최고 수준의 작업을 해냈다고 할 수 있습니다.

19

평행 재작업

대부분의 경우에 프로그래머는 코드베이스의 메인 브랜치에서 주로 작업하고, 잠깐씩만 메인 브랜치에서 벗어납니다. 문제를 분석하고, 수정해야 할 코드를 체크아웃하고, 수정한 내용을 테스트하고, 검토한 후, 다시 메인 브랜치에 커밋합니다. 테스트를 포함해 이 과정이 하루 안에 끝난다면 제법 빠른 속도라고 할 수 있습니다. 보통은 코드를 체크아웃한 상태로 며칠을 보내게 되거든요.

그러나 프로그래머는 결국 이 간단한 모델이 통하지 않는 상황을 마주하게 됩니다. 다른 프로그래머와 함께 해야 하는 일이 생기는 것을 예로 들 수 있죠. 혼자서 일할 때는 진행 중인 작업 내용이 자신의 컴퓨터에만 머물지만, 다른 사람과 함께 일할 때는 진행 중인 작업 내용을 그와 공유해야 합니다.

이러한 상황에 대한 표준적인 해답은 자신과 파트너가 계획한 작업을 위해 새 브랜치를 소스 컨트롤 시스템에 생성하는 것입니다. 이 브랜치는 메인 브랜치의 사본으로 시작되지만, 작업이 진행됨에 따라 급격히 메인 브랜치와 달라집니다. 여러분은 종종 다른 팀원들이 작업한 최신 내용을 여러분의 브랜치에 반영하기 위해 메인 브랜치로부터 변경 사항을 통합할 기회를 모색할 것입니다. 메인 브랜치에 반영된 변경 때문에 발생한 충돌을 해결하면서 말이죠. 결국 작업이 끝나고, 마지막으로 메인 브랜치로부터의 통합을 수행하고, 테스트를 수행하고, 작업 내용을 검토하고, 체크인합니다.

뜻밖의 문제

이 방식은 작동합니다. 그래서 표준적인 해답인 거죠. 하지만 문제가 아주 없는 것은 아닙니다. 예컨대 메인 브랜치로부터의 변경을 통합하는 것이 어려울 수도 있습니다. 다른 팀원들은 여러분이 자기 브랜치상에서 어떤 작업을 하고 있는지 알 길이 없으며, 따라서 여러분이 진행 중인 작업을 깨뜨리곤 합니다. 여러분이 재작업하고 있는 시스템에 대해 누군가가 새로운 호출을 만드는 경우라면 작은 문제가 될 것입니다. 하지만 오래된 시스템의 버그를 누군가가 수정해서 여러분이 재작업한 버전에 반영해야 한다면 좀 더 골치 아플 것입니다. 또한 누군가가 소스 파일의 구조를 바꾸기로 결정해서 여러분이 의존해온 모든 디프를 파괴한다면 극도로 고통스러워질 수 있습니다.

대부분의 경우에 그렇듯이 구버전 시스템에 그대로 변경을 가한다면 구버전 시스템이 어떻게 동작했는지에 대한 시야를 잃기가 쉽습니다. 여러분은 구버전 시스템의 소스 코드를 이용해 작업을 시작했으며, 구버전의 기능을 이해하기 위해 해당 코드를 참고했습니다. 그러나 한 줄 한 줄 변경을 가할 때마다 원래의 동작이 어땠는지, 무엇이 추가됐는지를 식별하기가 점점 더 어려워지고, 이를 위한 솔루션(예: 참고할 원본 코드의 전체 사본을 유지하는 것, 원본 코드로부터의 디프를 지속적으로 참조하는 것)은 고통스럽습니다.

큰 팀의 일원이라면 팀원들의 코드 변경을 따라가는 것만도 힘겨운 일이 될 수 있습니다. 보통 여러분이 하는 작업의 핵심은 소수의 소스 파일에 집중돼 있지만, 그 핵심 함수나 모듈에 대한 호출은 수십 개의 파일에 흩어져 있을 수 있습니다. 이 수십 개의 파일에 대한 모든 변경은 잠재적인 병합 충돌이 될 수 있고요. 큰 팀이 메인 브랜치에 계속해서 변경을 체크인한다면 별도의 브랜치에서 작업하는 작은 팀은 변경 사항을 통합하는 데 어려움을 겪을 것입니다.

서로 얽혀 있는 소스 코드 컨트롤 브랜치 사이에서는 길을 잃곤 합니다. 브랜칭이 주는 유연성은 매력적이지만, 조절을 잃고 과도하게 브랜치를 만들기 쉽습니다. 제가 표준 접근법을 위해 설명한 단순한 브랜칭(메인 브랜치에서 분기해 나중에 다시 병합되는 단일 브랜치)은 추적하기 쉽습니다. 만약 더 복잡한 상황(문제 해결을 위한 실험적 브랜치, 개인 백업용 브랜치, 릴리즈 스테이징을 위한 여러 메인 브랜치 등)이라면 급격히 길을 잃을 수도 있습니다. 서커펀치에서는 몇몇 대규모 변경을 위해 이 표준 '브랜치 생성 및 수정' 접근법을 따랐습니다. 결과는 고통스럽기만 했고, 그래서 다른 대안으로 찾아낸 '복제 후 전환 모델'은 다행히도 잘 작동했습니다.

평행 시스템을 구축하라

이 아이디어는 시스템을 그 자리에서 고치는 대신 평행 시스템을 하나 구축하는 것입니다. 신규 시스템은 작업이 진행 중일 때도 코드가 버전 컨트롤에 체크인되지만, 해당 작업을 하고 있는 소규모 팀만이 (런타임 스위치를 통해) 그것을 사용할 수 있습니다. 나머지 팀원들은 이전 시스템을 계속 사용하며 새로운 코드 경로에는 전혀 손을 대지 않습니다. 그러다 신규 시스템이 준비되면 모든 팀원이 런타임 스위치를 통해 그것을 사용할 수 있게 합니다. 일단 모두가 신규 시스템을 성공적으로 사용하게 되면 이전 시스템을 제거합니다.

여기에 들어맞는 켄트 백Kent Beck의 명언이 있습니다.

> 무언가를 수정하려 할 때는 먼저 수정이 용이하도록 만든 후(경고: 이 부분이 어려울 수 있다) 쉬운 코드를 작성하라.

이 명언은 소규모 프로젝트에 쉽게 적용할 수 있습니다. 평행 시스템 기법은 준비 작업이 여러 프로그래머가 커밋한 많은 코드에 걸쳐 있는 대규모 프로젝트의 큰 변경 사항에 적용할 수 있는 방법입니다. 평행 시스템을 구축하는 데 수반되는 모든 고된 작업은 이전 시스템과 신규 시스템 간의 관리가 용이한 전환점을 마련합니다.

구체적인 예시

실례를 하나 살펴봅시다. 맥락을 설명하려면 몇 페이지가 필요하지만, 너무 길어지기 전에 평행 시스템 구축에 관한 내용으로 돌아올 것입니다.

서커펀치에서는 모든 경우에 표준 힙 할당자에 의존하는 대신 스택 기반의 메모리 할당자를 많이 사용합니다. 스택 할당자의 기본적인 아이디어는 할당된 블록을 해제하지 않음으로써 할당을 단순화하는 것입니다. 최소한 개별 블록을 해제하지 않는 거죠. 표준 힙 할당자를 사용할 때는 할당된 각 블록이 반드시 해제돼야 합니다. 스택 할당자는 함수 호출 스택의 변수처럼 동작합니다. 즉 함수 내에서 할당된 블록은 함수가 종료될 때 자동으로 해제됩니다. 스택 기반의 할당은 블록을 해제해야 한다는 걱정을 하지 않아도 되기 때문에 사용하기가 쉽습니다. 게다가 상당히 빠른데, 속도는 많은 게임 프로그래밍 시나리오에서 중요한 요소입니다.

범위는 '컨텍스트' 객체와 함께 정의됩니다. 모든 스택 할당은 현재 컨텍스트와 연관돼 있습니다. 컨텍스트가 범위를 벗어나면 해당 컨텍스트와 연관된 모든 블록이 해제됩니다. 해당 블록은 모두 순차적으로 할당되기 때문에 한꺼번에 블록을 해제

하는 것도 쉽습니다. 할당 때와 마찬가지로요. 우리는 그저 포인터를 밀어넣기만
하면 됩니다. 다음은 할당자 코드입니다.

```cpp
class StackAlloc
{
    friend class StackContext;

public:

    static void * alloc(int byteCount);

    template <class T>
    static T * alloc(int count)
        { return static_cast<T *>(alloc(sizeof(T) * count)); }

protected:

    struct Index
    {
        int m_chunkIndex;
        int m_byteIndex;
    };

    static Index s_index;
    static vector<char *> s_chunks;
};

StackAlloc::Index StackAlloc::s_index;
vector<char *> StackAlloc::s_chunks;

const int c_chunkSize = 1024 * 1024;

void * StackAlloc::alloc(int byteCount)
{
```

```
        assert(byteCount <= c_chunkSize);

        while (true)
        {
            int chunkIndex = s_index.m_chunkIndex;
            int byteIndex = s_index.m_byteIndex;

            if (chunkIndex >= s_chunks.size())
            {
                s_chunks.push_back(new char[c_chunkSize]);
            }

            if (s_index.m_byteIndex + byteCount <= c_chunkSize)
            {
                s_index.m_byteIndex += byteCount;
                return &s_chunks[chunkIndex][byteIndex];
            }

            s_index = { chunkIndex + 1, 0 };
        }
}
```

이 스택 할당자는 메모리 조각chunk의 목록을 관리합니다. 이 목록의 시작 부분에
있는 조각에 블록이 할당됐을 수도 있습니다. 만약 목록의 마지막 조각이 할당 요
청된 메모리와 이미 할당된 블록을 모두 담을 수 있다면 우리는 새로운 블록을 해
당 조각 안에 할당돼 있는 마지막 블록 바로 뒤에 추가합니다. 만약 그 조각에 담
을 수 없다면 다음 조각의 시작 부분에 새 블록을 추가하며, 필요한 경우 새로운
조각을 할당합니다.

컨텍스트 객체는 더 단순합니다. 블록을 할당할 위치만 기억하면 되죠.

```
class StackContext
{
public:

    StackContext()
    : m_index(StackAlloc::s_index)
        { ; }
    ~StackContext()
        { StackAlloc::s_index = m_index; }

protected:

    StackAlloc::Index m_index;
};
```

이 할당 모델은 몇 가지 장점이 있습니다. 우선 이 방식은 일반적인 힙 할당자보다
훨씬 빠릅니다. 할당이 단순한 포인터 계산으로 이뤄지며, 컨텍스트를 해제하는
데 거의 비용이 들지 않기 때문입니다.[103] 더 중요한 것은, 메모리 내에서 할당된
블록들이 연속으로 인접해 있기 때문에 메모리 내에서의 지역성이 우수하다는 것
입니다. 그리고 블록들이 자동적으로 해제되기 때문에 메모리 해제를 깜빡할 위험
이 전혀 없습니다.

물론 단점도 상당히 많습니다.[104] 하지만 스택 기반의 할당이 잘 어울리는 두 가지
사용 사례가 있습니다. 첫 번째로, 함수의 내부 로직에 임시 공간이 필요한 경우가
많은데, 스택 기반의 할당은 이를 위한 완벽한 솔루션입니다. 두 번째로, 가변 크
기의 데이터를 반환하는 경우 반환 데이터에 대한 메모리 공간을 StackAlloc으로

---

[103] 첫 번째 최적화 교훈은 '**규칙** 5: 최적화하지 말라'입니다. 하지만 게임에서의 빠른 동적 메모리 할당의 중요성에 관한
수많은 데이터가 있다는 사실을 말씀드리고 싶군요.
[104] 가장 중요한 단점은 컨텍스트가 유지되는 기간 동안만 블록들이 살아 있다는 것입니다. 데이터를 컨텍스트의 수명보
다 더 오래 보관하는 것은 불가능합니다.

할당하면 아주 잘 작동합니다.

실전에서의 스택 할당

원래 서커펀치 버전의 스택 할당은 앞 절의 코드와 거의 유사했습니다. 그러나 시간이 지남에 따라 우리는 코드 대부분을 스택 기반 벡터를 사용하도록 전환했습니다. 코드베이스를 간단히 검색한 결과, 순수 스택 기반 할당 호출은 수백 건이었지만 스택 기반 벡터의 사용은 약 5,000건으로 확인됐습니다.

다음은 스택 기반 벡터 클래스의 단순화된 버전입니다. 메서드 이름이 표준 C++ 벡터와 일치하도록 지정됐습니다.

```cpp
template <class ELEMENT>
class StackVector
{
public:

    StackVector();
    ~StackVector();

    void reserve(int capacity);
    int size() const;
    void push_back(const ELEMENT & element);
    void pop_back();
    ELEMENT & back();
    ELEMENT & operator [](int index);

protected:

    int m_count;
```

```
        int m_capacity;
        ELEMENT * m_elements;
};
```

벡터 생성은 간단합니다. 처음에는 저장할 요소가 없기 때문이죠. 소멸시키는 것 또한 간단합니다. 해제할 메모리가 없기 때문에 벡터 내 각 요소의 소멸자를 호출하기만 하면 됩니다.

```
template <class ELEMENT>
StackVector<ELEMENT>::StackVector() :
    m_count(0),
    m_capacity(0),
    m_elements(nullptr)
{
}

template <class ELEMENT>
StackVector<ELEMENT>::~StackVector()
{
    for (int index = 0; index < m_count; ++index)
    {
        m_elements[index].~ELEMENT();
    }
}
```

기본적인 벡터 연산은 복잡하지 않습니다. 벡터 크기를 재조정해야 할 때 기존 메모리를 해제할 필요가 없습니다. 요소들을 새 저장소로 복사해야 하지만 그것이 전부랍니다.

```cpp
template <class ELEMENT>
void StackVector<ELEMENT>::reserve(int capacity)
{
    if (capacity <= m_capacity)
        return;

    ELEMENT * newElements = StackAlloc::alloc<ELEMENT>(capacity);

    for (int index = 0; index < m_count; ++index)
    {
        newElements[index] = move(m_elements[index]);
    }

    m_capacity = capacity;
    m_elements = newElements;
}

template <class ELEMENT>
int StackVector<ELEMENT>::size() const
{
    return m_count;
}

template <class ELEMENT>
void StackVector<ELEMENT>::push_back(const ELEMENT & element)
{
    if (m_count >= m_capacity)
    {
        reserve(max(8, m_capacity * 2));
    }

    new (&m_elements[m_count++]) ELEMENT(element);
}
```

```cpp
template <class ELEMENT>
void StackVector<ELEMENT>::pop_back()
{
    m_elements[--m_count].~ELEMENT();
}

template <class ELEMENT>
ELEMENT & StackVector<ELEMENT>::back()
{
    return m_elements[m_count - 1];
}

template <class ELEMENT>
ELEMENT & StackVector<ELEMENT>::operator [](int index)
{
    return m_elements[index];
}
```

다음은 간단한 사용 예제입니다.

```cpp
void getPrimeFactors(
    int number,
    StackVector<int> * factors)
{
    for (int factor = 2; factor * factor <= number; )
    {
        if (number % factor == 0)
        {
            factors->push_back(factor);
            number /= factor;
        }
        else
        {
```

```
                ++factor;
        }
    }

    factors->push_back(number);
}
```

지금까지 다 좋습니다. 잘 정의된 특정 상황에서 더 나은 성능을 제공하는 벡터이며, 이해하기가 상당히 쉽습니다. 서커펀치의 코드베이스에서 스택 벡터가 널리 사용되는 이유가 바로 이것입니다.

불안 요소

그런데 거슬리는 문제가 하나 있습니다. 스택 벡터에 대한 두 가지 주요 사용 사례 (루틴 내부에서 사용하기 위한 임시 저장소를 할당하는 것, 루틴으로부터 값을 반환하는 것)가 있으며, 이 둘은 서로 맞물리지 않습니다. 이에 대해 자세히 알아봅시다.

플레이어를 중심으로 5미터 이내에 있는 적을 반환하는 비디오 게임 함수를 작성한다고 상상해보세요. 좀 더 상상력을 발휘해서 여러분이 좋은 시작점을 확보했다고 합시다. 플레이어에 대한 감정적 관계와 무관하게 주변에 있는 모든 캐릭터를 그들의 위치와 함께 벡터에 담아 반환하는 함수가 있다고 말이죠. 주변의 모든 캐릭터를 가져온 다음 적이 아닌 것만 제외할 수 있어야 합니다.

여러분이 작성하고자 하는 코드는 아마도 다음과 같을 것입니다.

```
void findNearbyEnemies(
    float maxDistance,
```

```
    StackVector<Character *> * enemies)
{
    StackContext context;
    StackVector<CharacterData> datas;
    findNearbyCharacters(maxDistance, &datas);

    for (const CharacterData & data : datas)
    {
        if (data.m_character->isEnemy())
        {
            enemies->push_back(data.m_character);
        }
    }
}
```

하지만 이 코드는 제대로 동작하지 않습니다. 적어도 앞 절에서 소개한 간단한 스택 할당자를 사용하는 경우에는 그렇습니다.

그런데 문제는 두 가지 스택 컨텍스트가 서로 얽혀 있다는 것입니다. findNearby Characters로부터 반환되는 캐릭터 데이터를 위해 StackContext와 StackVector 인스턴스를 생성했는데, 여기까지는 훌륭하게 작동합니다. 하지만 함수 후반부에서 enemies->push_back을 호출할 때 로컬에서 생성한 스택 컨텍스트로부터 메모리를 할당하게 됩니다. 즉 해당 호출은 enemies 배열과 연관된 스택 컨텍스트를 사용하지 않습니다. 이 enemies 배열은 이 함수를 호출한 함수 안에서, 즉 다른 스택 컨텍스트에서 정의될 가능성이 높습니다.

이것은 문제입니다. 호출자 안에서 반환된 배열을 사용하면 예측 불가능한 결과를 얻게 될 것입니다. 사실 서커펀치의 스택 벡터 클래스가 불일치하는 스택 컨텍스트로 메모리를 할당하려 시도할 때 바로 이러한 종류의 버그를 잡기 위해 assert를 수행합니다. 스택 컨텍스트 충돌을 해결하는 방법이 있기는 하지만 그 코드를 보여드리지는 않겠습니다. 솔직히 조금 부끄러운 코드거든요.

좀 더 영리하게 스택 컨텍스트 만들기

이 문제를 해결할 수 있는 꽤 간단한 방법이 있습니다. 앞서 정의한 스택 할당자는 표준 힙 할당자처럼 전역적으로 작동합니다. 새로운 블록을 할당하면 가장 최근에 생성된 스택 컨텍스트와 연관되죠. 이것이 우리가 해결하고자 했던 스택 컨텍스트 충돌의 근본 원인입니다. 특정 스택 컨텍스트와 블록을 연관 짓는 것이 가능하다면 이 문제를 고칠 수 있을 것입니다.

다행히도 문제는 그렇게 어렵지 않습니다. 이 문제를 해결하는 가장 쉬운 방법은 alloc 메서드를 StackContext 객체 내부로 옮기는 것입니다. 현재 컨텍스트에서 할당을 수행하면 공유 스택에 바이트를 할당하게 됩니다. 그러나 현재 컨텍스트가 아닌 다른 컨텍스트에서 할당을 수행하는 특이한 경우에는 백업 할당 전략으로 전환하게 됩니다. 신중하게 구현하면 스택 할당의 장점을 희생시키지 않고 이 작업을 해낼 수 있습니다.

우선 재구성된 StackContext 클래스는 다음과 같습니다.

```
class StackContext
{
public:

    StackContext();
    ~StackContext();

    void * alloc(int byteCount);

    template <class T>
```

```
    T * alloc(int count)
        { return static_cast<T *>(alloc(sizeof(T) * count)); }

    static StackContext * currentContext();

protected:

    struct Index
    {
        int m_chunkIndex;
        int m_byteIndex;
    };

    static char * ensureChunk();
    static void recoverChunk(char * chunk);

    struct Sequence
    {
        Sequence() :
            m_index({ 0, 0 }), m_chunks()
            { ; }

        void * alloc(int byteCount);

        Index m_index;
        vector<char *> m_chunks;
    };

    Index m_initialIndex;
    Sequence m_extraSequence;

    static const int c_chunkSize = 1024 * 1024;

    static Sequence s_mainSequence;
    static vector<char *> s_unusedChunks;
```

```
    static vector<StackContext *> s_contexts;
};
```

큰 메모리 조각을 생성할 필요가 있을 때 사용할 새 함수들이 추가됐습니다. 더 이상 필요하지 않은 메모리 조각은 재사용됩니다.

```
char * StackContext::ensureChunk()
{
    char * chunk = nullptr;

    if (!s_unusedChunks.empty())
    {
        chunk = s_unusedChunks.back();
        s_unusedChunks.pop_back();
    }
    else
    {
        chunk = new char[c_chunkSize];
    }

    return chunk;
}

void StackContext::recoverChunk(char * chunk)
{
    s_unusedChunks.push_back(chunk);
}
```

마지막 조각에 새 블록을 할당하는 코드는 다음과 같이 새로운 Sequence 객체로 이동합니다.

```
void * StackContext::Sequence::alloc(int byteCount)
{
    assert(byteCount <= c_chunkSize);

    while (true)
    {
        int chunkIndex = m_index.m_chunkIndex;
        int byteIndex = m_index.m_byteIndex;

        if (chunkIndex >= m_chunks.size())
        {
            m_chunks.push_back(new char[c_chunkSize]);
        }

        if (m_index.m_byteIndex + byteCount <= c_chunkSize)
        {
            m_index.m_byteIndex += byteCount;
            return &m_chunks[chunkIndex][byteIndex];
        }

        m_index = { chunkIndex + 1, 0 };
    }
}
```

나머지 스택 컨텍스트 메서드는 상당히 간단합니다. 중첩된 스택 컨텍스트의 현재 집합을 추적합니다. 할당이 최상단 스택 컨텍스트에서 이뤄지는 경우(대부분의 일반적인 상황) 그 할당은 전역 시퀀스에서 이뤄집니다. 그 밖의 스택 컨텍스트에서 할당이 이뤄지는 경우(예외적인 상황)에는 해당 스택 컨텍스트가 소유한 시퀀스가 대신 사용됩니다.

```
StackContext::StackContext() :
    m_initialIndex(s_mainSequence.m_index),
    m_extraSequence()
{
    s_contexts.push_back(this);
}


StackContext::~StackContext()
{
    assert(s_contexts.back() == this);

    for (char * chunk : m_extraSequence.m_chunks)
    {
        recoverChunk(chunk);
    }

    s_mainSequence.m_index = m_initialIndex;
    s_contexts.pop_back();
}

void * StackContext::alloc(int byteCount)
{
    return (s_contexts.back() == this) ?
                s_mainSequence.alloc(byteCount) :
                m_extraSequence.alloc(byteCount);
}
```

일반적인 사용 사례에서는 스택 컨텍스트 안의 백업 시퀀스가 사용되지 않으며, 이 새로운 기능에 대해 미미한 페널티가 있을 수 있습니다. 하지만 할당이 여전히 빠르고 쉽습니다.

새로운 스택 컨텍스트 코드는 StackVector 클래스에 대한 몇 가지 간단한 변경을 요구하게 됩니다. 이제는 어떤 스택에 할당해야 하는지를 명시해야 하죠. 다음 코드에서 변경되지 않은 부분은 생략했습니다.

```
template <class ELEMENT>
class StackVector
{
public:

    StackVector(StackContext * context);

protected:

    StackContext * m_context;
    int m_count;
    int m_capacity;
    ELEMENT * m_elements;
};

template <class ELEMENT>
StackVector<ELEMENT>::StackVector(StackContext * context) :
    m_context(context),
    m_count(0),
    m_capacity(0),
    m_elements(nullptr)
{
}

template <class ELEMENT>
void StackVector<ELEMENT>::reserve(int capacity)
{
    if (capacity <= m_capacity)
        return;

    ELEMENT * newElements = m_context->alloc<ELEMENT>(capacity);
```

```
    for (int index = 0; index < m_count; ++index)
    {
        newElements[index] = move(m_elements[index]);
    }

    m_capacity = capacity;
    m_elements = newElements;
}
```

새로운 구현 덕분에 상태가 훨씬 좋아졌습니다. 지역 임시 공간과 가변 크기의 반환값을 섞어 사용할 수 없게 하는 문제를 해결하면서도, 번개처럼 빠른 할당 및 해제 연산과 우수한 지역성 등, 스택 할당의 긍정적인 측면을 유지했습니다.

이전 스택 컨텍스트를 새 스택 컨텍스트로 마이그레이션하기

이 장의 주요 전제로 되돌아갈 시간이 됐군요. 몰아치는 소스 코드의 눈보라 때문에 잊어버렸을 가능성이 높지만, 여러분은 우리에게 스택 할당의 이전 버전과 새 버전이 있고 둘이 완전히 똑같지는 않다는 사실을 기억할 것입니다.

그렇다면 우리는 A 지점에서 B 지점으로 어떻게 이동할 수 있을까요? 새로운 스택 할당자와 스택 배열은 개념적으로 이전 버전과 동일하지만 인터페이스가 좀 더 발전했습니다. StackContext와 StackVector의 이전 모델을 사용하는 수천 군데가 포함된 소스 코드는 새 인터페이스와 정확하게 일치하지 않기 때문에 새 구현을 갑자기 들이밀 수 없습니다. 기존의 많은 소스 코드는 약간의 수정을 필요로 합니다.

새 구현으로 전환함으로써 새로운 문제가 발생할 가능성에 대해 긴장해야 합니다.

이전 모멘을 사용하는 수천 군데가 포함된 코드에는 버그가 숨어 있을 가능성이 있거든요. 누군가의 코드는 이전 시스템의 동작에 의존할 가능성이 있습니다. 인지하지 못한 채 잘못된 스택 컨텍스트에 메모리를 할당하거나, 자신의 코드를 작동하기 위해 이전 버전의 동작에 의존할 수도 있습니다. 이러한 코드는 실제로는 비순차적 할당을 지원하는 새로운 모델로 전환할 때 깨질 수 있습니다.

이 문제를 다루는 손쉬운 방법은 병렬로 두 가지 구현을 만들고, 런타임 플래그를 사용해 둘 중 어느 것을 사용할지 선택하게 하는 것입니다. 첫 번째 방법은 두 클래스에 다른 이름을 부여해 동일한 코드베이스에서 공존할 수 있게 하는 것입니다. C++에서는 StackAlloc과 StackContext 클래스를 두 개의 네임스페이스인 OldStack과 NewStack으로 감쌉니다. 따라서 StackAlloc과 StackContext 클래스는 NewStack::StackContext와 같은 이름을 가지게 됩니다(클래스 이름을 NewStackAlloc과 OldStackAlloc으로 변경할 수도 있습니다).

두 번째 방법은 StackAlloc과 StackContext 어댑터 클래스를 새로 생성하는 것입니다. 이러한 어댑터 클래스는 새로운 글로벌 플래그에 따라 StackAlloc과 StackContext의 이전 또는 새 버전을 대신 호출하게 됩니다. 어댑터 클래스는 이전 버전과 새 버전의 약간 다른 인터페이스를 모두 지원합니다.

이는 다음과 같이 상당히 간단합니다.

```cpp
bool g_useNewStackAlloc = false;

class StackAlloc
{
public:

    static void * alloc(int byteCount);
};
```

```
void * StackAlloc::alloc(int byteCount)
{
    return (g_useNewStackAlloc) ?
        NewStack::StackContext::currentContext()->alloc(byteCount) :
        OldStack::StackAlloc::alloc(byteCount);
}
```

StackAlloc 어댑터는 단순히 런타임 플래그를 확인하고 적절한 할당자를 호
출합니다. 간단하죠. StackContext 어댑터는 더 단순할 수 있습니다. 이전
StackContext는 alloc 메서드를 갖고 있지 않았기 때문에 이를 호출하는 코드가
없습니다. StackContext 어댑터에 alloc을 호출하는 모든 신규 코드는 새로운
StackContext를 자동으로 사용하게 됩니다.

```
class StackContext
{
public:

    StackContext() :
        m_oldContext(),
        m_newContext()
        { s_contexts.push_back(this); }
    ~StackContext()
        { s_contexts.pop_back(); }

    void * alloc(int byteCount);

    static StackContext * currentContext()
        { return (s_contexts.empty()) ? nullptr : s_contexts.back(); }

protected:

    OldStack::StackContext m_oldContext;
```

```
    NewStack::StackContext m_newContext;

    static vector<StackContext *> s_contexts;
};

vector<StackContext *> StackContext::s_contexts;

void * StackContext::alloc(int byteCount)
{
    return m_newContext.alloc(byteCount);
}
```

이때 목표는 이전 코드 경로를 건드리는 것을 최소화하는 것입니다. 글로벌 플래그가 false인 한, 코드는 변경 이전과 정확히 동일한 로직을 거쳐 실행됩니다. 여러분은 예전과 같이 이전 스타일의 StackContext를 생성할 것이고, StackAlloc은 예전과 동일하게 동작할 것이며, 테스트를 하는 동안 큰 문제를 전혀 발견하지 못할 것입니다.

이 시점에 여러분은 테스트를 잘 통과했다는 전제하에 작업물을 커밋할 수 있습니다. StackVector를 먼저 업데이트할 필요는 없습니다. 예전처럼 동작할 테니까요. StackVector는 다른 스택 메모리 사용자처럼 스택 메모리를 할당하며, 여러분은 런타임 플래그를 이용해 이전 스택 메모리 할당자와 새 스택 메모리 할당자 사이를 전환할 수 있습니다.

메인 브랜치에 부분적인 작업을 체크인할 수 있게 한다는 사실은 평행 재작업 기법의 큰 장점입니다. 여러 단계의 작업을 하나의 변경 목록으로 손쉽게 통합할 수 있고, 중간 단계를 건너뛸 수도 있습니다. 하지만 더 현실적인 규모의 예제에서는 여러 단계를 거쳐 새로운 솔루션으로 마이그레이션할 수 있는 능력이 프로세스를 훨씬 쉽게 만듭니다.

StackVector 마이그레이션 준비하기

다음 단계는 StackVector 클래스를 어떻게 마이그레이션할지 결정하는 것입니다. 한 가지 확실한 방법은 StackContext에서 사용한 모델을 따르는 것입니다. 새로운 StackVector 클래스가 이전 스타일과 새로운 스타일의 StackVector를 모두 포함하며, 글로벌 플래그에 따라 둘 사이를 전환하게 하는 거죠. 이 방법을 따르면 다음과 같은 대리자 메서드를 정의할 수 있습니다.

```
template <class ELEMENT>
size_t StackVector<ELEMENT>::size() const
{
    if (g_useNewStackAlloc)
        return m_oldArray.size();
    else
        return m_newArray.size();
}
```

임시방편으로는 나쁘지 않습니다. 대리자 함수를 작성하는 것이 조금 지루하지만, 그래도 덕분에 새로운 시스템으로의 마이그레이션 중간에 이 코드를 보게 되는 사람이라면 어떤 작업이 일어나는지 쉽게 파악할 수 있습니다.

또 다른 옵션은 스택 할당자가 호출되는 곳에서 전환을 수행하는 것입니다. 이 예제에서는 아름답게 동작합니다. StackVector 클래스가 정확히 한 곳에서만 스택 메모리를 할당하니까요. 코드가 글로벌 스택(원본 코드에서처럼)과 명시적인 스택 컨텍스트(우리가 마이그레이션하려는 것) 모두에서 메모리를 할당할 수 있다면 꽤 괜찮을 것입니다.

```
template <class ELEMENT>
class StackVector
```

```
{
public:

    StackVector();
    StackVector(StackContext * context);

    void reserve(int capacity);

protected:

    bool m_isExplicitContext;
    StackContext * m_context;
    int m_count;
    int m_capacity;
    ELEMENT * m_elements;
};

template <class ELEMENT>
StackVector<ELEMENT>::StackVector()
: m_isExplicitContext(false),
    m_context(StackContext::currentContext()),
    m_count(0),
    m_capacity(0),
    m_elements(nullptr)
{
}

template <class ELEMENT>
StackVector<ELEMENT>::StackVector(StackContext * context)
: m_isExplicitContext(true),
    m_context(context),
    m_count(0),
    m_capacity(0),
    m_elements(nullptr)
{
```

```
    }

    template <class ELEMENT>
    void StackVector<ELEMENT>::reserve(int capacity)
    {
        if (capacity <= m_capacity)
            return;

        assert(
            m_isExplicitContext ||
            m_context == StackContext::currentContext());

        ELEMENT * newElements = (m_isExplicitContext) ?
            m_context->allocNew<ELEMENT>(capacity) :
            m_context->alloc<ELEMENT>(capacity);

        for (int index = 0; index < m_count; ++index)
        {
            newElements[index] = move(m_elements[index]);
        }

        m_elements = newElements;
    }
```

두 개의 StackVector 생성자를 얻음으로써 어떤 종류의 할당이 적절한지 추적할 수 있게 됐습니다. 이 클래스의 새 버전이 원본 버전과 동일한 인수를 입력받으므로 처음에는 모든 기존 코드가 첫 번째 생성자를 사용할 것입니다. 결국 두 번째 생성자를 사용하도록 마이그레이션하게 되겠지만, 그러한 코드는 아직 작성되지 않았습니다. 만약 첫 번째 생성자가 사용된다면 m_isExplicitContext는 false로 설정되고 reserve는 이전과 동일하게 실행될 것입니다.

이제 다시 여러분은 변경 사항을 커밋해도 안전한 지점에 있습니다. StackVector

의 모든 사용처는 m_isExplicitContext 플래그가 false로 설정되면 이전 스택 할당 코드 경로를 통과할 것입니다. 또한 새로운 명시적 컨텍스트 생성자를 이용해 스택 배열을 생성하는 다른 모든 코드처럼 글로벌 플래그를 true로 설정하면 새로운 코드 경로를 통과할 것입니다.

마이그레이션할 시간

이제 마이그레이션할 준비가 됐습니다. 서커펀치에서는 이러한 과정을 몇 단계로 나눠 진행할 것입니다. 우선 소수의 첫 번째 펭귄[105]이 새로운 스택 할당 시스템으로 전환하는 글로벌 플래그를 켭니다. 이들이 아무 문제도 발견하지 못하면 그다음에는 더 많은 사람을 모집합니다. 모든 것이 안전해 보이면 글로벌 플래그를 true로 설정해 코드를 체크인함으로써 모든 사람이 새 시스템을 사용하게 합니다. 이 롤아웃 과정 중에 어떤 문제가 발견됐을 때는 문제를 진단하고 수정하는 동안 수월하게 모든 사용자를 예전 시스템으로 전환할 수 있습니다.

일단 모두가 안전하게 새 시스템을 사용하게 되면 어댑터를 철거하는 작업을 시작할 수 있습니다. 새로운 StackContext 클래스는 문제없이 기존 클래스를 대체합니다. 이제 모든 처리가 새 할당자를 거치기 때문에 StackVector 클래스에 추가했던 작은 연결 코드도 제거할 수 있습니다.

각 StackVector마다 컨텍스트를 전달해야 하는지에 대한 정책 결정도 필요합니다. 이는 최상위 스택 컨텍스트를 파악하는 편의성과 스택 컨텍스트가 실수로 삭제되거나 잘못 배치됐을 때 발생하는 버그 사이의 균형을 맞추는 문제입니다. 컨

---

105 이 표현이 익숙지 않은 독자를 위해 설명하자면, 펭귄은 육지에 둥지를 틀지만 바다에서 사냥합니다. 굶주린 바다표범이 바닷속에 숨어 있을지도 모르는 상황에서 비디로 뛰어들어 사냥하죠. 바닷가에 몰려든 펭귄들은 한 마리가 용감하게 뛰어들거나 떠밀려 들어가기를 기다립니다. 펭귄에게는 의리라는 것이 없거든요. 아무튼 그 펭귄이 잡아먹히지 않으면 다른 펭귄들이 뒤따르는데, 여기서 '첫 번째 펭귄'이라는 표현이 유래했습니다.

텍스트 전달을 요구하기로 결정한다면 부분적으로 진행할 수 있습니다. 스택 배열을 생성하는 5,000개(!)의 위치를 모두 한 번에 업데이트할 필요는 없습니다.

변환이 필요 없는 합리적인 기본값 전략이 존재함에도 5,000줄의 코드 전환을 고려하는 것은 미친 생각처럼 보일 수도 있습니다. 하지만 우리는 장기적인 관점에 집중하고 있습니다. 컨텍스트를 요구하게 한다면 우리는 온갖 종류의 버그를 피함으로써 더 효율적이 되니 이 정도의 노력은 기울일 가치가 있을 것입니다.

코드를 변환하는 것은 그리 어렵지 않습니다. 파이썬 코드를 하나 작성해 모든 StackVector를 찾고, 어떠한 스택 컨텍스트가 암시되고 있는지를 판단하고(항상 마지막 StackContext가 정의된 곳 근처에 있기 때문에 별로 어렵지 않습니다), 생성자를 업데이트하고, 버전 관리 시스템에서 변경된 파일을 체크아웃합니다. 실질적인 비용은 코드의 업데이트가 아니라 변경 사항을 어떻게 테스트할지 결정하는 데 있습니다.

컴파일러는 거의 모든 문제를 잡아낼 것입니다. 하지만 이 경우에 저는 이 장의 전략을 재귀적으로 적용하려 합니다. 컨텍스트를 유추한 모든 위치에 특별한 생성자를 추가하고, 생성자가 컨텍스트 스택의 최상단에 전달됐는지를 런타임에 assert할 것입니다. 컨텍스트를 변경하지 않았다는 것을 검증하고 나면 다시 보통의 생성자로 전환할 것입니다. 좋은 코드와 커버리지 테스트가 있다면 걱정할 것이 없죠.

이제 남은 것은 스택 메모리를 직접 할당하는 코드뿐입니다. 우리에게는 현재 스택 컨텍스트를 사용하는 전역 스택 할당을 계속 지원하는 방법과 수백 줄을 변환해 StackContext 변수에 alloc을 호출하게 하는 방법, 이 두 가지 선택지가 있습니다. 예제에서는 모든 것을 변환해 새로운 할당 모델의 견고성을 취할 것입니다.

끝으로 직접 할당한 부분을 변환하고 나면 작업이 완료됩니다. 예전 스택 할당의 흔적이 모두 사라졌습니다. 여러분은 이것을 작고 안전한 단계를 취하면서 여러

커밋에 걸쳐 하나씩 처리할 수 있었죠. 이 방식을 이용하면 중간에 어떤 문제에 부딪혔을 때 신속하게 이전 방식으로 되돌아갈 수 있어 팀 전체의 업무가 중단되는 것을 막을 수 있습니다.

평행 재작업 전략을 적용하기 좋은 상황

평행 재작업 전략은 적절한 상황에서는 매우 유용하지만 만병통치약이 아닙니다. 때로는 두 곳에서 버그를 수정해야 하는 상황에 처할 것입니다. 새로운 버전의 시스템을 실행하지 않는 개발자가 실수로 여러분의 작업에 영향을 줄 수도 있습니다. 소스 관리 시스템에서 개인 브랜치를 따로 운영할 때보다는 덜 자주 발생하고 덜 파괴적이겠지만, 어쨌든 발생할 것입니다.

또한 평행 재작업에는 어느 정도의 오버헤드가 따릅니다. 같은 개념에 대해 '원본', '재작업본', '어댑터'라는 세 가지 이름을 관리하는 것이 번거롭기 때문이죠. 또한 평행 재작업을 위해 원본 솔루션의 일부를 복사할 공산이 크니 전체적으로는 더 많은 코드를 작성하게 될 것입니다.

새롭게 재작업된 시스템이 원래 버전과 근본적으로 달라서 평행 재작업이 타당하지 않을 수도 있습니다. 만약 구버전과 신버전 간에 동적으로 전환할 어댑터 레이어를 정의할 수 없다면 여기서 설명한 방식으로는 해당 기법을 적용할 수 없습니다.

하지만 대체로 평행 재작업은 코드베이스에 점진적이고 안전하게 중요한 변경을 가하면서 관리할 수 있는 방법을 제공합니다. 서커펀치에서는 모든 변경에 이 방법을 사용하지는 않지만, 대규모 재작업을 할 때는 주로 선호하는 전략입니다.

계산하라

이 책에서는 수학을 많이 다루지 않습니다. 물론 일부 **규칙**에서는(예: **규칙** 4: 일반화에는 세 가지 사례가 필요하다, **규칙** 11: 두 배 좋은가) 숫자를 사용하지만 방정식이 아닌 개념에 집중합니다.

컴퓨터 프로그래밍에 수학이 많이 포함되지 않은 것은 조금 놀랍습니다. 결국 컴퓨터는 숫자를 처리하는 기계라 모든 것이 숫자로 변환됩니다. 단어는 숫자로 표현되는 문자의 연속, 비트맵은 숫자로 표현되는 색상의 픽셀 배열, 음악은 일련의 숫자로 표현되는 파형의 쌍이죠. 이러한 것들에서 수학적인 요소가 흘러나올 것이라고 생각할 수 있습니다. 어느 시점에는 방정식을 다뤄야 할 것이라고요. 하지만 그런 일은 자주 발생하지 않습니다.

프로그래머가 내리는 대부분의 결정은 명확하지 않습니다. 예컨대 긴 주석이 로직의 흐름을 복잡하게 할 정도로 가치 있는지를 결정하는 것처럼요. 함수 이름으로 getPriority 또는 calculatePriority 중에서 선택하는 것[106]이나 어떤 시스템의 새 버전으로 전환해야 할 적절한 시기를 판단하는 것도 마찬가지죠.

....

106 서커펀치에 이에 대한 컨벤션이 있다는 사실이 이제는 놀랍지 않겠죠? 'get'은 계산이 전혀(또는 아주 조금) 수행되지 않는다는 것을 의미하고, 'calculate' 또는 이와 비슷한 접두사는 값을 생성하기 위해 작업이 필요하다는 것을 의미합니다. 이 컨벤션은 함수가 하는 일을 이해하기에 좋은 시작점을 제공합니다.

모든 결정이 명확하지 않다고 생각할 수도 있지만, 대부분이 그런 것이지 모두 그런 것은 아닙니다. 어떤 결정은 간단한 수학으로 귀결되기도 하는데, 이때 그것을 인식할 필요가 있습니다. 그러나 단순한 계산 없이 그저 앞으로 나아가기만 한다면 나중에는 고통스러운 깨달음을 얻을 수도 있습니다. 절대로 성공하지 못할 방식을 따랐고, 간단한 계산을 했다면 많은 시간을 절약할 수 있었으리라는 사실을 깨닫게 될 것입니다. 이러한 고통을 겪지 않도록 미리 계산하세요.

자동화할 것인가, 하지 않을 것인가, 그것이 문제로다

그동안 손으로 처리하던 업무 프로세스가 있는데 그것을 자동화할지 고민하고 있다고 합시다. 과연 자동화할 가치가 있을까요?

이는 간단한 계산 문제입니다. 만약 코드를 작성하는 데 드는 시간이 수동으로 작업을 반복하는 데 드는 시간보다 적다면 자동화할 가치가 있습니다. 반대의 경우라면 자동화할 필요가 없겠죠.

이 문제는 명확해 보일 수 있고 실제로도 그렇지만, 그렇다고 해서 항상 계산이 이뤄졌다는 것을 뜻하지는 않습니다. 저는 사람들이 이러한 계산을 하는 경우보다 건너뛰는 경우를 훨씬 더 많이 봤습니다. 예를 들어 어떤 프로그래머는 수동 작업에 짜증이 나서 이틀이 걸리는 자동화 프로젝트에 착수했고, 그는 결과물로 나온 매크로를 실행할 때마다 스스로를 칭찬했습니다. 대략 일주일에 한 번 하면 되는 일인데 매번 15초 정도를 절약했습니다.

이틀짜리 자동화 프로젝트가 재미있었을 수도 있지만, 재미가 프로젝트를 정당화할 수는 없습니다. 프로젝트를 시작하기 전에 미리 계산을 했다면 프로젝트에 타당성이 없다는 사실을 명확히 알았을 것입니다. 우리 대부분은 프로그래밍을 좋아하기 때문에 프로그래머가 됐겠죠. 그래서 프로그래머는 대개 문제를 프로그래밍으로 해결하려는 편향이 있으나, 프로그래밍이 모든 문제의 올바른 해결책인 것은 아닙니다.

어떤 작업을 자동화할지 결정하는 것은 최적화 문제입니다. 즉 실행되는 프로그램 대신 업무 절차를 최적화하는 것입니다. 최적화를 시도하기 전에 먼저 업무 절차를 측정해야 한다는 절대적인 요구를 포함하고 다른 모든 최적화와 같은 과정을 거칩니다.

이번에는 구체적인 자동화 시나리오를 살펴봅시다. 프로그래밍에 관한 책을 저술한다고 상상해보세요. 예제 코드를 작성할 때는 비주얼 스튜디오를 이용하지만, 책을 쓸 때는 MS 워드를 사용합니다. 소스 파일 안의 예제 코드는 들여쓰기가 돼 있지만, 책에서는 들여쓰기를 하지 말아야 합니다.[107] 이러한 수동 업무 절차는 다음과 같이 단순하고 빠릅니다.

1. 에디터에서 코드 블록을 선택한다.

2. 들여쓰기를 해제한다.

3. 클립보드에 복사한다.

4. 들여쓰기를 복구한다.

5. MS 워드로 전환한다.

6. 적절한 스타일의 문단을 생성한다.

7. 예제 코드를 해당 문단에 붙여넣는다.

이 작업을 자동화할 가치가 있을까요? 자동화함으로써 전체적인 시간이 절약될까요? 이제 계산해봅시다.

이 계산에서는 비용과 혜택이라는 두 가지 측면을 고려해야 합니다. 비용은 자동화 구현에 얼마나 많은 작업이 필요한지에 관한 것이고, 혜택은 자동화가 완료된

---

[107] 저로서는 상상하기 어려운 시나리오가 아닙니다.

후 얼마나 많은 시간을 절약할 수 있는지에 관한 것입니다.

이 경우에는 몇 가지 단계가 자동화 이후에도 수동으로 이뤄질 것입니다. 코드 블록을 선택하기 위해 여전히 코드 에디터로 전환하고, 붙여넣기 위해 MS 워드로 다시 전환할 것입니다. 여기서 계산을 할 때는 변경되지 않는 업무 단계를 고려하지 않아도 됩니다. 자동화 이전과 이후의 시간 차이만이 중요하기 때문이죠. 나머지 단계는 자동화가 가능하며, 일단 자동화를 하고 나면 실질적으로 거의 시간이 들지 않습니다.

계산을 하는 데에는 구체적인 숫자가 필요한데, 가능하면 추정치보다는 실제 값을 사용하는 것이 좋습니다. 이는 측정할 수 있는 것은 반드시 측정해야 한다는 것을 의미합니다. 이 경우에는 수동 작업에 걸리는 시간을 측정해야 합니다.

시간을 직접 재보겠습니다. 가령 6초가 걸린다고 가정합시다.[108] 여러분이 작성한 몇몇 장을 보면 각 장에는 평균적으로 여덟 개의 예제 코드가 포함돼 있습니다. 따라서 각 장의 예제 코드가 여덟 개라는 것을 계산에 이용합니다. 그리고 20장까지 집필하기로 출판 계약을 맺었다면 이 숫자를 사용해야 합니다. 또한 예제 코드를 수정하는 것은 흔한 일이며, 이는 여러 번의 잘라내기와 붙여넣기가 수반된다는 것을 의미합니다. 각 예제 코드가 평균적으로 세 번 붙여넣기된다고 가정하는데, 이것은 전체 계산에서 유일한 추정치입니다. 이 정도면 혜택을 계산하는 데 충분한 정보를 얻은 것 같군요.

> 6초(1회 복사에 걸리는 시간) × 8(각 장의 예제 코드 수) × 20(전체 장 수)
> × 3(각 예제 코드의 개정 횟수) = 48분

이것은 혜택 측면의 계산이며, 이제 비용 측면을 살펴보겠습니다. 업무 절차를 자

---

[108] 수동 업무 절차에 소요되는 시간을 제가 직접 측정했을 때 이 정도 걸렸습니다.

동화하는 데 얼마나 걸릴까요? 비주얼 스튜디오를 기본 기능만으로 자동화하는 것은 그리 쉬운 일이 아니지만 MS 워드는 예상외로 자동화가 용이합니다. 만약 MS 워드 매크로를 작성해본 경험이 있다면, 특히 클립보드를 조작하는 코드를 작성해본 경험이 있다면 기본 지식을 갖춘 셈이죠. 단, 클립보드를 조작하기 전에 텍스트를 정리해야 합니다.

텍스트 정리는 별로 어려워 보이지 않습니다. 클립보드의 내용을 문자열 배열로 옮겨서 텍스트 줄마다 하나씩 담습니다. 모든 문자열 중 최소로 들여쓰기를 한 부분을 찾아내고, 해당 들여쓰기의 양만큼 제거한 새로운 배열을 만듭니다. 빈 줄이 작업에 영향을 주지 않는지도 고려하고, 공백과 탭이 텍스트 편집기에서는 비슷해 보이지만 MS 워드에서는 매우 다르게 보인다는 것도 생각해야 합니다. 각 줄을 정리한 후에는 텍스트 블록으로 결합해 문서에 삽입하고, 새로운 매크로를 단축키에 연결해야 합니다. 이 모든 작업을 완전히 완료하는 데 1시간이 걸린다고 가정합시다.[109]

1시간은 48분보다 큽니다. 따라서 계산 결과는 자동화를 하지 말라고 말합니다. 하지만 둘 사이의 차이가 크지 않아 보이네요. 어쩌면 혜택 측면의 추정이 약간 작게 나왔을 수도 있고, 예제 코드를 평균 세 번이 아니라 네 번 개정할 수도 있습니다. 이 정도면 계산을 긍정적으로 만들기에 충분할 것입니다. 예제 코드의 개정을 세 번이 아니라 네 번씩 한다면 계산 결과는 자동화를 하라고 말할 것입니다. 그리고 이 작업은 6초밖에 걸리지 않지만, 사실 수동으로 하기에는 굉장히 짜증 나는 일입니다.

잠깐만요. 여러분은 혜택을 너무 비관적으로 추정했을 가능성이 높다고 생각하나요? 아니면 코드가 작동하게 만들기까지 걸리는 시간을 너무 낙관적으로 추정했을 가능성이 높다고 생각하나요? 프로그래머라면 그 답을 알고 있을 것입니다. 코

---

109 제 생각에는 낙관적인 추정입니다.

딩 시간에 대해 낙관적으로 추정했을 가능성이 더 높죠.

비용 대 혜택이 50 대 50이라면 자동화를 하지 마세요.

절대적 한계 조사하기

문제 공간 또는 자신의 솔루션 안에 절대적 한계hard limit가 있다면 설계 과정의 시작 단계에서부터 그것을 준수해야 합니다. 콘솔용 비디오 게임 제작의 멋진 점 중하나는 수많은 확고한 한계를 제공한다는 것입니다. 예컨대 콘솔의 메모리, 블루레이 디스크에 담을 수 있는 바이트 수, UDP 네트워크 패킷의 크기가 정해져 있고, 각 프레임이 1/60초로 고정돼 있습니다.

우리 팀은 기술적인 설계 과정을 명확히 하기 위해 절대적 한계를 설정하기도 합니다. 네트워크 대역폭을 예로 들어보죠. 대역폭은 고객마다 다르고 예측하기 어려울 수도 있지만, 우리는 신뢰할 만한 전 세계 고객의 네트워크 대역폭 측정치를 가지고 있습니다. 따라서 우리는 대다수 고객을 아우를 수 있는 네트워크 대역폭의 확고한 제한을 설정할 수 있으며, 이 제한 내에서 개발을 진행한다면 거의 모든 고객이 쾌적하게 게임을 즐길 수 있을 것입니다.[110]

이처럼 엄격한 상한선에 환호하는 것이 이상해 보일지도 모르겠네요. 그렇다면 절대적 한계가 있는 것은 왜 축하할 일일까요?

예를 들어 콘솔 프로그래밍을 할 때 마주칠 수 있는 절대적 메모리 한계를 생각해봅시다. 당장은 나쁜 일처럼 보일 수 있죠. 가상 메모리가 프로그래밍을 더 쉽게만들지 않을까요? 답은 물론 "예"지만, 이는 절대적 한계를 유연한 한계로 바꾸는

---

[110] 모든 곳은 아닙니다. 남극의 맥머도 기지에서는 여름철에 1,000여 명이 25Mbps의 대역폭을 공유하는데, 이는 우리의 한계치보다 작은 값입니다. 과학자 여러분, 유감입니다. 넷플릭스 시청을 줄이는 것이 합리적일 수도 있겠네요. 과학자 여러분, 다시 한번 유감을 표합니다. 그래도 계속 힘내주세요.

데 따른 대가입니다. 가용한 물리 메모리에 오버플로가 발생하면 가상 메모리는 디스크로 페이지 스왑을 합니다. 시간과 공간을 교환하는 것인데, 비디오 게임에서는 이렇게 하면 문제가 생깁니다. 가상 메모리가 스래싱thrashing을 시작할 때 몇 초에 한 번씩 화면을 갱신하는 것을 용납할 수 없습니다. 우리는 각 프레임에 대해 1/60초라는 엄격한 한계를 갖고 있으며, 결국에는 메모리에 대한 절대적 한계를 받아들이는 편이 일을 더 간단하게 만듭니다.

따라서 우리는 존재하는 절대적 한계를 식별하고, 유연한 한계를 절대적 한계로 만들어 우리의 설계 결정 사항을 단순화합니다. 이는 서커펀치의 코딩 팀에만 국한되는 것이 아니며, 코딩을 하지 않는 구성원도 마찬가지입니다. 트레이드오프와 유연한 한계는 사람들이 머리를 쥐어뜯게 만드는 어려운 문제입니다. 반면에 절대적 한계는 더 쉽습니다. 설계 과정 일부를 간단한 계산으로 변환하고, 그 계산 역시 쉽죠.[111]

다음으로 네트워크 프로토콜 설계의 예를 들어보겠습니다. 기본적인 네트워킹 설계는 고정돼 있습니다. 여러분이 개발하는 P2P 게임에서는 연결된 모든 컴퓨터가 다른 컴퓨터와 직접 통신하게 됩니다. 각 컴퓨터는 게임 내 특정 캐릭터에 대한 권한을 가지며, 그 캐릭터들의 상태를 다른 컴퓨터에 전달하는 역할을 합니다. 여러분이 준수해야 할 절대적 한계는 수신 1Mbps와 송신 256Kbps의 네트워크 대역폭입니다. 이 한계 내에서 운용하면 대부분의 플레이어가 좋은 성능을 경험할 것입니다. 여러분은 연결된 플레이어 네 명을 지원해야 합니다.

여러분이 고려 중인 설계는 각 컴퓨터가 각 프레임마다 자신이 책임지는 캐릭터의 위치와 방향을 UDP 패킷으로 전송하고, 캐릭터에 적용된 애니메이션을 재구성하는 데 필요한 정보를 함께 전송하는 것입니다. 이 정보들을 조합하면 다른 컴퓨터에서도 캐릭터를 정확히 배치하고 포즈를 설정할 수 있습니다. 각 캐릭터에 대한

---

111 적어도 프로그래머에게는 쉽습니다. 프로그래머는 계산하고 싶어 하지 않는 사람들에게도 쉽게 설명할 수 있습니다.

정보를 초당 60회 전송하기 때문에 패킷이 손실돼도 큰 문제가 없습니다.

이는 그저 또 다른 계산 문제일 뿐입니다. 여러분에게는 준수해야 할 네트워크 대역폭에 관한 절대적 한계가 있으니 설계가 초당 얼마나 많은 데이터를 전송하는지 계산해야 합니다. 이는 가능한 모든 곳에서 측정해야 하고, 측정이 불가능한 곳에서는 추정해야 한다는 것을 의미합니다.

이 설계의 가장 단순한 버전에서는 네트워크로 전송될 데이터의 기본 표현 방식을 사용하게 됩니다. 내부적으로 캐릭터의 위치는 세 개의 32비트 부동 소수형 수로 이뤄진 벡터이며, 나침로compass heading로 압축되는 캐릭터의 방향 역시 부동 소수형으로 표현됩니다. 이로써 위치와 방향을 다룰 수 있으며, 원격 컴퓨터에서 애니메이션을 재구축하는 데 필요한 정보도 함께 남기게 됩니다.

다행히도 여러분에게는 측정에 사용할 수 있는 해당 게임의 단일 플레이어 버전이 있으며, 이를 통해 여러분은 각 캐릭터가 평균적으로 여섯 개 애니메이션 효과를 혼합해 발생시킨다는 사실을 알게 됩니다. 애니메이션 횟수를 보낼 필요가 있는데, 활성화된 각 애니메이션을 재구축하기에 충분한 데이터도 함께 보내야 합니다. 이는 애니메이션을 식별하는 것을 의미하죠. 내부적으로는 8바이트 크기의 유일한 식별자를 이용합니다. 또한 애니메이션의 타임라인 내 어디에 있는지도 4바이트 부동 소수형 수를 이용해 포착해야 하며, 두 가지 애니메이션의 결과를 혼합하는 모든 요소 또한 부동 소수형으로 표현됩니다.

이 설계의 가장 단순한 버전에서 각 캐릭터에 대한 계산이 이제 명확해졌습니다. 부동 소수형 값은 모두 4바이트에 저장되고, 횟수를 기록하려면 4바이트 정수를 기본으로 사용합니다. 위치에 12바이트, 방향에 4바이트, 애니메이션 횟수에 추가로 4바이트가 필요합니다. 각 애니메이션은 8바이트 식별자와 타임라인 및 혼합 계수를 위한 두 개의 4바이트 부동 소수형 값으로 구성됩니다. 따라서 캐릭터 하나당 $12 + 4 + 4 + 6 \times (8 + 4 + 4) = 116$바이트가 필요한데, 이 정도면 나쁘지 않은 수준입니다.

하지만 계산이 더 남았습니다. 각 캐릭터에 대한 정보는 프레임마다 한 번씩 브로드캐스팅되므로, 사용하는 대역폭의 초당 바이트 수를 계산하려면 60을 곱해야 합니다. 여기서 끝이 아닙니다. P2P 아키텍처에서는 프레임마다 각 캐릭터의 데이터를 세 피어 각각에 한 부씩, 총 세 부를 보내야 합니다. 또한 피어가 권한을 가진 캐릭터에 대한 데이터를 각 피어로부터 수신해야 하고요. 이 설계에서 최악의 시나리오는 한 컴퓨터가 모든 캐릭터에 대한 권한을 가질 때 발생합니다. 해당 컴퓨터는 모든 캐릭터에 대해 사본을 세 부 보내야 하고 사본은 하나도 못 받게 됩니다.

부동 소수형 값이 하나 더 늘었군요. 여러분이 다뤄야 하는 캐릭터의 수 말입니다. 게임 설계 팀은 이 값을 30으로 정했고, 이제 여러분은 계산에 필요한 수를 충분히 확보했습니다.

> 30(초당 프레임) × 3(피어에 대한 사본) × 30(캐릭터)
> × 116(캐릭터당 바이트 수) × 8(바이트당 비트 수) = 2.5Mbps

이런, 이 결과는 전송 시에 가용한 대역폭의 열 배나 되네요. 이 계산을 통해 여러분은 자신이 생각했던 단순한 설계가 작동하지 않으리라는 것을 알게 됐습니다. 사실 위험한 부분은 해당 설계가 내부의 1G 네트워크에서는 잘 작동하리라는 것입니다. 이 환경에서는 가용한 대역폭에 작은 물결도 일으키지 않을 것입니다. 실제 환경에 배포했을 때만 문제를 알게 됐을 거예요.

이 단순한 설계를 지키는 것이 쉬운 일은 아닙니다. 각 캐릭터에 대한 정보를 압축할 수 있는 여지가 많으니 여기서부터 시작하면 됩니다. 멀티플레이어 지역이 작은 것을 고려했을 때 16비트 정도면 각 좌표를 담는 데 충분할 것이며, 방향에 대한 세부 사항에는 8비트면 충분할 것입니다. 네트워크로 전송 가능한 모든 애니메이션 이름을 담는 테이블을 만들면 애니메이션을 식별하는 데 10비트면 충분할 것이고, 각 애니메이션은 자신의 네트워크 상태를 더 압축할 수 있는 형태로 기록할 수 있죠. 이 모든 압축 기법을 문제에 적용하면 각 캐릭터에 필요한 용량을 116 비트보다 훨씬 적은 16비트로 줄일 수 있습니다.

그러나 여전히 계산이 맞지 않습니다.

> 30(초당 프레임) × 3(피어에 대한 사본) × 30(캐릭터)
> × 16(캐릭터당 바이트 수) × 8(바이트당 비트 수) = 345Kbps

절대적 한계를 준수하는 데에는 근접했지만 여전히 충족하지 못하는군요. 어떤 부분은 양보해야 할 것 같네요. 어쩌면 캐릭터가 스물네 개면 충분하다고 설계 팀을 설득할 수도 있습니다. 기술적인 측면에서는 매 프레임이 아닌 두 프레임에 한 번씩 캐릭터에 대한 데이터를 보내도록 타협할 수도 있을 것입니다. 이 변경 중 하나만 반영돼도 설계가 절대적 한계 아래로 안전하게 내려갈 것입니다.[112]

결정적으로, 구현이 시작되기 전에 먼저 계산을 해야 합니다. 우리는 초기 설계가 작동하지 않을 것임을 계산을 통해 알 수 있었습니다. 코드를 모두 작성하기 전에 계산이 맞아떨어지는 설계로 전환하는 것이 훨씬 수월합니다. 멀티플레이어 콘텐츠가 모두 구축된 후에는 설계 팀을 설득해 최대 캐릭터 수를 스물네 개로 줄이기가 훨씬 더 어렵습니다.

이 계산은 어떤 해결책이 작동할지를 확인하기 위한 것이 아니라, 작동하지 않을 해결책을 찾아내기 위한 것임을 유념하세요. 이 간단한 네트워크 설계는 다양한 이유로 실패할 수 있지만, 적어도 기본적인 계산 때문에 실패하지는 않을 것입니다.

---

112 사실 가장 쉬운 해결 방법은 게임 출시일을 몇 년 늦추고 고객의 인터넷 연결 속도가 빨라지기를 바라는 것입니다. 이 방법이 성능 문제에 대한 최종 해결책이 되는 경우가 얼마나 많은지 알면 놀랄 거예요.

계산이 달라질 때

비주얼 스튜디오에서 MS 워드로 예제 코드를 수동으로 잘라내 붙여넣는 작업을 자동화할지 결정했던 첫 번째 예제로 돌아가봅시다. 그 과정은 예제 코드의 들여쓰기를 정규화하는 데 집중했으며, 계산 결과에 따르면 자동화할 가치가 없는 것으로 나타났습니다.

그런데 문제에 대한 초기 이해가 불완전했다고 가정해봅시다. 단순히 들여쓰기를 정규화하는 것만으로는 충분치 않다고요. 여러분은 출판사가 책을 편집하는 방식에 맞춰 예제 코드의 모든 탭도 공백으로 전환해야 합니다.

그렇다면 원래 계산이 여전히 적용될까요? 이제는 아닙니다. 여러분이 측정했던 수동 절차가 새로운 요구 사항과 일치하지 않기 때문입니다. 탭을 공백으로 바꿔주는 비주얼 스튜디오 플러그인을 찾고,[113] 선택한 부분에 대해 이 플러그인을 실행하는 새로운 절차를 추가하고, 여기에 새로운 실행 취소 절차도 추가하는 등 수동 작업 절차를 조정해야 합니다. 그리고 다시 측정해야죠.

이 조정은 양쪽 측면의 계산에 영향을 줍니다. 새로운 두 단계(탭을 공백으로 변경하는 것과 새로운 실행 취소)는 수동 작업 절차를 느리게 만들 것입니다. 어쩌면 잘라내 붙여넣는 과정이 6초가 아니라 10초가 걸림으로써 방정식에서 혜택 측면의 계산 결과를 증가시킬 수도 있습니다.

해당 조정은 수동 작업 절차의 비용 측면에도 영향을 미칩니다. 적절한 확장 기능을 찾고 설치하는 데 시간이 들며, 그 확장 기능이 어떻게 동작하는지 실험하고 이해하는 데에도 시간을 쏟게 됩니다. 예를 들어 여러분의 작업 프로세스는 새로운 플러그인이 실행 취소 스택과 어떻게 상호작용하는지에 따라 많은 영향을 받습니다. 해당 확장 기능을 조작하는 데 들인 시간을 자동화 작업에 할애할 수도 있었다

---

113 당연히 탭을 공백으로 바꾸는 것 이외의 대안은 절대 용납할 수 없습니다. 우리 모두는 저마다의 취향이 있으니까요.

는 점에서 이를 비용 측면에 추가하는 것이 공정합니다.

이 두 가지 조정을 포함해 다시 계산한다면 수동 절차에 대한 평가가 달라질 것입니다.

> 10초(복사 작업당) × 8(장당 예제 코드 수) × 20(장 수)
> × 3(각 예제 코드의 개정 횟수) = 80분

설치 및 실험을 포함한 적절한 탭을 공백으로 바꾸는 플러그인을 찾는 데 걸린 45분을 추가하고, 탭에서 공백으로의 전환 작업을 포함해 자동화에 필요한 시간 추정치를 90분으로 늘리면 다음과 같이 계산이 달라집니다.

> 80분 + 45분(수동 절차) > 90분(자동화 절차)

이 계산 결과는 자동화를 하라고 제안합니다. 여러분은 여전히 예제 코드를 수동으로 잘라내 붙여넣을 수 있지만 그 절차가 느려질 것이며, 이해하는 데에도 시간이 걸릴 것입니다. 그냥 자동화를 하는 것이 낫죠.[114]

계산 문제가 다시 MS 워드 문제로 바뀔 때

이 장을 마음에 새긴다면 수학적 접근이 필요한 문제를 더 잘 식별할 수 있게 될 것입니다. 정량화할 수 있는 제약과 측정 가능한 해결책이 그 신호입니다. 이 두 가지를 동시에 발견하게 된다면, 절대로 작동하지 않을 해결책을 식별하기 위해 계산을 해야 합니다.

---

[114] 그나저나 결과물인 워드 매크로를 작성하는 것은 정말 즐거운 시간이었습니다. 워드 매크로는 VBA(Visual Basic for Applications)로 작성되는데, 제가 처음 배운 프로그래밍 언어가 바로 베이직입니다. 좋은 시절이었죠.

하지만 정량 분석에 정성적 문제가 숨어 있지 않은지 주의해야 합니다. 업무 자동화를 예로 들 수 있는데, 이는 계산만큼 언제나 간단한 것은 아니죠. 업무 자동화의 주된 목표는 총 소요 시간을 줄이는 것이지만, 이것이 유일한 목표일 필요는 없습니다. 예컨대 수동 절차는 오류를 일으킬 수 있습니다. 오류 발생 빈도 또는 오류를 해결하는 데 드는 시간을 정량화할 수도 있겠지만, 이러한 것들을 명확히 파악하기란 결코 쉽지 않습니다.

매일 수행해야 할 수동 작업이 너무 성가셔서 일주일에 한 번만 하는 경우도 있을 수 있습니다. 그러나 업무에 소요되는 시간만을 고려하는 것은 합리적이지 않습니다. 자동화가 해당 작업을 매일 수행하게 만든다면, 절약되는 시간이 적다 하더라도 가치가 있을 것입니다.

팀의 정신 건강을 부수적인 목표로 고려하는 것도 가능합니다. 어떤 수동 작업이 많은 시간을 요하지는 않지만 지속적으로 불쾌함을 준다면, 그리고 비교적 쉽게 해결될 수 있다면, 수학적 계산이 완벽히 들어맞지 않더라도 자동화하는 것이 가치 있을 수 있습니다. 계산이 간당간당한 상황에서, 특히 하루를 투자해 모두의 삶을 더 유쾌하게 만드는 것을 주저하지 마세요.

한편 업무를 충분히 이해하지 못했다면 숫자가 좋게 보인다 해도 그 업무를 자동화하는 것을 주의해야 합니다. 앞의 예에서는 제 업무를 자동화했는데, 저는 그 업무의 세세한 모든 사항을 잘 알고 있었습니다. 예제 코드를 잘라내 이 책에 붙여넣는 작업이 다른 사람의 일이었다면 상황이 훨씬 복잡해졌을 것입니다. 올바른 자동화 접근법이 무엇인지, 정확히 계산했는지 확신할 수 없었을 테죠.

그러나 근본적으로는 숫자를 신뢰해야 합니다. 자신이 고려 중인 문제 해결 접근법의 기본적 타당성을 확인할 수 있는 간단한 계산이 있다면 그 계산을 해야 합니다.

21

때로는 못질을 해야 한다

프로그래밍은 본질적으로 창의적이고, 지적으로 도전적인 활동입니다. 이것이 제가 프로그래밍을 사랑하는 이유이고, 여러분도 아마 같은 이유로 프로그래밍을 사랑할 것입니다. 모든 문제는 제각기 다르며, 이러한 문제를 풀려면 약간의 영리함이 필요합니다. 이 책의 **규칙**에 따라 과한 영리함은 삼가는 것이 좋겠지만 말입니다.

하지만 모든 문제에 우아한 솔루션이 있는 것은 아닙니다. 가장 신나는 프로그래밍 과제라도 단조로운 순간이 있게 마련입니다. 재미없고, 신나지 않고, 누구도 하고 싶어 하지 않는 일들 말이죠. 이때 단조로운 일을 미루고 팀의 누군가가 그 일을 대신 맡기를 바라면서 신나는 일만 하려는 유혹에 빠지기 쉽습니다.

그래서 이 장의 주제가 '단조로운 일을 피하지 마라'인 것은 놀라운 일이 아닙니다. 정이 안 가는 작업은 저절로 사라지지 않습니다. 여러분이 잠자는 동안 대신 일해주는 코드 요정 따위는 없습니다. 그리고 반절 정도 완료된 작업은 프로젝트를 서서히 죽이는 독입니다.

여기서 핵심은 위험 신호를 알아차리는 것입니다. 여러분은 영리합니다.[115] 자신

---

115 지금 이 책의 마지막 **규칙**을 읽고 있잖아요. 저는 이것을 여러분이 지닌 지혜와 통찰력의 증거라고 생각합니다.

이 좋아하지 않는 작업의 필요성을 합리화할 만큼 충분히 영리하죠. 착수할 더 재미있는 작업의 기다란 백로그를 갖고 있을 때는 더욱 그렇습니다.

개인적으로 무시하려는 경향이 있는 이러한 종류의 작업을 아는 것은 자기 인식의 중요한 부분입니다. 여러분의 목록은 저의 목록과도 일치하지 않을 수 있고, 동료의 목록과도 일치하지 않을 수 있습니다. 어떤 프로그래머에게는 지루한 일이 다른 프로그래머에게는 소풍 같을 수 있습니다. 자신이 평소에 피하고 싶은 작업을 한 번 식별하고 난 후에는 의식적으로 그러한 작업에 우선순위를 부여할 수 있게 됩니다.

그렇다 해도 예시가 없다면 이 장은 상당히 빈약할 텐데, 그러한 예시를 찾기가 어렵지 않았습니다. 제가 개인적으로 두려워하는 작업과 제가 관찰한 다른 사람들이 회피해온 작업 덕분이죠.

새로운 인수 추가하기

다음과 같은 함수가 있다고 합시다. 경계 구^{bounding sphere} 안에 있는 모든 캐릭터를 반환하는 함수입니다.

```
vector<Character *> findNearbyCharacters(
    const Point & point,
    float maxDistance);
```

이 함수를 호출하는 코드가 코드베이스 전반에 걸쳐 수십 군데에 흩어져 있고, 여러분은 이 함수의 기본적인 동작이 적합하지 않은 몇 군데를 발견했습니다. 탐색 결과에서 제외하고 싶은 몇몇 캐릭터가 있어 여러분은 제외 작업을 처리하기 위해 새로운 인수를 추가하기로 결정했습니다.

```
vector<Character *> findNearbyCharacters(
    const Point & point,
    float maxDistance,
    vector<Character *> excludeCharacters);
```

이제 여러분은 선택을 해야 합니다. 새로운 인수를 추가해 이전 코드가 호출되던 모든 곳을 업데이트하겠습니까? 아니면 다음과 같이 기본 인수를 지정해 이 작업을 피하겠습니까?

```
vector<Character *> findNearbyCharacters(
    const Point & point,
    float maxDistance,
    vector<Character *> excludeCharacters = vector<Character *>())
{
    return vector<Character *>();
}
```

아니면 다음과 같이 오버로딩을 통해 해당 작업을 피하겠습니까?

```
vector<Character *> findNearbyCharacters(
    const Point & point,
    float maxDistance);
vector<Character *> findNearbyCharacters(
    const Point & point,
    float maxDistance,
    vector<Character *> excludeCharacters);
```

오버로딩과 기본 인수는 findNearbyCharacters를 사용하는 기존 코드의 업데이트 작업을 생략할 수 있게 해줍니다. 좋은 일이죠. 그럼 여러분은 백로그에 있는 작업에 착수할 수 있겠군요. 어쩌면 그럴 수도 있고, 아닐 수도 있습니다. 해당 함수의 이전 버전이 호출된 위치를 살펴보는 것은 단순히 코드를 변환하는 것을 넘어서 해당 코드가 그 함수를 어떻게 사용하는지도 확인하는 것입니다. 그중 일부는 리스트에서 캐릭터를 제외하는 코드일 가능성이 있습니다. 바로 새로운 인수가 처리하는 부분이죠. 이러한 코드는 새로운 인수를 사용하도록 변환돼야 합니다.

그리고 얼마 지나지 않아 더 세밀한 필터링이 필요해졌다고 상상해보세요. 예를 들어 모든 캐릭터 대신 위협을 가하는 근거리의 적만 찾고 싶다고 합시다. 여러분은 다음과 같이 단순한 필터링 인터페이스를 추가하기로 결정합니다.

```cpp
struct CharacterFilter
{
    virtual bool isCharacterAllowed(Character * character) const = 0;
};

vector<Character *> findNearbyCharacters(
    const Point & point,
    float maxDistance,
    CharacterFilter * filter);
```

다음은 위협하는 적은 통과시키지만 아군과 불능 상태 캐릭터는 거부하는 필터입니다.

```cpp
struct ThreatFilter : public CharacterFilter
{
    ThreatFilter(const Character * character) :
        m_character(character)
        { ; }

    bool isCharacterAllowed(Character * character) const override
```

```
    {
        return !character->isAlliedWith(m_character) &&
              !character->isIncapacitated();
    }

    const Character * m_character;
};
```

새로운 결정이 필요합니다. findNearbyCharacters 함수에 또 다른 오버로딩 버전을 추가할까요, 아니면 두 가지 새로운 버전을 만들까요? 전자는 필터링과 제외 캐릭터 리스트를 인수로 받고, 후자는 필터링만 인수로 받을 것입니다. 그러면 함수의 오버로딩 버전이 세 개 또는 네 개가 됩니다.

무언가 복잡해 보입니다. 오버로딩된 서너 개 함수를 현행화하면서 유지해야 할까요? 브레이크 포인트를 어디에 설정해야 할지 혼란스럽지 않을까요? 상황이 통제를 벗어나기 시작합니다.

다음과 같이 필터를 이용해 제외 캐릭터를 처리하는 것이 더 나을지도 모릅니다. 캐릭터 리스트를 확인하는 CharacterFilter의 구현은 간단합니다. 이 방법으로 함수의 버전 수를 관리 가능한 수준으로 유지할 수 있고, 필터를 이용해 findNearbyCharacters 함수를 더 간단히 사용할 수 있는 상황도 몇 가지 발견할 수 있을 것입니다.

```
struct ExcludeFilter : public CharacterFilter
{
    ExcludeFilter(const vector<const Character *> & characters) :
        m_characters(characters)
        { ; }

    bool isCharacterAllowed(Character * character) const override
```

```
    {
        return m_characters.end() == find(
                                    m_characters.begin(),
                                    m_characters.end(),
                                    character);
    }

    vector<const Character *> m_characters;
};
```

모든 곳에서 필터를 사용하도록 변환하는 것은 어느 정도의 작업을 요구합니다. findNearbyCharacters를 호출하는 곳은 수십 군데에 달합니다. 모든 호출 코드를 검사해야 하며, 그중 일부는 새로운 필터 모델로 변환될 것입니다. 이러한 작업의 규모를 고려하면 오버로딩된 세 가지 버전을 그대로 두고 필요한 코드만 변환하고 싶은 충동이 강하게 듭니다.

하지만 그것은 실수입니다. 최대한 좋게 표현해도 잘못된 이유로 내린 합리적 결정입니다. 여러분은 주변 캐릭터를 찾기 위한 기존 코드의 조사 및 업데이트에 드는 단기적 비용과 단순하고 깨끗한 모델의 장기적 이점 중에서 선택을 해야 합니다. 대부분의 프로그래머는 장기적 이점보다 단기적 비용을 우선시하는 경향이 있으며, 그래서 나중에 후회하는 경우가 많습니다. 올바른 문제 해결책을 알고 있지만 작업량 때문에 주저하고 있다면 용기를 내서 작업을 진행하세요.

버그가 하나뿐일 리 없다

또 다른 예를 들어볼게요. 여러분은 우연히 버그를 발견했습니다. 어떤 코드가 다른 코드를 부적절하게 호출하는데, 왜 그렇게 됐는지 이해할 만합니다. 피호출 코드가 문서화를 생략함으로써 잘못된 명명 선택을 악화시켰기 때문입니다.

```
void squashAdjacentDups(
    vector<Unit> & units,
    unsigned int (* hash)(const Unit &));
```

꽤 직관적인 것 같군요. 이 함수가 하는 일은 인접한 중복값을 인수로 제공된 해시
함수로 제거하는 것 같습니다. 실제로 이 함수가 하는 일은 그것이 거의 다입니다.

```
void squashAdjacentDups(
    vector<Unit> & units,
    int (* hash)(const Unit &))
{
    int nextIndex = 1;

    for (int index = 1; index < units.size(); ++index)
    {
        if (hash(units[index]) != hash(units[nextIndex - 1]))
        {
            units[nextIndex++] = units[index];
        }
    }

    while (units.size() > nextIndex)
    {
        units.pop_back();
    }
}
```

작성된 코드에서 문제는 squashAdjacentDups의 인수인 hash가 완전히 유일한
값을 반환한다고 기대한다는 사실입니다. 사실 이것은 해시 함수가 하는 일이 아
닙니다. 동일한 두 개의 객체가 주어졌을 때 해시 함수는 동일한 해시 값을 빈환하

지만, 동일하지 않은 다른 객체에 대해서도 같은 값을 반환할 수 있습니다. 해시 값을 비교한 뒤에는 반드시 동등성을 체크해야 하는데, squashAdjacentDups가 하지 않는 일이 바로 이 부분입니다.

방금 고친 버그는 이 기이한 일의 결과입니다. 호출자가 유일한 식별자 함수가 아닌 해시 함수를 전달함으로써 벌어진 일이죠.

```
struct Unit
{
    int m_id;
    string m_firstName;
    string m_lastName;
    string m_userName;
};

unsigned int hashUnit(const Unit & unit)
{
    return combineHashes(
                hashString(unit.m_firstName),
                hashString(unit.m_lastName),
                hashString(unit.m_userName));
}
```

이 코드는 거의 항상 동작합니다. 그래서 버그가 진작에 잡히지 않았던 것입니다. 하지만 일단 인접한 두 Unit이 동일한 값으로 해시되는 순간 문제가 발생합니다. 그럼 이 버그를 수정하고 앞으로 나아가야 할까요? 아닙니다. 하기 싫은 일이 사라지지 않는 한은 그러면 안 됩니다.

먼저 hash 인수의 이름을 변경해야 합니다. 현재 이름은 거짓말을 하고 있으며, 앞으로 더 많은 문제를 야기할 것입니다. 실질적인 동등성을 검사하는 코드를 별도로 호출해 이 인수를 진짜 해시 함수처럼 사용하거나, 실제 사용 사례를 반영하도록 인수의 이름을 변경해야 합니다.

그런 다음 squashAdjacentDups가 호출되는 모든 위치를 검토해야 합니다. 방금 수정한 버그와 똑같은 버그가 적어도 한 군데 이상에서 나타날 가능성이 높습니다. 여러분은 꽤 까다로운 버그의 진단을 해냈습니다. 그러니 자신이 새롭게 이해한 것을 코드에 존재하는 해당 버그의 또 다른 사례를 찾는 데 활용하세요.

이름을 고치는 것은 시간이 별로 걸리지 않는 작업입니다. 이 작업을 하도록 여러분을 설득하는 것은 어렵지 않죠. 반면에 squashAdjacentDups를 호출하는 모든 호출자를 검토하는 것은 힘겨운 일일 것입니다. 하지만 여기에는 보상이 따를 거예요. 꼭 여러분이 아니더라도 팀의 누군가는 이 보상을 누리게 될 것입니다. 단기적인 고통에는 장기적인 혜택이 따릅니다. 시간을 들여서 다른 호출자를 검토하고, 찾아낸 문제를 고치세요.

자동화의 경고음

프로그래머는 단조로운 작업을 마주할 때 예측 가능한 반응을 보입니다. 즉 자동화를 하고 싶어 합니다.

자동화는 다양한 형태를 띨 수 있습니다. 소스 편집기에서 정규 표현식을 이용해 findNearbyCharacters를 호출하는 모든 코드를 찾아 새로운 인수를 넣을 수도 있고, 예외를 더 쉽게 처리할 수 있는 파이썬으로 코드를 작성해 같은 작업을 수행하는 것이 나을 수도 있습니다. 앞에서 이러한 식의 인수 추가 작업을 다뤘습니다. 어쩌면 이 프로젝트에 정말 필요한 것은 파이썬으로 작성된 일반화된 인수 추가 유틸리티 애플리케이션일지도 모릅니다. 좋은 프로젝트가 될 테니 시작하는 것이 좋겠군요.

믿어주세요. 저는 이해하거든요. 지루한 작업의 모든 변형을 매끄럽게 다룰 수 있을 때까지 정규 표현식을 갖고 놀거나, 같은 작업을 하는 깨끗한 파이썬 코드를 잔뜩 작성하는 것이 훨씬 재미있기는 합니다. 같은 수동 편집 작업을 또 하고 또 하는 것보다는 확실히 재미있죠. 하지만 그리 똑똑한 생각은 아닙니다. '**규칙 20: 계산하라**'에 따르면 손으로 편집할 때 시간이 덜 걸립니다.

정규 표현식이 여러분의 작업에 도움닫기가 될 수도 있습니다. 지루한 작업의 80%를 해결하면서도 금새 작성할 수 있는 정규 표현식이 있다면 무슨 일이 있어도 그것을 사용하세요. 나머지 20%의 지루한 작업은 수동으로 하면 됩니다.

이 예제에서 제시된 작업이 반복적이라고 느껴지더라도 손쉽게 자동화가 가능할 정도로 반복적인 경우는 드물었다는 사실을 명심하세요. 함수 호출을 여러 줄로 분리하거나 새 함수의 시그니처에 일치하도록 주석을 수정하는 것만큼이나 간단한 작업이라 할지라도 자동화는 판단을 잘해야 합니다.

파일 크기 관리하기

시간이 흐를수록 코드는 진화합니다. 그리고 코드를 삭제할 때 느끼는 거부할 수 없는 기쁨에도 여러분은 프로젝트에서 코드를 삭제하기보다는 더 많은 코드를 추가하게 될 것입니다. 코드를 추가하는 과정에서 소스 코드 파일이 길어지다가 불편할 정도로 길어지는 상황에 이를 수도 있습니다.

어쩌면 그것은 팀의 컨벤션에 의한 자연스러운 결과물일 수도 있습니다. 서커펀치에서는 컨벤션에 따라 특정 클래스에 관련된 코드가 모두 단일 헤더 파일과 소스 코드 파일에 작성됩니다. 또한 많은 팀이 그렇듯이 최선의 노력에도 불구하고 우리의 메인 캐릭터 클래스와 같은, 여러 기능이 혼합된 '만능' 클래스 몇 개로 귀결됩니다. 메인 캐릭터 클래스는 클래스의 계층 구조 안에서도 기능을 추가하기에 편리한 곳이므로 여기에 많은 기능이 추가됐으며, 많은 기능 탓에 방대한 코드를 갖게 됐습니다. 제가 확인해봤더니 메인 캐릭터 클래스의 구현 파일이 19,000줄에 달하더군요.

이것이 문제냐고요? 적어도 아주 조금은 그렇습니다. 이러한 크기의 파일로 작업하려면 힘이 들죠. 예를 들어 무언가를 찾으려 할 때 텍스트 탐색을 사용해야 합니다. 페이지 업/다운으로는 찾고자 하는 코드에 빠르게 도달할 수 없으니까요. 또한 다른 파일보다 컴파일 시간이 길어서 분산 빌드를 어렵게 만들기도 합니다. 수천 줄이나 떨어져 있으면 어떤 부분이 어떤 부분과 관련되는지 파악하기가 어렵습니다.

그렇다면 왜 이 문제가 고쳐지지 않았을까요? 많은 줄의 코드를 줄이는 것은 단조로운 작업을 상당히 수반하기 때문입니다. 새로운 파일로 복사 및 붙여넣기를 해야 하고, '클래스당 하나의 소스 파일'이라는 컨벤션을 준수하기 위해 일련의 동작을 리팩터링해서 분리된 클래스로 나눠야 하고, 이전 파일과 새 파일 안에 있는 헤더 파일이 여전히 적절한지 판단해야 하고, 파일이 옮겨진 후 엉뚱한 파일을 참조하는 부분도 고쳐야 합니다. 우리는 바쁘고 이러한 작업은 재미가 하나도 없습니다. 우리 모두는 지루한 작업을 피하는 동시에 통제하기 어려울 정도로 점점 커지는 파일을 무시해, 이 무시무시한 문제가 없는 것처럼 생각하기로 결심했습니다. 파일이 짧아지면 모두가 행복해졌겠지만요.

서커펀치의 팀이 정신적으로 성숙한 팀이라는 사실을 강조하고 싶군요. 팀원 모두가 깨끗하고 잘 동작하는 코드베이스를 위해 매일 헌신하고 있습니다. 첫 두 가지 예제의 경우 새로운 인수와 일치하도록 코드를 업데이트하는 지루한 작업을 힘차게 해나가거나, 최근에 수정된 버그와 유사한 버그를 찾는 등 모든 팀원이 어려운 길을 선택했을 것입니다. 하지만 우리는 여전히 19,000줄의 소스 코드 파일을 갖고 있으며, 이에 대해 모두가 약간 장피해하고 있습니다.

단조로운 일에 착수하는 것은 어렵습니다. 잘 훈련된 팀도 마찬가지입니다. 첫 번째 단계는 자신이 하고 싶지 않기 때문에 그 일을 회피하고 있다는 사실을 인지하는 것입니다. 두 번째 단계는 한 발 물러나서, 그 일을 처리함으로써 얻게 될 장기적인 혜택을 계산하는 것입니다. 전혀 달갑지 않으면서 특별히 가치도 없는 일이 있을 수도 있습니다. 이 경우에는 당연히 그렇게 하면 안 됩니다. 하지만 장기적으로 보상을 가져온다면, 단기적으로는 고된 일이라 하더라도 세 번째 단계인 못질에 착수해야 합니다.

지름길은 없다

거대한 나무토막에 100개의 못이 삐죽 튀어나오게 박혀 있다고 상상해보세요. 못 때문에 나무토막을 유용하게 사용할 수 없을 것입니다. 못을 모른 척할 수도 있고, 다른 사람이 못질을 해주길 바랄 수도 있죠. 언젠가 작동할지도 모르는 못질 기계와 씨름하느라 많은 시간을 쏟을 수도 있고요.

아니면 망치를 꺼내 들고 일을 시작할 수도 있습니다. 때로는 그냥 못질을 해야 하는 법입니다.

자신의 규칙을 만들라

이 책에서 소개한 **규칙**은 서커펀치 창립 이후 25년간 우리가 배운 교훈의 정수입니다. 우리의 경험에 특화된 그 **규칙**은 우리가 중요하다고 생각하는 것, 즉 우리의 프로그래밍 문화를 반영하고 있습니다. 그리고 그 프로그래밍 문화에는 서커펀치가 제작하는 비디오 게임의 특정한 제약 사항과 특징이 반영돼 있습니다.

여러분은 지금까지 읽은 **규칙** 중에서 어떤 것은 자신의 경험과 큰 관련이 없다고 느낀 반면에, 어떤 **규칙**의 경우 자신의 작업에 적용할 방법을 즉시 찾았을 것입니다. 이는 그리 놀라운 일이 아닙니다. 여러분이 수행하는 프로그래밍 작업이 우리의 작업과 많이 다르다면 일부 **규칙**은 여러분에게 맞지 않을 것입니다.

그렇다면 우리의 비디오 게임과 같은 코드를 작성하는 것을 특별하게 만드는 것은 무엇일까요? 그리고 그것은 어떤 방식으로 **규칙**에 영향을 줄까요?

- 우리가 하는 작업은 장기 프로젝트입니다. 최근의 〈고스트 오브 쓰시마〉는 맨땅에서 개발을 시작한 것이 아닌데도 제작에 약 6년이 걸렸습니다. 〈고스트 오브 쓰시마〉의 코드는 대부분 이전 게임에서 실행된 코드의 진화 버전(또는 직접적 사본)입니다. 오늘 작성한 코드가 10년 후에도 실행될 가능성이 높기 때문에 우리는 장기적인 코드 품질을 중시합니다.

- 코딩 팀의 규모가 큽니다. 30명 이상의 정규직 프로그래머가 함께 일하는데, 이 숫자는 여러분의 상황에 따라 작아 보일 수도 있고 커 보일 수도 있죠. 개인적으로 저는 '작은' 프로그래밍 팀을 한

사람이 코드의 모든 세부 사항을 알 수 있는 규모로 정의합니다. 이 기준에 따르면 서커펀치는 오랜 기간 동안 작은 팀이 아니었습니다. 지금은 코드베이스의 모든 세부 사항을 아는 사람이 아무도 없으며, 우리 모두는 친숙하지 않은 코드를 이용해 작업해야 합니다. 코드를 쉽게 읽고 이해할 수 없다면 우리는 큰 곤경에 빠질 것입니다.

- 비디오 게임 코드에서는 특히 성능이 중요한 요소입니다. 우리 게임의 성능을 밀리초 단위로 측정하는 웹사이트도 있습니다. 그렇다고 해서 우리의 모든 코드가 빠르게 동작해야 한다는 의미는 아닙니다. 우리 프로젝트는 다른 프로젝트와 비슷하고, 코드의 작은 일부에 의해 성능이 결정됩니다. 일부 코드는 빠르게 실행돼야 하지만 대부분의 코드는 빠르게 작성돼야 합니다.

- 우리는 게임을 자주 업데이트하지 않는데, 모든 게임이 그런 것은 아닙니다. 스마트폰 게임은 자주 업데이트되는 경향이 있지만 우리는 그렇지 않습니다. 이러한 조건 덕분에 우리는 코드에 큰 변경을 가할 결심을 쉽게 할 수 있습니다. 이는 우리가 지속적인 품질 부담을 덜 가진다는 것을 의미하기도 합니다. 그렇다고 해도 코드가 안정적이고 정확하게 동작하는 것은 중요합니다. 그렇지 못하면 개발 팀 소속이 아닌 서커펀치 구성원의 80%는 몹시 짜증이 날 것입니다. 하지만 우리가 변경한 코드는 오랜 시간 동안 고객이 경험할 수 없습니다. 게임 제작을 더 빠르게 할 수 있다면, 우리는 다음 코드 업데이트 때 처리할 수 있는 사소한 몇 가지 버그 정도는 감내할 수 있습니다.

- 우리는 백지 상태에서 모든 게임을 제작합니다. 과거에 개발한 게임의 작업물을 이용해 새 게임을 제작하기는 하지만 과거의 작업물에 속박되지는 않습니다. 하위 호환성이나 지속성 같은 이슈가 없는 덕분에 우리는 중요한 변경을 쉽게 가할 수 있습니다.

- 우리의 게임 개발 방법론은 반복적입니다. 우리의 성공은 수많은 새로운 아이디어를 시도해 무엇이 효과가 있는지를 확인하는 데에서 비롯되는 것이지, 서류상에 게임 설계를 한 다음 구현하는 식으로 하는 데에서 비롯되는 것이 아닙니다. 시도했을 때 효과가 있는 아이디어는 조정과 실험을 거치고, 효과가 없는 아이디어는 즉시 제거됩니다. 우리는 새로운 코드를 빠르게 작성하고 반복하는 것을 우선시하며, 여기서 살아남은 코드가 영원히 우리와 함께하게 된다는 사실을 염두에 둡니다. 하지만 그러한 코드를 얻기가 쉽지는 않습니다.

이러한 특징은 **규칙**에 명백한 영향을 끼칩니다. 예를 들어 우리가 게임을 자주 업데이트하지 않는다는 것은 우리가 코드에 큰 변경을 가하는 방법에 큰 영향을 끼칩니다. 만약 게임을 매주 업데이트한다면 아주 다른 방법론이 필요할 것입니다.

자신의 판단을 믿으라

규칙은 여러분을 모순적인 방향으로 이끌 수도 있습니다. 어쩌면 여러분 팀의 컨벤션은 객체의 보호된 상태에 접근하기 위해 get 함수와 set 함수를 기대하겠지만, 이는 여러분이 아는 set 함수가 영원히 호출되지 않으리라는 것을 의미하기도 합니다. 이것은 팀의 컨벤션을 따라야 하는가(**규칙** 12)와 호출되지 않는 코드를 삭제해야 하는가(**규칙** 8)의 충돌입니다. 이럴 때는 최선의 판단을 내리세요. set 함수가 간단한 경우 저라면 팀의 컨벤션을 따르겠지만, 어디까지나 저라면 그렇게 하겠다는 거예요.

또한 여러분은 **규칙**을 자신의 작업에 적용할지 결정할 때도 상황에 따른 결정을 해야 합니다. 여러분이 하는 일이 서커펀치의 프로젝트와 성격이 많이 다르다면 어떤 **규칙**은 잘 맞지 않을 수도 있습니다. 그렇다면 **규칙**을 따르지 마세요. 교리가 아니라 유용한 규칙일 뿐이니까요.

그런데 수용하기 어렵더라도 **규칙**이 잘 맞을 가능성이 있습니다. 10~15년 전이었다면 거부했을 법한 것들을 요즘에는 많이 수용하고 있습니다. '**규칙** 10: 복잡성을 격리하라'의 예를 들어볼게요. 서커펀치 초창기에 저는 상호작용하는 객체를 엮어서 수많은 시스템을 설계하고 개발했습니다. 제 실수가 근본적이라는 사실을 깨닫기까지 수많은 시간과 아키텍처의 희생이 있었고, **규칙** 10은 이러한 실패뿐 아니라 복잡성을 격리한 이후에 얻은 최근의 성공에서 비롯된 것입니다.

토의하라

이 책은 '완벽한' **규칙** 모음집보다는 '유용한' **규칙** 모음집을 염두에 두고 집필한 것입니다. 여기서 소개한 **규칙**을 결승선이 아닌 출발점으로 활용하세요. 자신의 **규칙**을 개발하세요.

팀원들과 뜻을 같이한다면 여러분의 **규칙**은 분명히 최고의 효과를 발휘할 것입니다. 팀원 각자가 자신만의 **규칙** 모음을 갖는 것은 혼란과 갈등을 초래하게 마련인데, 이것이 여러분의 목표는 아니겠죠.

아이디어가 하나 있습니다. 북클럽을 시작하세요. 팀원 모두가 **규칙** 한두 개를 읽고, 팀 전체가 모여서 그 **규칙**을 여러분의 프로젝트에 적용하는 방법에 대해 논의해보세요. 그 **규칙**을 여러분의 작업에 더 잘 맞게 어떻게 조정할지 또는 그 **규칙**이 프로젝트와 궁합이 잘 맞는지를 파악하세요. 만약 그 **규칙**을 폐기하는 것이 타당하다고 생각된다면 과감히 폐기하세요.

여러분의 팀이 대부분의 다른 기술 팀과 비슷하다면 코딩 철학에 그렇게 많은 시간을 쏟지 않을 것입니다. 코딩 철학에 대해 논한다면 아마도 여러분이 해결해야 하는 특정한 기술적 이슈의 맥락에 한해서겠죠. 이러한 상황에서는 기술적 논의와 철학적 논의가 필연적으로 얽히고, 이는 진전에 도움이 되지 않습니다. 그 두 가지 논의는 분리하는 것이 바람직하며, 그래야 나중에 좀 더 행복해질 가능성이 높아집니다.

코드를 어떻게 작성할지에 대한 아이디어를 정리했다면 팀은 훨씬 더 효율적으로 일할 수 있을 것입니다. 이렇게 되기 위한 가장 **빠른** 방법은 그 아이디어를 이야기하는 것이며, **규칙**은 이러한 논의의 좋은 출발점이 될 수 있습니다. **규칙**은 여러분의 논의를 구조적으로 만들어주며, 코드를 어떻게 작성할지에 관한 합의에 이르는 프레임워크를 제공할 수 있습니다. 팀이 공유하는 코딩 철학을 만들어나가는 데 투자하면 오랜 시간 보상을 얻게 됩니다.

끝맺음

제가 알려드릴 **규칙**은 이게 다입니다. 저는 이 책을 쓰는 동안 즐거웠는데, 여러분도 읽는 동안 즐거웠기를 바랍니다.

공유하고 싶은 피드백이 있다면 이 책의 웹사이트(https://oreil.ly/jTEGo)에 남겨주세요. 여러분의 피드백이 /dev/null로 리다이렉트되지 않으리라는 것을 약속드립니다. 이 웹사이트에는 이 책에 제시된 예제 코드도 실려 있습니다.

파이썬 프로그래머를 위한 C++ 코드 읽기

이 책의 예제 코드는 모두 C++로 작성돼 있습니다. C++는 제가 가장 많이 사용하기도 하고 능숙하기도 한 프로그래밍 언어입니다. 하지만 파이썬으로도 상당한 양의 코드를 작성합니다. 파이썬은 서커펀치에서 두 번째로 많이 사용되는 프로그래밍 언어로, 현재 우리 코드베이스에는 280만 줄의 C++ 코드와 60만 줄의 파이썬 코드가 있습니다.

파이썬 프로그래머라 하더라도 이 책의 예제 코드를 읽기 위해 C++를 따로 공부할 필요는 없습니다. 기본적으로 코드는 코드이고 루프는 루프, 변수는 변수, 함수는 함수니까요. 몇 가지 표면적인 차이가 있지만, 이 책의 C++ 예제 코드에 담긴 기본적인 개념은 상당히 직접적으로 파이썬으로 번역이 가능합니다. 번역 결과가 아주 선명하지는 않지만요.

여기서는 이러한 번역에 대해 설명하겠습니다. 파이썬 프로그래머가 이 부록을 읽는다고 해서 C++ 코드를 작성할 수 있는 것은 아닙니다. C++를 설명하려면 적어도 책 한 권 분량이 필요하니까요. 하지만 C++ 코드를 훨씬 더 잘 읽을 수 있게 될 것입니다.

타입

파이썬 프로그래머에게 C++ 코드가 얼마나 직관적인지를 보여주는 데 예제만 한 것도 없겠죠. 숫자 배열의 합을 계산하는 간단한 함수 예제를 준비했는데, 먼저 파이썬 코드를 봅시다.

```python
def calculateSum (numbers):

    sum = 0

    for number in numbers:
        sum += number

    return sum
```

이를 C++로 작성하면 다음과 같습니다.

```cpp
int calculateSum(const vector<int> & numbers)
{
    int sum = 0;

    for (int number : numbers)
        sum += number;

    return sum;
}
```

둘은 같은 코드입니다. C++ 버전에 불쾌해 보이는 무언가가 더 있기는 하지만 변수와 로직은 동일합니다.

파이썬 프로그래머는 이 책에 제시된 예제 코드의 중괄호와 세미콜론을 대부분 무시해도 됩니다. 중괄호와 세미콜론은 큰 의미가 없거든요.[116] C++에서 중괄호와 세미콜론은 코드의 구역을 정의하며, 이는 파이썬에서 들여쓰기가 하는 역할과 같습니다. 이 책의 C++ 예제 코드에서도 구역을 보여주기 위해 들여쓰기를 했지만 어디까지나 가독성을 위한 것입니다.

숙련된 파이썬 프로그래머에게 C++가 혼란스럽게 느껴질 수 있는 부분은 바로 int와 const vector<int>& 같은 타입 문법입니다. 이러한 타입 어노테이션type annotation은 변수 또는 인수에 어떤 종류의 값이 들어가야 하는지를 C++ 컴파일러에 알려줍니다. int와 const vector<int>&의 경우에는 정수와 정수의 리스트를 뜻합니다. C++ 컴파일러는 실제로 코드를 컴파일하기 전에 타입에 대해 알아야 합니다.

물론 파이썬에도 이러한 타입이 존재합니다. 파이썬의 경우 프로그래머가 타입에 대해 걱정할 필요가 없지만요. 파이썬에서는 타입의 세부 사항이 컴파일될 때가 아니라 코드가 실행될 때 처리되며, 어떤 식의 실제 타입을 파악해야 할 때는 isinstance( )를 호출할 수 있습니다.

C++에서 타입을 조기에 파악하는 것에는 여러 가지 장점이 있습니다. 버그를 일찍 찾게 해준다는 것이 가장 중요하지만, 타입을 구체화한다는 것은 더 많은 코드를 작성한다는 것을 뜻하기도 합니다. 파이썬은 C++가 요구하는 단계를 건너뜀으로써 소규모 코드를 쉽게 작성할 수 있습니다.

두 접근법 모두 매력적입니다. 새로운 C++ 버전에서는 다양한 경우에 타입 어노테이션을 건너뛸 수 있고, 최신 파이썬 버전에서는 타입 어노테이션을 코드에 사용할 수 있으니까요. 이제 다음과 같이 C++ 코드를 한층 더 닮은 파이썬 코드를

---

116 파이썬을 개발한 휘도 판로쑴(Guido van Rossum)은 그래서 중괄호와 세미콜론을 도입하지 않았습니다.

작성할 수 있습니다.

```
def calculateSum (numbers: Iterable[int]) -> int:

    sum:int = 0

    for number in numbers:
        sum += number

    return sum
```

그리고 다음은 파이썬을 닮은 C++ 코드입니다.

```cpp
auto calculateSum(const vector<int> & numbers)
{
    auto sum = 0;

    for (auto number : numbers)
        sum += number;

    return sum;
}
```

이 책의 예제에서는 전통적인 C++ 스타일을 고수하고 명시적인 타입을 사용했는데, 이는 서커펀치가 채택한 정책입니다. 우리는 이러한 정책이 코드를 더 읽기 쉽게 만든다고 생각하며, 이 책에서도 그것을 따랐습니다.

형식화와 주석

때로는 C++와 파이썬의 전체 코드 구조가 동일하지만, 이렇게 만들기 위해 사용하는 문법은 앞서 제시한 첫 번째 예제의 것과 많이 다릅니다. 다음은 **규칙** 1에서 소개한 함수로, 리플 셔플을 이용해 두 개의 배열을 하나로 합칩니다.[117] 먼저 파이썬 코드를 봅시다.

```python
# 두 리스트가 모두 소진될 때까지
# 한 리스트 또는 다른 리스트에서 무작위로 숫자를 선택해
# 두 리스트를 하나의 리스트로 합치는 리플 셔플

def riffleShuffle (leftValues, rightValues):

    leftIndex = 0
    rightIndex = 0

    shuffledValues = []

    while leftIndex < len(leftValues) or \
            rightIndex < len(rightValues):

        if rightIndex >= len(rightValues):
            nextValue = leftValues[leftIndex]
            leftIndex += 1
        elif leftIndex >= len(leftValues):
            nextValue = rightValues[rightIndex]
            rightIndex += 1
        elif random.randrange(0, 2) == 0:
            nextValue = leftValues[leftIndex]
            leftIndex += 1
        else:
```

---

117 카드 덱 한 벌처럼요. 프로 포커 플레이어처럼 보이고 싶다면 포커 칩을 사용하세요.

```
        nextValue = rightValues[rightIndex]
        rightIndex += 1

    shuffledValues.append(nextValue)

return shuffledValues
```

알고리즘은 단순합니다. 양쪽 리스트가 소진될 때까지 한 리스트 또는 다른 리스트에서 값을 하나 골라서 섞인 값의 리스트에 추가합니다. 이와 동일한 알고리즘을 구현하는 C++ 코드는 다음과 같습니다.

```cpp
// 두 리스트가 모두 소진될 때까지
// 한 리스트 또는 다른 리스트에서 무작위로 숫자를 선택해
// 두 리스트를 하나의 리스트로 합치는 리플 셔플

vector<int> riffleShuffle(
    const vector<int> & leftValues,
    const vector<int> & rightValues)
{
    int leftIndex = 0;
    int rightIndex = 0;

    vector<int> shuffledValues;

    while (leftIndex < leftValues.size() ||
           rightIndex < rightValues.size())
    {
        int nextValue = 0;

        if (rightIndex >= rightValues.size())
        {
            nextValue = leftValues[leftIndex++];
        }
```

```
        else if (leftIndex >= leftValues.size())
        {
            nextValue = rightValues[rightIndex++];
        }
        else if (rand() % 2 == 0)
        {
            nextValue = leftValues[leftIndex++];
        }
        else
        {
            nextValue = rightValues[rightIndex++];
        }

        shuffledValues.push_back(nextValue);
    }

    return shuffledValues;
}
```

이 또한 코드의 구조가 동일합니다. 두 언어는 기본적으로 비슷한 특징을 갖고 있어 다양한 부분이 어떻게 서로 대응되는지 쉽게 알 수 있습니다. 하지만 사소한 문법적 차이가 꽤 많습니다.

주석

먼저 주석을 살펴봅시다. C++에서 주석을 작성하는 방법은 여러 가지지만 이 책의 예제에서는 더블 슬래시(//)를 사용했습니다.

```
// 두 리스트가 모두 소진될 때까지
// 한 리스트 또는 다른 리스트에서 무작위로 숫자를 선택해
// 두 리스트를 하나의 리스트로 합치는 리플 셔플
```

다음은 파이썬의 해시(#) 주석입니다.

```
# 두 리스트가 모두 소진될 때까지
# 한 리스트 또는 다른 리스트에서 무작위로 숫자를 선택해
# 두 리스트를 하나의 리스트로 합치는 리플 셔플
```

들여쓰기와 줄 바꿈

C++와 파이썬은 줄 바꿈 규칙도 다릅니다. C++에서는 모든 공백을 동일하게 간주하고 공백, 탭, 줄 바꿈의 상호 대체가 가능합니다. 따라서 while 루프의 조건을 두 줄로 분리하는 데에는 특별한 문법이 필요하지 않습니다. 그냥 다음과 같이 공백을 줄 바꿈으로 고치면 됩니다.

```
while (leftIndex < leftValues.size() ||
       rightIndex < rightValues.size())
```

그러나 파이썬에서는 줄 바꿈이 중요합니다. 따라서 두 줄로 된 조건을 작성하려면 백 슬래시(\)로 명시적인 줄 연속을 표시해야 합니다.

```
while leftIndex < len(leftValues) or \
      rightIndex < len(rightValues):
```

들여쓰기 또한 C++ 쪽이 더 자유로워 파이썬 프로그래머가 여기에 적응하려면 시간이 조금 걸릴 수도 있습니다. C++에서는 중괄호 또는 세미콜론으로 그룹을 정의하기 때문에 실제로 들여쓰기에 아무 의미가 없습니다. 앞의 예제에서는 두 절이 한 칼럼 위에 나란히 정렬돼 있지만, 어디까지나 가독성을 위한 것입니다.

논리 연산

C++에서는 논리[Boolean] 연산을 기호로 나타냅니다. 파이썬의 루프 조건문에서는 훨씬 더 직관적인 or를 사용했던 것에 비해 C++에서는 ||를 사용합니다. 마찬가지로 파이썬에서 and를 사용할 때 C++에서는 &&를 사용하며, 파이썬에서 not을 사용할 때 C++에서는 !를 사용합니다.

가끔은 두 언어가 정확하게 서로 상응하는 문법을 제공하지 않을 때도 있습니다. C++ 함수 rand는 정수 형식의 난수를 반환합니다. 다음 코드는 원본 벡터를 무작위로 선택하기 위해 정수 형식의 난수가 짝수인지, 홀수인지 검사합니다. 여기서 % 기호는 나머지 값을 계산하며, 그 결과가 0이면 해당 난수가 짝수이고 1이면 홀수입니다.

```
else if (rand() % 2 == 0)
```

파이썬에서는 동일한 작업에 random 모듈의 randrange 함수가 사용됩니다.

```
elif random.randrange(0, 2) == 0:
```

리스트

C++의 '벡터[vector]'는 파이썬의 '리스트[list]'에 대응됩니다. 명칭이 완전히 다르지만 리스트와 벡터는 상당히 비슷한 방식으로 동작합니다. C++에서는 벡터의 끝에 아이템을 추가하기 위한 메서드에 push_back이라는 사랑스러운 이름을 사용하죠.

```
shuffledValues.push_back(nextValue);
```

반면에 파이썬에서는 훨씬 분명한 append라는 이름을 사용하고요.

```
shuffledValues.append(nextValue)
```

또한 파이썬에서는 리스트의 길이를 알아내기 위해 전역함수 len을 사용하지만, C++에서는 벡터의 길이를 알아내기 위해 size 메서드를 사용합니다.

증가 연산자

이 예제에는 작은 세부 사항이 상당히 많이 포함돼 있습니다. C++는 변수의 값을 증가시키거나 감소시키기 위한 문법적인 단축키를 제공합니다. 이 식은 leftValues의 leftIndex 번째 값을 얻어오고, leftIndex를 증가시키며, 얻어온 값을 nextValue에 할당합니다.

```
nextValue = leftValues[leftIndex++];
```

파이썬에서는 같은 로직을 구현하는 데 다음과 같은 두 줄이 필요합니다.

```
nextValue = leftValues[leftIndex]
leftIndex += 1
```

전체적으로는 작은 차이가 아주 많지만 이 C++ 코드의 모든 요소는 파이썬 코드와 상당히 유사합니다.

클래스

C++와 파이썬은 둘 다 클래스를 지원하며, 이에 관한 문법 또한 크게 다르지 않습니다. 두 언어가 클래스를 구현하는 방식은 상당히 다르지만 이 책의 예제에서는 그렇게 중요한 부분이 아닙니다. C++ 클래스를 모든 인스턴스의 애트리뷰트가 __init__ 안에서 초기화되는 파이썬 클래스와 비슷하다고 생각하면 다음 예제를 따라가기 쉬울 것입니다.

다음은 3D 벡터 개념을 구현하는 파이썬 클래스 예제입니다.

```python
class Vector:

    _vectorCount = 0

    def __init__(self):
        self.x = 0
        self.y = 0
        self.z = 0
        self._length = 0
        Vector._vectorCount = Vector._vectorCount + 1

    def __del__(self):
        Vector._vectorCount = Vector._vectorCount - 1

    def set(self, x, y, z):
        self.x = x
        self.y = y
        self.z = z
        self._calculateLength()

    def getLength(self):
        return self._length
```

```python
def getVectorCount():
    return Vector._vectorCount

def _calculateLength(self):
    self._length = math.sqrt(self.x ** 2 + self.y ** 2 + self.z ** 2)
```

모든 3D 벡터 클래스는 세 좌표 x, y, z를 추적할 것입니다. 특히 이 클래스는 벡터의 길이를 캐싱하고 현재 존재하는 벡터의 개수를 세는 기능도 갖고 있죠. 사실 후자의 두 기능은 파이썬과 C++의 몇 가지 문법적 차이를 설명하기 위한 용도로 만들어진 것입니다. 다음은 동일한 역할을 하는 C++ 코드입니다.

```cpp
class Vector
{
public:

    Vector() :
        m_x(0.0f),
        m_y(0.0f),
        m_z(0.0f),
        m_length(0.0f)
        { ++s_vectorCount; }
    ~Vector()
        { --s_vectorCount; }

    void set(float x, float y, float z);

    float getLength() const
    {
        return m_length;
    }

    static int getVectorCount()
```

```
    {
        return s_vectorCount;
    }

protected:

    void calculateLength();

    float m_x;
    float m_y;
    float m_z;
    float m_length;

    static int s_vectorCount;
};

void Vector::set(float x, float y, float z)
{
    m_x = x;
    m_y = y;
    m_z = z;
    calculateLength();
}

void Vector::calculateLength()
{
    m_length = sqrtf(m_x * m_x + m_y * m_y + m_z * m_z);
}
```

이 예제에서는 의도치 않게 파이썬의 장점 중 하나를 보여줬습니다. 일반적으로
파이썬은 C++보다 간결하며, 이 예제의 파이썬 코드는 C++ 코드에 비해 줄 수
가 절반 정도에 불과합니다.

해당 클래스의 두 가지 버전은 동일한 요소를 갖고 있지만 이 요소가 다르게 배치돼 있습니다. 가끔은 이 배치의 차이가 분명히 드러날 때도 있습니다. 파이썬에서는 객체가 생성될 때 __init__ 메서드가 호출되고, 객체가 소멸될 때 __del__ 메서드가 호출됩니다.

```python
class Vector:

    def __init__(self):
        self.x = 0
        self.y = 0
        self.z = 0
        self._length = 0
        Vector._vectorCount = Vector._vectorCount + 1

    def __del__(self):
        Vector._vectorCount = Vector._vectorCount - 1
```

C++에서는 이 두 종류의 메서드에 클래스 이름이 사용됩니다. 단, 후자의 메서드(__del__)를 표시하는 데에는 물결표(~)가 접두사로 사용되죠. 이 두 가지 메서드는 C++ 세상에서 각각 생성자constructor, 소멸자destructor로 불립니다. 뿐만 아니라 인스턴스 변수를 초기화하는 다음과 같은 특별한 문법도 제공됩니다.

```cpp
class Vector
{
public:

    Vector() :
        m_x(0.0f),
        m_y(0.0f),
        m_z(0.0f),
        m_length(0.0f)
```

```
        { ++s_vectorCount; }
    ~Vector()
        { --s_vectorCount; }
};
```

클래스의 인스턴스 변수에 접근하는 데에도 약간 다른 문법이 사용됩니다. 파이썬
에서는 같은 작업을 하려면 명시적으로 self 키워드를 사용해야 합니다.

```
class Vector:

    def getLength(self):
        return self._length
```

C++에서는 이것이 선택적입니다. this가 파이썬의 self에 해당하기 때문에 이
것을 사용하면 되지만, C++ 클래스의 변수는 이미 접근 범위 안에 존재합니다.
C++ 컴파일러는 다음과 같이 여러분을 대신해 멤버 변수를 암시적으로 찾아줄
수 있습니다.

```
class Vector
{
    float getLength() const
    {
        return m_length;
    }
};
```

C++ 코드에 아직 정의되지 않은 것으로 보이는 변수에 대한 참조가 있다면 그 변
수는 클래스 변수일 가능성이 높습니다.

가시성[118]

파이썬과 C++에서 클래스의 사용자가 건드려서는 안 되는 내부 로직을 다룰 때는 각기 다른 방법을 취합니다. 파이썬에서는 클래스의 변수 또는 메서드의 이름을 언더바(_)로 시작해야 하며, 다음은 이를 보여주는 예입니다.

```
class Vector:

    _vectorCount = 0
```

다음은 메서드의 예입니다.

```
class Vector:

    def _calculateLength(self):
        self.length = math.sqrt(self.x ** 2 + self.y ** 2 + self.z ** 2)
```

C++에서는 동일한 문제를 컨벤션이 아닌 문법으로 해결합니다. Vector 클래스의 맨 위에 있는 public 키워드는 그 뒤에 따라오는 변수 또는 메서드를 해당 클래스의 인스턴스 사용자 모두가 보고 사용할 수 있게 합니다. 좀 더 아래에 있는 protected 키워드는 그 아래에 따라오는 변수와 메서드를 클래스 외부의 코드에서 접근하지 못하게 합니다. 결과적으로 이 클래스의 사용자는 set 메서드를 호출할 수 있지만 calculateLength를 호출할 수는 없습니다. calculateLength 메서드는 Vector 클래스의 다른 메서드 안에서만 호출이 가능합니다.

----

118 옮긴이_파이썬은 멤버에 대한 외부의 접근을 완벽하게 차단하는 수단을 제공하지 않습니다. 다만 _로 시작하는 멤버는 외부에서 접근하지 않기로 합의가 이뤄져 있고, __로 시작하는 멤버는 파이썬 인터프리터가 네임 맹글링(name mangling)을 통해 필드의 이름을 변경합니다. 하지만 __로 시작하는 멤버도 '_class__variable' 형식의 이름으로 외부에서 접근이 가능하기 때문에 완전히게 멤버를 보호하는 방법은 아닙니다. 이렇듯 파이썬의 가시성은 컨벤션에 의지하고 있습니다.

```
Class Vector
{
public:

    void set(float x, float y, float z);

protected:

    void calculateLength();
};
```

선언과 정의

다음으로 함수의 선언과 정의의 분리를 살펴봅시다. 파이썬에서는 다음과 같이 클래스의 모든 메서드가 클래스 안에서 정의됩니다.

```
class Vector:

    def set(self, x, y, z):
        self.x = x
        self.y = y
        self.z = z
        self._calculateLength()

    def getLength(self):
        return self.length
```

이 책의 많은 C++ 예제도 마찬가지로 다음과 같이 선언과 정의를 합니다.

```
class Vector
{
public:

    float getLength() const
    {
        return m_length;
    }
};
```

그런데 다른 경우도 있습니다. 다음 예제에서는 메서드의 선언을 분리합니다. 첫 번째 코드는 주어진 이름과 타입 시그니처를 가진 메서드가 존재한다는 사실을 선언합니다.

```
class Vector
{
public:

    void set(float x, float y, float z);
};
```

그리고 다음과 같이 별도로 정의합니다.

```
void Vector::set(float x, float y, float z)
{
    m_x = x;
    m_y = y;
    m_z = z;
    calculateLength();
}
```

이 두 가지 형태의 코드는 C++에서 다르게 컴파일됩니다. 클래스 안에서 정의된 메서드는 인라인inline으로 컴파일됩니다. 메서드가 인라인 컴파일되면, 해당 메서드의 호출이 이뤄지는 곳에 메서드의 로직 사본이 생성돼 호출자 코드의 위치에 삽입되죠. 별도로 정의된 함수의 경우 단 하나의 사본만 존재하지만요. 그러나 이 책의 예제에서는 그리 중요한 부분이 아니니 너무 신경 쓰지 마세요.

끝으로 C++에서 클래스 애트리뷰트가 어떻게 다뤄지는지에 대해 이야기하고 싶 군요. 파이썬에서는 클래스 애트리뷰트가 클래스 안에서 문statement으로 정의되고, 인스턴스 애트리뷰트가 __init__ 안에서 추가됩니다.

```python
class Vector:

    _vectorCount = 0

    def __init__(self):
        self.x = 0
        self.y = 0
        self.z = 0
        self._length = 0
```

C++에서는 클래스 및 인스턴스 애트리뷰트(또는 C++ 용어로 '멤버')가 모두 클래스 정의 안에서 추가됩니다. 모든 클래스 애트리뷰트는 static 키워드로 표시되며, static으로 표시되지 않은 모든 요소는 인스턴스 애트리뷰트입니다.

```cpp
class Vector
{
protected:

    float m_x;
    float m_y;
```

```
        float m_z;
        float m_length;

        static int s_vectorCount;
};
```

함수 오버로딩

C++에는 파이썬이 제공하지 않는 기능이 몇 가지 있습니다. 그와 반대로 파이썬에는 있지만 C++에는 없는 기능도 있고요. 하지만 이는 중요하지 않습니다. 우리는 C++ 코드를 읽는 데 집중하고 있으니까요.

파이썬 프로그래머에게 혼란스러울 수 있는 한 가지 사실은 같은 이름을 가진 두 개의 함수가 존재할 수 있다는 것입니다. 다음은 이를 보여주는 C++ 코드입니다.

```
int min(int a, int b)
{
    return (a <= b) ? a : b;
}

int min(int a, int b, int c)
{
    return min(a, min(b, c));
}

void example()
{
    printf("%d %d\n", min(5, 8), min(13, 21, 34));
}
```

이 코드가 어떻게 동작하는지 파악하기는 어렵습니다. 만약 min 함수를 호출하려 한다면 어떤 버전이 호출될까요? C++ 컴파일러는 전달된 인수를 기반으로 어떤 버전을 호출할지 결정합니다. 만약 정수 두 개가 전달되면 첫 번째 버전을 호출할 것이고, 세 개가 전달되면 두 번째 버전을 호출할 것입니다. example 함수는 5와 13을 출력합니다.

그리고 이 함수들에 유용한 C++ 문법을 몰래 넣었습니다. 바로 삼항 연산자인데, 이 연산자를 사용하면 다음과 같이 식에 따라 두 값 중 하나를 선택할 수 있습니다.

```
〈조건〉? 〈참일 때 값〉: 〈거짓일 때 값〉
```

이 문법에 해당하는 파이썬의 문법도 역시나 멋집니다.

```
〈참일 때 값〉 if 〈조건〉 else 〈거짓일 때 값〉
```

그냥 제 생각인데, 파이썬의 이 문법은 볼 때마다 혼란스럽습니다. 혹시나 C++ 프로그래머를 혼란스럽게 만들고 싶다면 이 삼항 연산자를 잔뜩 사용하세요.

템플릿

파이썬에는 없고 C++에만 있는 개념 중 하나는 템플릿template입니다. 간단히 말해서 C++ 템플릿은 여러 가지 타입을 다룰 수 있는 코드를 작성하는 방법입니다. 프로그래머가 템플릿을 이용해 코드를 작성하면 컴파일러가 템플릿과 함께 사용된 각 타입을 위해 새로운 코드를 생성합니다.

이 부록의 첫 번째 예제에서는 배열 안의 정수를 모두 더했습니다. 만약 부동 소수형 배열 안에 담긴 값을 모두 더하고 싶다면 다음과 같은 새로운 코드를 작성해야할 것입니다.

```cpp
float calculateSum(const vector<float> & numbers)
{
    float sum = 0;

    for (float number : numbers)
        sum += number;

    return sum;
}
```

또는 다음과 같이 템플릿을 이용해 calculateSum의 단일 버전을 만들고 컴파일러가 대신 일하게 만들 수도 있습니다.

```cpp
template <class T>
T calculateSum(const vector<T> & numbers)
{
    T sum = T(0);

    for (T number : numbers)
        sum += number;

    return sum;
}
```

템플릿 버전의 calculateSum은 += 연산자를 구현하고 0을 값으로 지원하는 모든 타입에 대해 작동할 것입니다. 이 코드는 정수와 부동 소수형 값에 대해서는 동작하겠지만 다른 타입에도 쉽게 적용할 수 있습니다. 예를 들어 몇 절 전의 Vector 클래스에 +=와 0을 구현해 벡터 배열을 합산하는 기능을 제공할 수 있습니다.

파이썬에서는 이러한 것들이 필요하지 않습니다. 값의 리스트를 합산하는 다음 파이썬 코드는 덧셈과 0으로 초기화가 가능한 모든 타입에 대해 잘 동작하기 때문입니다.

```python
def calculateSum (numbers):

    sum = 0

    for number in numbers:
        sum = sum + number

    return sum
```

예제 코드에서 C++ 템플릿 문법이 나타난다면, 이는 템플릿을 전혀 사용하지 않는 파이썬 코드에서도 잘 동작하는 코드라고 볼 수 있습니다.

포인터와 참조

파이썬에서는 프로그래머가 신경 쓰지 않아도 되지만, C++에서는 프로그래머가 챙겨야 하는 마지막 한 가지는 값에 의한 인수 전달, 참조에 의한 인수 전달입니다. 파이썬에서는 숫자나 문자열과 같은 단순한 타입이 값으로 전달되며, 변수에 할당되거나 함수의 인수로 전달될 때마다 새 복사본이 만들어집니다. 반면에 리스트 또는 객체와 같은 타입에 대해서는 인수 전달이 좀 더 복잡한데, 다음은 그러한 예입니다.

```
def makeChanges (number, numbers):

    number = 3
    numbers.append(21)
    print(number, numbers)

globalNumber = 0
globalNumbers = [3, 5, 8, 13]

print(globalNumber, globalNumbers)
makeChanges(globalNumber, globalNumbers)
print(globalNumber, globalNumbers)
```

이 코드를 실행하면 다음과 같이 출력됩니다.

```
0 [3, 5, 8, 13]
3 [3, 5, 8, 13, 21]
0 [3, 5, 8, 13, 21]
```

makeChanges 내부에서 number가 3으로 변경됐다가 makeChanges가 반환되면 다시 0이 되지만, 리스트는 내부에서 변경된 내용을 유지하는 것을 볼 수 있습니다. 0이 값으로 전달됐기 때문입니다. makeChanges가 호출될 때 복사본이 만들어지고, makeChanges가 number를 3으로 바꾸면 이 복사본만 변경되는 것입니다.

numbers와 globalNumbers는 같은 리스트를 갖고 있습니다. 21이 추가될 때 이 값은 해당 리스트에 추가됩니다. 여러분이 numbers를 반환하기 전이나 후에 globalNumbers를 출력하면 21이 나올 것입니다. numbers를 반환하기 전이나 후 모두 같은 리스트를 출력하기 때문입니다.

반면에 C++에서는 이 모든 것이 더 명시적으로 처리됩니다. 모든 변수와 인수에 대해서는 명시적으로 값에 의한 전달, 참조에 의한 전달이 이뤄집니다. 앞의 파이썬 코드에 해당하는 C++ 코드는 다음과 같습니다.

```
void makeChanges(int number, vector<int> & numbers)
{
    number = 3;
    numbers.push_back(21);
    cout << number << " " << numbers.size() << "\n";
}
```

numbers 앞의 &는 중요합니다. 이 기호는 makeChanges가 호출될 때 컴파일러가 사본을 만들지 않도록 해당 인수가 값이 아닌 참조에 의해 전달될 것이라고 컴파일러에 알려줍니다. number 앞에는 &가 없으므로 컴파일러는 해당 인수의 복사본을 만듭니다.

다음과 같이 &를 반대로 사용하면 컴파일러는 numbers의 복사본을 만들지만 number의 복사본은 만들지 않습니다.

```
void makeChanges(int & number, vector<int> numbers)
{
    number = 3;
    numbers.push_back(21);
    cout << number << " " << numbers.size() << "\n";
}
```

이 버전은 다른 결과를 출력합니다. 이제 호출이 끝난 후에도 number는 영구적으로 변경되지만 numbers는 원래의 값으로 복원됩니다.

```
0 [3 5 8 13]
3 [3 5 8 13 21]
3 [3 5 8 13]
```

이 책의 예제에서는 큰 값의 비싼 사본을 만들지 않기 위해 참조를 차주 사용합니다. 대부분의 경우에는 참조로 전달되더라도 수정되면 안 되는 인수를 const 키워드로 표시합니다. 이 부록의 첫 번째 C++ 예제에서 const를 사용했지만 별도로 설명하지는 않았습니다.

```
int calculateSum(const vector<int> & numbers)
```

이 방법을 이용하면 numbers의 복사본이 만들어지지 않지만, 컴파일러가 numbers에 대한 변경도 허용하지 않습니다. 실제로는 값으로 전달하는 것과 비슷하나 비용이 훨씬 덜 듭니다.

몇몇 예제에서는 참조에 의한 전달을 위해 또 다른(어휴~) C++ 문법, 바로 포인터를 사용하기도 합니다. 포인터와 참조는 거의 같은 개념이며, 코드가 무엇을 하는지 파악하려는 것이 목적이라면 둘의 차이가 별로 중요하지 않습니다. 구문상의 주요 차이는 다음과 같습니다.

- 포인터는 & 대신 *로 정의합니다.
- 포인터는 멤버에 접근하기 위해 . 대신 ->를 사용합니다.
- 포인터를 참조로 변환할 때는 *를 사용하고, 참조를 포인터로 변환할 때는 &를 사용합니다.

다음은 포인터를 이용해 작성한 예제입니다.

```
void example(int number, vector<int> * numbers)
{
```

```
    number = 3;
    numbers->push_back(21);
    cout << number << " " << numbers->size() << "\n";
}

void callExample()
{
    int number = 0;
    vector<int> numbers = { 3, 5, 8, 13 };
    cout << number << " " << numbers.size() << "\n";
    example(3, &numbers);
    cout << number << " " << numbers.size() << "\n";
}
```

이 책의 예제에서는 인수가 개념적으로는 값에 의해 전달되는 것처럼 보이지만, 실제로는 값에 의한 전달에 비용이 많이 들 때 const 참조를 사용하고 그 밖의 경우에 포인터를 사용합니다.

자바스크립트 프로그래머를 위한 C++ 코드 읽기

이 책의 예제 코드는 모두 C++로 작성돼 있습니다. C++는 제가 가장 많이 사용하기도 하고 능숙하기도 한 프로그래밍 언어입니다.

자바스크립트 프로그래머라 하더라도 이 책의 예제 코드를 읽기 위해 C++를 따로 공부할 필요는 없습니다. 기본적으로 코드는 코드이고 루프는 루프, 변수는 변수, 함수는 함수니까요. 몇 가지 표면적인 차이가 있지만, 이 책의 C++ 예제 코드에 담긴 기본적인 개념은 상당히 직접적으로 자바스크립트로 번역이 가능합니다. 번역 결과가 아주 선명하지는 않지만요.

여기서는 이러한 번역에 대해 설명하겠습니다. C++ 코드를 읽고 여기에 대응하는 자바스크립트 코드를 머릿속에서 변환하는 방법 말입니다. 자바스크립트 프로그래머가 이 부록을 읽는다고 해서 C++ 코드를 작성할 수 있는 것은 아닙니다. C++를 설명하려면 적어도 책 한 권 분량이 필요하니까요. 하지만 C++ 코드를 훨씬 더 잘 읽을 수 있게 될 것입니다.

타입

먼저 예제 코드를 봅시다. 숫자 배열의 합을 계산하는 간단한 함수 예제를 준비했는데, 먼저 자바스크립트 코드를 봅시다.[119]

```
function calculateSum(numbers) {

    let sum = 0;

    for (let number of numbers)
        sum += value

    return sum;
}
```

이를 C++로 작성하면 다음과 같습니다.

```
int calculateSum(const vector<int> & numbers)
{
    int sum = 0;

    for (int number : numbers)
        sum += number;

    return sum;
}
```

둘은 같은 코드입니다. 어쩌면 부록 B가 전혀 필요 없을지도 모르겠네요. 어쩌면

---

[119] 이 예제에서는 자바스크립트의 버전을 선택해야 했습니다. 좋든 나쁘든 저는 ES6을 선택했는데, 그 이전 버전을 사용하는 독자에게는 사과드립니다.

필요할 수도 있고요. 자바스크립트 구문은 C 구문의 영향을 많이 받았으며, 부록 A와 같이 종괄호와 세미콜론의 의미를 설명할 필요는 없겠지만 기묘한 차이점이 많습니다.

첫 번째 차이점은 C++에서는 모든 것이 스코프를 가진다는 것입니다. 예제에 나온 모든 변수 앞에 let 또는 const가 있다고 상상하세요. C++에서는 let 또는 const가 없어도 암묵적으로 모든 변수가 스코프를 가집니다.

아직 타입스크립트를 사용해보지 않았다면(지금까지 프로그래밍을 하면서 순수 자바스크립트만 사용했다면) C++ 예제의 명시적 타입이 혼란스러울 수 있습니다. int와 const vector<int>& 같은 타입 어노테이션은 어노테이트한 변수 또는 인수에 어떤 종류의 값이 들어가야 하는지를 C++ 컴파일러에 알려줍니다. int와 const vector<int>&의 경우에는 정수와 정수 리스트를 뜻합니다. C++ 컴파일러는 실제로 코드를 컴파일하기 전에 타입을 알아야 합니다.

물론 자바스크립트에도 이러한 타입이 존재합니다. 자바스크립트의 경우 프로그래머가 타입에 대해 걱정할 필요가 없지만요. 표현식의 타입을 신경 쓴다면 typeof( )를 호출할 수 있겠지만, 보통은 그렇게까지 하지 않죠. 자바스크립트에서는 대개 타입의 세부 사항이 컴파일될 때가 아니라 코드가 실행될 때 처리됩니다. 하지만 항상 그런 것은 아닙니다. 여러분의 웹 브라우저는 모든 것에 대한 타입을 추론하려고 상당히 노력합니다. 할 수만 있다면 자바스크립트는 더 효율적인 형태로 컴파일돼 더욱 빠르게 실행될 수 있으니까요.

반면에 C++는 훨씬 더 빨리 실행 단계로 바로 넘어갑니다. 코드 작성에 몇 가지 추가 단계가 있더라도 말이죠. 타입에 대해 알고 있으면 컴파일러가 더 일찍 모든 종류의 버그를 감지할 수 있는데, 이것이 큰 장점입니다.

두 접근법 모두 매력적입니다. 새로운 C++ 버전에서는 다양한 경우에 타입 어노테이션을 건너뛸 수 있고, 인기 상승 중인 타입스크립트(자바스크립트의 확장판)에서는 타입 어노테이션 추가가 가능하니까요. 이제 다음과 같이 C++ 코드를 한층 더 닮은 자바스크립트/타입스크립트 코드를 작성할 수 있습니다.

```
function calculateSum(numbers: int[]): int {

    let sum: int = 0;

    for (let number of numbers)
        sum += number;

    return sum;
}
```

그리고 다음은 자바스크립트를 닮은 C++ 코드입니다.

```cpp
auto calculateSum(const vector<int> & numbers)
{
    auto sum = 0;

    for (auto number : numbers)
        sum += number;

    return sum;
}
```

이 책의 예제에서는 전통적인 C++ 스타일을 고수하고 명시적인 타입을 사용했는데, 이는 서커펀치가 채택한 정책입니다. 우리는 이러한 정책이 코드를 더 읽기 쉽게 만든다고 생각하며, 이 책에서도 그것을 따랐습니다.

배열

C++와 자바스크립트는 표면적으로 유사하지만 기이한 차이점이 수없이 많습니다. 다음은 배열 안의 값을 역순으로 뒤집는 예제인데, 먼저 자바스크립트 코드를 봅시다.

```javascript
function reverseList(values) {

    let reversedValues = []

    for (let index = values.length; --index >= 0; ) {
        reversedValues.push(values[index]);
    }

    return reversedValues;
}
```

다음은 C++ 코드입니다.

```cpp
vector<int> reverseList(const vector<int> values)
{
    vector<int> reversedValues;

    for (int index = values.size(); --index >= 0; )
        reversedValues.push_back(values[index]);

    return reversedValues;
}
```

겉보기에 두 코드는 매우 비슷합니다. C++에서 자바스크립트 배열과 가장 유사한 것은 vector 타입입니다. 배열과 벡터는 개념이 같지만 세부적인 부분에 차이가 있습니다. 자바스크립트에서 length 프로퍼티는 배열 안에 얼마나 많은 요소가 있는지를 알려줍니다. C++에는 해당 프로퍼티가 없고 데이터 멤버와 메서드만 있으며, 벡터에 몇 개의 요소가 들어 있는지를 알아내려면 size() 메서드를 호출해야 합니다.

또한 자바스크립트 배열과 C++ 벡터는 둘 다 새로운 요소를 추가하는 것이 가능합니다. C++에서는 push_back() 메서드를, 자바스크립트에서는 push() 메서드를 사용하는데, 이 정도 번역은 할 만하군요.

하지만 두 언어가 공유하는 문법 밑에 큰 차이점이 숨어 있다는 사실을 놓쳐서는 안 됩니다. 예를 들어 자바스크립트 배열 values는 모든 것의 리스트 배열이 될 수 있습니다. 즉 [1, "hello", true]처럼 완전히 다른 타입으로 뒤범벅될 수 있죠. 예제 코드의 C++ 벡터는 늘 정수의 리스트 그 이상 그 이하도 아닙니다.

그러나 여러분이 C++ 예제를 읽는 데 문제가 되지는 않을 것입니다. 자바스크립트는 C++보다 더 강력한 타입 유연성을 제공하지만 단일 타입의 리스트도 얼마든지 다룰 수 있기 때문입니다.

클래스

C++와 자바스크립트는 둘 다 클래스를 지원하며, 이에 관한 문법 또한 크게 다르지 않습니다. 두 언어가 클래스를 구현하는 방식은 상당히 다르지만 이 책의 예제에서는 그렇게 중요한 부분이 아닙니다. C++ 클래스를 모든 필드가 public 또는 private로 선언된 자바스크립트 클래스와 비슷하다고 생각하면 다음 예제를 따라가기 쉬울 것입니다.

다음은 3D 벡터 개념을 구현하는 자바스크립트 클래스 예제입니다.

```javascript
class Vector {

    constructor () {
        ++Vector.#vectorCount;
    }

    set (x, y, z) {
        this.#x = x;
        this.#y = y;
        this.#z = z;
        this.#calculateLength();
    }

    getLength () {
        return this.#length;
    }

    static getVectorCount() {
        return Vector.#vectorCount;
    }

    #calculateLength () {
        this.#length = Math.sqrt(
                            this.#x ** 2 +
                            this.#y ** 2 +
                            this.#z ** 2);
    }

    #x = 0
    #y = 0
    #z = 0
    #length = 0
```

```
        static #vectorCount = 0
};
```

이와 동일한 클래스를 C++로 정의하면 다음과 같습니다.

```cpp
class Vector
{
public:

    Vector() :
        m_x(0.0f),
        m_y(0.0f),
        m_z(0.0f),
        m_length(0.0f)
        { ++s_vectorCount; }
    ~Vector()
        { --s_vectorCount; }

    void set(float x, float y, float z);

    float getLength() const
    {
        return m_length;
    }

    static int getVectorCount()
    {
        return s_vectorCount;
    }

protected:

    void calculateLength();
```

```cpp
    float m_x;
    float m_y;
    float m_z;
    float m_length;

    static int s_vectorCount;
};

void Vector::set(float x, float y, float z)
{
    m_x = x;
    m_y = y;
    m_z = z;
    calculateLength();
}

void Vector::calculateLength()
{
    m_length = sqrtf(m_x * m_x + m_y * m_y + m_z * m_z);
}
```

해당 클래스의 두 가지 버전은 동일한 요소를 갖고 있지만 이 요소가 다르게 배치 돼 있습니다. 양쪽 코드의 대부분은 직관적으로 번역이 가능합니다. 단, 자바스크 립트에서는 필드에 접근할 때 명시적으로 this 키워드를 사용하고, 클래스 필드 에 접근할 때 클래스 이름을 명시해야 합니다.

```javascript
class Vector {

    getLength () {
        return this.#length;
    }
```

```
    static getVectorCount() {
        return Vector.#vectorCount;
    }


    #length = 0

    static #vectorCount = 0
};
```

C++ 클래스는 이러한 경우에 명시적으로 구체화할 수 있게 합니다. 보통은 멤버 참조와 정적 멤버 참조를 분명히 하기 위해 this->와 Vector::를 사용할 수 있습니다. 하지만 암시적으로도 멤버에 접근할 수 있는데, 이 책의 예제에서는 이러한 방식을 이용합니다.

```
class Vector
{
public:

    float getLength() const
    {
        return m_length;
    }

    static int getVectorCount()
    {
        return s_vectorCount;
    }

protected:

    float m_length;
```

```
    static int s_vectorCount;
};
```

이 두 예제는 자바스크립트와 C++에서 멤버 가시성이 어떻게 처리되는지를 보여줍니다. 비공개 필드는 자바스크립트에서 해시(#) 접두사가 붙은 이름을 가집니다. C++에서는 선언되는 모든 메서드와 멤버가 비공개로 간주되는 섹션의 시작을 private 키워드로 표시합니다. 이 책의 모든 예제에서는 이와 유사한 키워드 protected을 사용하고 있습니다.

생성자로 넘어가겠습니다. 자바스크립트에서는 새 Vector가 생성될 때 다음과 같이 특별한 constructor 함수가 호출됩니다.

```
class Vector {

    constructor () {
        ++Vector.#vectorCount;
    }
};
```

C++에서는 해당 클래스의 이름이 이 메서드에 사용됩니다. 그런데 (혼란스럽게도) 이 메서드 또한 '생성자constructor'라고 불립니다.

```
class Vector
{
public:

    Vector() :
        m_x(0.0f),
        m_y(0.0f),
        m_z(0.0f),
```

```
    m_length(0.0f)
    { ++s_vectorCount; }
};
```

C++ 클래스는 자바스크립트에는 없는 중요한 개념인 소멸자^{destructor}를 갖고 있습니다. 객체의 생성자는 객체가 생성될 때 호출되고, 소멸자는 객체가 소멸될 때 호출됩니다. 소멸자에도 클래스 이름이 사용되는데, 이때는 클래스 이름 앞에 물결표(~)를 붙입니다.

```
class Vector
{
public:

    ~Vector()
        { --s_vectorCount; }
};
```

자바스크립트에는 이와 유사한 메커니즘이 없으며, 가장 근접한 방법은 최근에 자바스크립트에 추가됐지만 (틀림없이) 잘 알려지지 않은 FinalizationRegistry 객체를 사용해 콜백을 등록하는 것입니다. 이 메커니즘은 C++ 소멸자의 동작 방식과 똑같지는 않습니다. C++에서는 객체가 범위를 벗어날 때 즉시 소멸자가 호출됩니다. 다음 예시는 함수 내에서 Vector가 지역 변수로 생성되는 경우입니다.

```
void functionA()
{
    printf("%d, \n", Vector::getVectorCount());
    Vector a;
    printf("%d, \n", Vector::getVectorCount());
};
```

```
Vector b;
functionA();
printf("%d\n", Vector::getVectorCount());
```

이 코드를 실행하면 '1, 2, 1'이 출력됩니다. functionA가 반환될 때 a의 소멸자
가 호출되므로 s_vectorCount가 즉시 감소합니다. 자바스크립트에서 모든 종료
finalization 콜백은 가비지 컬렉션에 의해 트리거되며, 가비지 컬렉션의 타이밍은 구
현마다 다릅니다. 앞의 C++ 예제처럼 자바스크립트에서 신뢰성 있게 동일한 타
이밍을 얻을 수 있는 방법은 없습니다.

안타까운 일이죠. 소멸자가 없으니 몇 가지 유용한 트릭이 배제됩니다. 서커펀치
의 코드는 이러한 객체 수명 주기를 활용해 다른 코드를 견고하게 만들며, 여러분
은 이 책의 C++ 예제에서 이러한 기법을 일부 볼 수 있습니다. 소멸자가 즉시 호
출된다는 점만 기억하면 쉽게 따라 할 수 있습니다.

선언과 정의

다음으로 함수의 선언과 정의의 분리를 살펴봅시다. 자바스크립트에서는 다음과
같이 클래스의 모든 메서드가 클래스 안에서 정의됩니다.

```
class Vector {

    set (x, y, z) {
        this.#x = x;
        this.#y = y;
        this.#z = z;
        this.#calculateLength();
    }
```

```
    getLength () {
        return this.#length;
    }
}
```

이 책의 많은 C++ 예제도 마찬가지로 다음과 같이 선언과 정의를 합니다.

```
class Vector
{
public:

    float getLength() const
    {
        return m_length;
    }
};
```

그런데 다른 경우도 있습니다. 다음 예제에서는 메서드의 선언을 분리합니다. 첫 번째 코드는 주어진 이름과 타입 시그니처를 가진 메서드가 존재한다는 사실을 선언합니다.

```
class Vector
{
public:

    void set(float x, float y, float z);
};
```

그리고 다음과 같이 별도로 정의합니다.

```
void Vector::set(float x, float y, float z)
{
    m_x = x;
    m_y = y;
    m_z = z;
    calculateLength();
}
```

이 두 가지 형태의 코드는 C++에서 다르게 컴파일됩니다. 클래스 안에서 정의된 메서드는 인라인inline으로 컴파일됩니다. 메서드가 인라인 컴파일되면, 해당 메서드의 호출이 이뤄지는 곳에 메서드의 로직 사본이 생성돼 호출자 코드의 위치에 삽입되죠. 별도로 정의된 함수의 경우 단 하나의 사본만 존재하지만요. 그러나 이 책의 예제에서는 그리 중요한 부분이 아니니 너무 신경 쓰지 마세요.

함수 오버로딩

C++에는 자바스크립트가 제공하지 않는 기능이 몇 가지 있습니다. 그와 반대로 자바스크립트에는 있지만 C++에는 없는 기능도 있고요. 하지만 이는 중요하지 않습니다. 우리는 C++ 코드를 읽는 데 집중하고 있으니까요.

자바스크립트 프로그래머에게 혼란스러울 수 있는 한 가지 사실은 같은 이름을 가진 두 개의 함수가 존재할 수 있다는 것입니다. 다음은 이를 보여주는 C++ 코드입니다.

```
int min(int a, int b)
{
    return (a <= b) ? a : b;
}
```

```
int min(int a, int b, int c)
{
    return min(a, min(b, c));
}

void example()
{
    printf("%d %d\n", min(5, 8), min(13, 21, 34));
}
```

이 코드가 어떻게 동작하는지 파악하기는 어렵습니다. 만약 min 함수를 호출하려 한다면 어떤 버전이 호출될까요? C++ 컴파일러는 전달된 인수를 기반으로 어떤 버전을 호출할지 결정합니다. 만약 정수 두 개가 전달되면 첫 번째 버전을 호출할 것이고, 세 개가 전달되면 두 번째 버전을 호출할 것입니다. example 함수는 5와 13을 출력합니다.

자바스크립트로 코딩할 때는 임의 수의 인자를 지원하는 min 함수를 다음과 같이 작성할 수도 있을 것입니다.

```
function min () {

    if (arguments.length == 0)
        return Infinity;

    let result = arguments[0];
    for (let index = 1; index < arguments.length; ++index) {
        result = Math.min(result, arguments[index])
    }

    return result;
}
```

물론 Math.min이 하는 일이 바로 이것이니 이 함수를 작성할 필요는 없습니다.

템플릿

자바스크립트에는 없고 C++에만 있는 개념 중 하나는 템플릿^{template}입니다. 간단히 말해서 C++ 템플릿은 여러 가지 타입을 다룰 수 있는 코드를 작성하는 방법입니다. 프로그래머가 템플릿을 이용해 코드를 작성하면 컴파일러가 템플릿과 함께 사용된 각 타입을 위해 새로운 코드를 생성합니다.

부록 B의 첫 번째 예제에서는 배열 안의 정수를 모두 더했습니다. 만약 부동 소수형 배열 안에 담긴 값을 모두 더하고 싶다면 다음과 같은 새로운 코드를 작성해야 할 것입니다.

```cpp
float calculateSum(const vector<float> & numbers)
{
    float sum = 0;

    for (float number : numbers)
        sum += number;

    return sum;
}
```

또는 다음과 같이 템플릿을 이용해 calculateSum의 단일 버전을 만들고 컴파일러가 대신 일하게 만들 수도 있습니다.

```cpp
template <class T>
T calculateSum(const vector<T> & numbers)
```

```
{
    T sum = T(0);

    for (T number : numbers)
        sum += number;

    return sum;
}
```

템플릿 버전의 calculateSum은 += 연산자를 구현하고 0을 값으로 지원하는 모든 타입에 대해 작동할 것입니다. 이 코드는 정수와 부동 소수형 값에 대해서는 동작 하겠지만 다른 타입에도 쉽게 적용할 수 있습니다. 예를 들어 마지막 절의 Vector 클래스에 +=와 0을 구현해 벡터 배열을 합산하는 기능을 제공할 수 있습니다.

자바스크립트에서는 이러한 것들이 필요하지 않습니다. 값의 리스트를 합산하는 다음 자바스크립트 코드는 덧셈과 0으로 초기화가 가능한 모든 타입에 대해 잘 동 작하기 때문입니다.

```
function calculateSum(number) {

    let sum = 0;

    for (let number of numbers)
        sum += number

    return sum;
}
```

예제 코드에서 C++ 템플릿 문법이 나타난다면, 이는 템플릿을 전혀 사용하지 않 는 자바스크립트 코드에서도 잘 동작하는 코드라고 볼 수 있습니다.

포인터와 참조

자바스크립트에서는 프로그래머가 신경 쓰지 않아도 되지만, C++에서는 프로그래머가 챙겨야 하는 마지막 한 가지는 값에 의한 인수 전달, 참조에 의한 인수 전달입니다. 자바스크립트에서는 숫자나 문자열과 같은 단순한 타입이 값으로 전달되며, 변수에 할당되거나 함수의 인수로 전달될 때마다 새 복사본이 만들어집니다. 반면에 리스트 또는 객체와 같은 타입에 대해서는 인수 전달이 좀 더 복잡한데, 다음은 그러한 예입니다.

```javascript
function makeChanges (number, numbers) {
    number = 3;
    numbers.push(21);
    console.log(number, numbers);
}

let globalNumber = 0;
let globalNumbers = [3, 5, 8, 13];

console.log(globalNumber, globalNumbers);
example5.makeChanges(globalNumber, globalNumbers);
console.log(globalNumber, globalNumbers);
```

이 코드를 실행하면 다음과 같이 출력됩니다.

```
0 [3, 5, 8, 13]
3 [3, 5, 8, 13, 21]
0 [3, 5, 8, 13, 21]
```

makeChanges 내부에서 number가 3으로 변경됐다가 makeChanges가 반환되면 다시 0이 되지만, 리스트는 내부에서 변경된 내용을 유지하는 것을 볼 수 있습니다. 0이 값으로 전달됐기 때문입니다. makeChanges가 호출될 때 복사본이 만들어지고, makeChanges가 number를 3으로 바꾸면 이 복사본만 변경되는 것입니다.

numbers와 globalNumbers는 같은 리스트를 갖고 있습니다. 21이 추가될 때 이 값은 해당 리스트에 추가됩니다. makeChanges( )가 종료되기 전에 numbers를 출력하거나, 종료 후에 globalNumbers를 출력하는 경우 모두 동일한 리스트를 참조하기 때문에 21이 출력됩니다.

반면에 C++에서는 이 모든 것이 더 명시적으로 처리됩니다. 모든 변수와 인수에 대해서는 명시적으로 값에 의한 전달, 참조에 의한 전달이 이뤄집니다. 앞의 자바스크립트 코드에 해당하는 C++ 코드는 다음과 같습니다.

```
void makeChanges(int number, vector<int> & numbers)
{
    number = 3;
    numbers.push_back(21);
    cout << number << " " << numbers.size() << "\n";
}
```

numbers 앞의 &는 중요합니다. 이 기호는 makeChanges가 호출될 때 컴파일러가 사본을 만들지 않도록 해당 인수가 값이 아닌 참조에 의해 전달될 것이라고 컴파일러에 알려줍니다. number 앞에는 &가 없으므로 컴파일러는 해당 인수의 복사본을 만듭니다.

다음과 같이 &를 반대로 사용하면 컴파일러는 numbers의 복사본을 만들지만 number의 복사본은 만들지 않습니다.

```
void makeChanges(int & number, vector<int> numbers)
{
    number = 3;
    numbers.push_back(21);
    cout << number << " " << numbers.size() << "\n";
}
```

이 버전은 다른 결과를 출력합니다. 이제 호출이 끝난 후에도 number는 영구적으로 변경되지만 numbers는 원래의 값으로 복원됩니다.

```
0 [3 5 8 13]
3 [3 5 8 13 21]
3 [3 5 8 13]
```

이 책의 예제에서는 큰 값의 비싼 사본을 만들지 않기 위해 참조를 자주 사용합니다. 대부분의 경우에는 참조로 전달되더라도 수정되면 안 되는 인수를 const 키워드로 표시합니다. 부록 B의 첫 번째 C++ 예제에서 const를 사용했지만 별도로 설명하지는 않았습니다.

```
int calculateSum(const vector<int> & numbers);
```

이 방법을 이용하면 numbers의 복사본이 만들어지지 않지만, 컴파일러가 numbers에 대한 변경도 허용하지 않습니다. 실제로는 값으로 전달하는 것과 비슷하나 비용이 훨씬 덜 듭니다.

몇몇 예제에서는 참조에 의한 전달을 위해 또 다른(어휴~) C++ 문법, 바로 포인터를 사용하기도 합니다. 포인터와 참조는 거의 같은 개념이며, 코드가 무엇을 하는지 파악하려는 것이 목적이라면 둘의 차이가 별로 중요하지 않습니다. 구문상의 주요 차이는 다음과 같습니다.

- 포인터는 & 대신 *로 정의합니다.

- 포인터는 멤버에 접근하기 위해 . 대신 −)를 사용합니다.

- 포인터를 참조로 변환할 때는 *를 사용하고, 참조를 포인터로 변환할 때는 &를 사용합니다.

다음은 포인터를 이용해 작성한 예제입니다.

```cpp
void example(int number, vector<int> * numbers)
{
    number = 3;
    numbers->push_back(21);
    cout << number << " " << numbers->size() << "\n";
}

void callExample()
{
    int number = 0;
    vector<int> numbers = { 3, 5, 8, 13 };
    cout << number << " " << numbers.size() << "\n";
    example(3, &numbers);
    cout << number << " " << numbers.size() << "\n";
}
```

이 책의 예제에서는 인수가 개념적으로는 값에 의해 전달되는 것처럼 보이지만, 실제로는 값에 의한 전달에 비용이 많이 들 때 const 참조를 사용하고 그 밖의 경우에 포인터를 사용합니다.